中国社会科学院
CHINESE ACADEMY OF SOCIAL SCIENCES
经济研究所
INSTITUTE OF ECONOMICS

新时代经济问题
研究丛书

中国供给侧结构性改革理论探索

袁富华 张平 刘霞辉◎著

中国社会科学出版社

图书在版编目（CIP）数据

中国供给侧结构性改革理论探索/袁富华等著．—北京：中国社会科学出版社，2019．5

ISBN 978－7－5203－4360－2

Ⅰ．①中…　Ⅱ．①袁…　Ⅲ．①中国经济—经济改革—研究
Ⅳ．①F12

中国版本图书馆 CIP 数据核字（2019）第 078483 号

出 版 人　赵剑英
责任编辑　王　曦
责任校对　杨　林
责任印制　戴　宽

出　　版　中国社会科学出版社
社　　址　北京鼓楼西大街甲 158 号
邮　　编　100720
网　　址　http：//www.csspw.cn
发 行 部　010－84083685
门 市 部　010－84029450
经　　销　新华书店及其他书店

印刷装订　北京君升印刷有限公司
版　　次　2019 年 5 月第 1 版
印　　次　2019 年 5 月第 1 次印刷

开　　本　710×1000　1/16
印　　张　14.5
插　　页　2
字　　数　220 千字
定　　价　66.00 元

凡购买中国社会科学出版社图书，如有质量问题请与本社营销中心联系调换
电话：010－84083683

编写说明

中国特色社会主义进入了新时代，新时代意味着新起点、新征程、新变化、新形势、新要求、新任务，中国经济学界迎来了一系列全新的时代命题。跟踪研究新时代经济问题，为中国经济实现高质量发展提供智力支持，是中国经济学人义不容辞的责任。

秉持“为人民做学问”的宗旨，中国社会科学院经济研究所历来重视重大经济问题研究。值此中华人民共和国成立 70 周年及建所 90 周年之际，我们顺应新时代中国特色社会主义经济发展的现实需要，开展了一系列经济理论和现实问题研究，并在此基础上启动了《新时代经济问题研究丛书》编撰工作。这套丛书重点关注以下 4 方面问题：一是全面总结中国经济建设实践，讲好中国经济故事；二是深刻认识社会主要矛盾变化，做好经济学意义解释；三是从创新和完善宏观调控体系入手，探索推动高质量发展的规律；四是立足新时代，构建中国特色社会主义政治经济学。我们力求形成有用、能用、管用的研究成果，为中国经济发展和理论繁荣做出新的贡献，也敬请学界关注我们陆续推出的丛书成果。

中国社会科学院经济研究所学术委员会

2019 年 4 月

目　录

第一章 总论：供给侧结构性改革理论的三个命题

城市化和经济结构服务化是不同于工业化的效率模式。围绕效率改进和增长可持续分析，本书对供给侧结构性改革给出了一个理论诠释，归纳为三个相互联系的命题：第一，结构性减速，即由于结构条件变化而发生的潜在增长水平下降；第二，增长非连续与增长分化，即由于内生机制的缺失，而可能导致的城市化阶段的增长停滞和震荡；第三，与服务业和消费结构升级密切相关的效率补偿命题，即在服务业和消费主导替代资本驱动的趋势下，效率的提升机制和经济可持续路径。

一 引言

发展经验表明，改造传统社会进而把经济引向现代增长的工业化努力，在大多数后发国家通常比较成功。但是，达到中等收入水平进而向发达阶段迈进的经济结构服务化过程，往往无法避免增长分化风险，致使陷入城市化阶段的长期调整和增长震荡。这种困难源于转型过程对于发展条件变化的反应滞后。供给侧结构性改革的作用，正是集中于大转型推动和效率模式的重塑。

中国现阶段正在经历的新常态，源于原有工业化条件和动力的消失，包括边际收益递减下资本驱动基础的削弱、人口结构转变和劳动力拐点的发生、干中学效应的下降，以及经济结构服务化所导致的资本积累方式的再评价，等等。中国仍然处于发展状态，以服务业和消费主导的新趋势及其条件变化，要求新的效率模式的建立。

城市化是根本不同于工业化的增长方式。无论是中期内从规模增长向中高端的产业转型，还是长期内可持续性增长路径的达成，都需要摆脱原有外生性和外向性的发展方式。但是，在内生机制的培育方面，需要服务业和消费提供足够的效率补偿，以弥补低端制造业退出所留下来的空白。效率补偿机制的关键，是消费结构升级和服务业内部结构升级，以此实现高等次人力资本积累、发挥知识过程的创新带动和溢出效应。

鉴于中国人口存量的巨大规模和原有低成本工业模式的惯性，全社会意义上的人力资本要素更新，将是一个缓慢过程。也正是由于这个原因，发挥大城市人力资本和创新潜力，形成以大城市为知识生产配置中心、以中小城市为劳动密集型发展为互补的一体化模式，是供给侧结构性改革的重要任务。

二　供给侧结构性改革的现实基础和理念突破

各国各个时期重大经济理论的探索、争论和检验，都与特定阶段经济发展所面临的矛盾和挑战有关。作为发展理论的重要理念和传统，对经济决策能力和经济动员能力的重视（Hirschman，1978），目的都在于激发经济活力和保持经济可持续性。正是基于这种认识逻辑，我们首先从供给侧结构性改革的提出背景和理念着手，对这个命题给出解释。

（一）中国经济新常态：发展阶段的结构性变化

发展状态是相对于特定历史时期的发达状态给出的定位。如，经过20世纪50—70年代的大规模工业化，日本在80年代初期完成对美国的经济追赶，并实现了核心技术和金融力量的全球扩散；其后，争论的焦点集中于如何通过结构性改革重塑效率模式，实现可持续的城市化（Lechevalier，2014）。尽管在具体理念、技术路径和发展程度上存在差异，但是大多数经济追赶国家，在大规模工业化结束之后所面临的调整和转型问题是相似的——克服原有粗放增长方式所累积的制度僵化症，塑造适应于城市化新阶段的效率模式（Ozawa，2007）。这种趋势和要求意味着，发展状态的决定因素或长期增长潜力的促进条件，在转型时期发生了显著的变化，这种变化也意味着经济增长方式的系统性调整。中国经济新常态的判断，即包含了这样的认识逻辑。我们首先立足于结构变化的特征和事实给出分析：

1. 劳动生产率增长下降、全要素生产率（TFP）改进路径受阻和增长的不可持续性。中国大规模工业化的旧常态，遵循了传统结构主义的发展观念（袁富华、张平，2017a），这个理念具体化为持续高速增长赖以运转的外向性、外生性和负的外部性，即通常所说的资本驱动增长路径。问题在于，旧常态的运转是建立在有利的劳动力、投资和技术机会之上的，一旦这些支撑条件消失，规模经济效率就会失去基础。2012 年以来中国经济增速的显著持续下降，即是旧常态动力衰竭和新常态发生的征兆。正如一些研究所揭示的那样（楠玉等，2017；张平，2017）：第一，1985—2007 年经济的持续高速增长，得益于工业劳动生产率的快速提高，这个时期也是中国工业化的结构性加速时期。2008 年以来工业总体劳动生产率出现持续快速下降，考虑到这种趋势是发生在城市化和经济结构服务化推进时期，自然的判断是，以往以规模扩张促进效率增进的条件正在消失。第二，1985—2007 年经济高增长时期，TFP 增长对经济增长的贡献率约为 30%，2008—2015 年下降为不足 20%，即使假定 2016—2020 年技术进步的贡献率提高到 30%，在现有投资和劳动力变动趋势下，保持 6% 以上的增速仍然面临挑战。值得关注的是，现阶段的经济转型，由于原有模式的经济机会越来越少，投资脱实向虚将进一步挤压技术进步的提升空间，TFP 改进路径受阻成为结构调整的棘手问题。第三，新常态下劳动生产率增速下降，以及 TFP 贡献份额提高的困难，从一个侧面显示了资本驱动增长模式的不可持续，加剧这种矛盾的因素还有资源环境约束、投资消费失衡以及巨额贸易顺差所带来的冲击等。

2. 新常态下经济因素的变化。从劳动力投入、产业结构和制度组织的作用看，中国大规模工业化主要依赖静态比较优势，在承接国际边际产业转移的基础上，实现资本积累和经济增长。但是，发展因素的变化正在削弱这种基础。（1）静态比较利益的源泉，首先是所谓人口机会窗口与工业化过程的重叠。这种事实在中国的表现，一方面是过剩劳动力被现代部门逐步吸收的存量调整；另一方面，增量劳动力中依然以初等、中等文化程度为主，以适应加工制造规模扩张节奏。但是，一些结构问题也因为新常态的发生而凸显，特别是2012年以来中国劳动年龄人口的下降拐点的出现，预示着廉价劳动力资源的耗竭，而低层次人力资本过度累积，也为城市化的创新潜力挖掘和技术进步带来了障碍（袁富华等，2015）。（2）传统结构主义理论主导下的工业化生产组织，与规模扩张的增长方式相适应，却孕育了新常态下抑制增长质量改进的矛盾。矛盾沿着两条主线展开：一是工业部门内部演化和效率改进的动力不足，即现阶段重化工业化向深加工度化的过渡时期中，受到资本驱动模式惯性的影响，制造业结构升级所需的创新能力供给不足。二是以大众基本物质需求满足为目的的工业化过程，无论是在认识上还是在实际中，都存在对服务业发展的忽视。服务业只作为工业过程的一个分工结果被动成长，并且被认为与工业化的初级要素驱动在本质上一样。但是，当经济结构服务化日渐成为增长主导力量的趋势下，服务业低端化将会从根本上阻碍整体经济效率的改善和增长的可持续。（3）制度僵化症。当然，可以把工业化向城市化转型时期的上述矛盾和问题，归结为原有体制和规则对新变化的不适应。现有文献对工业化的政府干预以及干预的效率影响问题，分析得足够多了，在此我们只想做一个提示，即鉴于经济结构服务化过程不同于工业化过程的特殊性质，对政府作用重新定位、对市场激励重新确立，以便于提高制度组织弹性以应对各种风险和挑战，是转型和调整的重中之重。

（二）转型方向：迈向中高端的三原则

大规模工业化结束之后向城市化的转型，本质上是增长方式的重塑。经济结构服务化过程中，服务业一改以往作为工业化从属和分工结果的被动地位，而以效率促进和效率补偿者的身份，作为城市化发展的重要前提条件存在。我们认为，这也是权威人士在论述中国供给侧结构性改革时候，着重强调提高发展质量、注重以人为核心的根据所在（龚雯等，2016）。

张平（2017a）对新常态下中国经济转型和调整路径给出了一个原则性的概括，即“劳动生产率提高、全要素生产率（TFP）贡献份额提高和经济可持续”，这与转型和调整对发展质量提高的要求相契合。三原则的提出有着丰富的经济内涵和鲜明的政策指向，具体可从以下几个层次来理解：（1）迈向中高端的产业演进方向及其特征。前期研究中，我们对传统雁阵理论及其拓展到经济结构服务化过程中的一些命题给出了分析（袁富华、张平，2017b），其中包含中高端环节的说明。首先，根据传统雁阵模型，工业化是一个分阶段、有序推动的过程：在技术可获得以及增长阻碍因素消除的理想情景下，通过劳动密集型工业的发展，实现劳动力向储蓄和资本积累的转换，并推动经济进入资本密集型重化工业化阶段；这个过程中，经济潜力得到进一步动员，赫希曼意义上的投资能力进一步提升，以此推动增长步入技术和知识密集型制造业阶段。如果仅仅从工业部门的这种结构演进路径来看，中国迈向中高端的一个重要调整方向，是将资本密集型重化工业主导，转变为技术知识密集型制造业的主导。实际上，改革开放以来，中国的工业化经历了劳动密集型轻工业主导、资本密集型重化工业主导，现阶段正处于向技术和知识密集型制造业主导的过渡时期。（2）劳动生产率改进的实现路径。产业的雁阵演进沿着“筱原基准”——收入弹性基准与劳动生产率上升率——调整和优化，不仅表现于工业部门内部而且表现于服务业部门内部的优化升级，在向中高端的迈进的转型时期，服务业结构升级的效率补偿作用甚至是极为关键的决定因素。从这种认识出发，我们对效率提升的内在逻辑给出一个简单提示：根据增长核算方程，劳动生产率的变化是资本深化和 TFP 变动的加权和。从大规模工业化的一般经验——资本积累的快速提高来看，至少在重化工业化时期，劳动生产率的快速提升大多得益于资本深化的推动，即经济增长对资本的作用赋予了较大权重。特别是中国 1985—2007 年的经济超高速增长时期，这个权重甚至在 70% 以上。资本驱动的规模效率，挤压了由干中学所提供的 TFP 增长贡献，2008 年以来，中国经济增长中技术进步的贡献不足 20%。但是，单纯依赖资本驱动的规模扩张路径，最终会遇到资本收益递减和市场饱和、资源环境承载力等刚性约束，这些都是转变增长方式、提高 TFP 贡献的内在原因和动力，或者成为迈向中高端目标确立的根据。（3）虽然一般认为从长期来看劳动生产率就是一切，但是随着发展阶段的不同，保持这个变量的持续增长却要涉及结构性条件的变化，特别是经济结构服务化主导增长的城市化阶段，服务业在替代制造业份额的过程能否提供充分的效率补偿，是本质上决定可持续的因素，这一点留待下文详细分析。

三原则在实践中体现为发展质量提高，但是最终需要通过人的发展来实现。如果说中国工业化是以生产供给和技术模仿等物质要素为重心，那么城市化的重心是人力资本，是建立在基本物质品需求普遍满足之上的新的经济进步。对于迈向中高端和可持续潜力挖掘的转型和过渡时期，“筱原基准”隐含的一个关键要求是人力资本积累能力的提高——既与效率提升直接关联，又与行业结构的调整优化有关。同时，这种诱致机制也对消费结构升级和消费能力提高的作用给予了肯定，换句话说，与科教文卫体等直接关联的广义人力资本的消费比重的上升，不仅是服务业主导地位赖以建立的基础，也是（通过人力资本积累）体现消费的效率补偿功能的重要途径。

三　供给侧结构性改革的理论逻辑和三大命题

本部分对供给侧结构性改革的理论逻辑给出分析。根据国际比较和经济系统自身的演化规律，我们从结构性减速、增长非连续和增长分化以及经济结构服务化的效率补偿这三大基本命题出发，顺次揭示经济追赶过程的一些重要机制和趋势。

（一）结构性减速命题的效率内涵及其重要性

结构性减速命题的提出，最初是基于工业化向城市化转型过程中，由于劳动生产率增长速度下降，而导致经济减速的普遍经验的观察（袁富华，2012；中国经济增长前沿问题课题组，2012）。尽管对这一认识角度存在较多的争论，且有待深入探索的问题尚多（金刚、沈坤荣，2017），但在理解发展（而非发达）状态变化的特殊性方面，仍不失为一个有益的出发点。尤其是对于像中国这样的仍然处于发展状态的追赶经济体而言，要素和经济组织的结构条件变化之于效率和可持续的潜在巨大冲击，需要认真对待。

1. 诱致机制、雁阵模型和工业化潜力的开发逻辑。小岛清的国际分工互补理论及其与雁阵模型的融合（袁富华、张平，2017），加上赫希曼对发展过程中诱致机制的阐释，已经能够很好地解释经济追赶的工业化逻辑。实际上，这三种理论有着内在的统一性，即，按照赫希曼所谓发展任务重在培育和释放储蓄和投资能力的观点，后发国家以其劳动力比较优势承接发达国家边际产业转型，以此实现特定阶段与国际分工的互补和国内主导产业的确立，对于工业化前后向关联网络的建立，无疑是可行的和有利的。而且，随着干中学能力的提高，投资能力的提升无疑会强化诱致机制的效果，在顺次克服工业发展瓶颈的同时，实现规模化扩张的劳动生产率提高和技术进步。中国的工业化实践与这种理念吻合得非常好。

2. 要素结构变动导致的经济减速。作为效率改进的重要基础之一，20 世纪 70 年代末期以来，中国以独有的劳动力资源优势，实现与工业化先行国家和地区的分工互补。联系前文有关劳动生产率与 TFP 的关系的分析，要素投入结构变动导致减速的冲击如下：第一，人口结构因素的影响。中国三十多年的高速工业化进程，首先得益于劳动力存量的规模优势——非熟练劳动力的使用即传统结构主义和发展理论所谓潜在储蓄和人口红利的动员。近年来劳动年龄人口拐点出现，标志着初级劳动力要素供给的倒 U 形趋势出现，根据增长的普遍经验，这种人口的结构变化意味着要素成本上升和大规模资源动员能力的结束，规模化效率的基础逐步失去。第二，资本积累变化的影响。投资的诱致机制，即投资产生更多投资（Hirschman，1978）的积累状况，在工业化时期尤其显著。换句话说，在满足技术可获性、适用性和国际分工互补的比较优势条件下，工业化是实现资本快速积累和规模效率的最佳途径。这个过程中，资本深化是劳动生产率快速提高的主要动力。但是，基于资本驱动的增长模式最终也会受到自身结构条件的根本制约，突出表现就是粗放的资本投入导致收益递减，进而阻碍积累扩张。第三，干中学。资本诱致机制的持续作用或者投资能力的扩张，得益于干中学效应。增长核算分析中通常将其作为残差处理，但若虑及认知能力和知识结构对于新经济活动开拓的重要性，这种处理方式实际上低估了干中学的作用。从纯粹数量分析的角度看，干中学的重要性也被特定增长阶段的资本驱动的作用掩盖了，特别是中国 2008 年以来投资的高企更是抑制了技术进步的内生机制。

3. 工业结构变动下的经济减速。产业结构变动与要素结构变动所引致的经济减速，是一个问题的两个方面，诱致机制和雁阵模式在产业结构上有着更加具体的表现。总体来说，投资诱致机制首先通过剩余劳动力转移实现传统农业部门向现代部门的资源再配置，借此实现规模效率的提升和结构性加速；在此基础上，现代部门内部发生工业化向经济结构服务化的递进，其间，由于规模和数量型扩张基础的削弱甚至丧失，结构性减速发生。联系国际分工互补下产业的发展趋势，问题会看得更清楚：起初是以纺织等劳动密集型产业为主导推动增长，随着来自“干中学”的生产和管理能力的提高，投资诱致导致中间部门产生、发展，进而为高收入弹性的最终品生产提供机会。完整的工业雁阵升级路径是劳动密集型轻工业主导→资本密集型重化工业主导→零部件和技术密集型制造业主导→知识信息主导。典型如中国，现阶段正处于重化工业化向深加工度化的过渡时期，以质量换速度的产业升级条件已经具备。

（二）增长非连续命题与全有全无法则

一些研究对工业化向城市化转型及其后的增长非连续问题进行了探索（经济增长前沿课题组，2016）。经济发展的追赶经验表明，大多数国家由于在城市化时期不能提供足够的效率维持动力，陷入了长期调整和震荡，阻碍经济潜力和投资能力的结构性因素也因此被一步步固化了。增长非连续即由于诱致机制的受阻所产生的路径分化——典型如拉美国家，租金抽取模式取代了可持续的经济结构服务化路径。要么重塑效率模式要么停滞的“全有全无法则”左右了经济。

1. 服务业主导的产业雁阵的一种不利状况——城市化对要素投入的再评价。联系前文劳动生产率因素分解的分析，资本驱动工业化的规模效率持续快速提升，得益于增长对资本所赋予的较大权重——0.7 以上的资本产出弹性，相应地，劳动产出弹性约为 0.3。根据城市化的普遍经验，服务业（和消费）主导的增长路径将发生弹性参数逆转，即赋予劳动所得较大权重、资本权重相对降低。但是大多数发展中国家，通常是在要素作用的这个再评价环节上出问题。我们首先对经济结构服务化的结果的一个侧面给出说明：对于这个侧面的假设是，随着产业雁阵的演进，服务业替代制造业份额且日益主导经济增长，如果这种替代仅仅是比重的替代而没有效率的补偿和提供，效率改进无法覆盖成本的后果，即鲍莫尔成本病。具体而言：第一，随着资本驱动的低成本工业化向高价城市化的转换，生产成本——包括租金和劳动力成本的快速上升，削弱了制造业的规模扩张基础，这是增长阶段转换过程中普遍发生的现象。也正是由于这种客观趋势的作用，大规模投资的动力消失。但是，资本驱动的效率改进模式终结的同时，工业部门内部如果没有内生机制的建立，将无法达成向技术知识密集阶段的升级优化。第二，更为严重的是，就发展中国家的经验而言，受到低素质劳动力状况改善滞后的影响，城市化过程中发生人口漂移，即城市人口扩张对农村剩余劳动力的简单替代。由低素质劳动力推动的服务业的扩张及其对制造业份额的替代，依然不能建立服务业的内生机制，更谈不上服务业发展对工业的带动了。

2. 增长非连续与不可持续。经济结构服务化过程中内生机制的缺失，可以直接导致“筱原基准”和诱致机制失灵、有效投资活动受限以及投资/消费进一步失衡，迫使经济增长退化为租金抽取模式。如，布尔默—托马斯（2000）认为，拉美国家工业化之后的长期调整和经济震荡，源于垄断和寻租对技术进步或全要素生产率改进的阻碍，租金抽取模式抑制了该地区投资扩张和经济的可持续。实际上，由于投资/消费结构的失衡，发展阶段向发达阶段演进的中断，往往被两种不利因素加剧：一是资本驱动所导致的失衡，尤其是在大规模工业化基础逐渐失去的转型时期，这种过度投资带来的往往不是效率改进，而是资产泡沫对实体经济的挤压；二是过度消费所导致的长期生产性投资的不足，这一点在传统发展理论中受到较多关注，且在拉美国家的长期增长和调整中表现得较为典型。资本驱动和拉美式低层次消费主导，之于效率的长期改善均无裨益，深层次的机理是：“筱原基准”与产业雁阵的关联受到损害。正如上文所述，如果工业自身的发展演替，到资本密集型阶段就戛然而止，继而直接奔向被人口漂移覆盖的经济结构服务化，那么由于效率内生改进条件的丧失，人均收入增长及相应消费结构升级的趋势停滞，高收入弹性的产业发展引致机制不能发挥作用，经济被压制在中低收入的震荡水平上。

3. 全有全无法则的政策效应。从拉美国家城市化经验教训来看，对发展阶段结构条件变化缺乏针对性的应对措施，也是增长震荡的主要原因。事后看来，反周期的短期宏观政策，不但不能解决长期效率改善的问题，而且会加剧经济结构的扭曲。这种问题在中国现阶段转型时期也开始有所表现。就其在经济现实中的作用而言，全有全无法则是指在现有增长方式局限内，增加刺激强度无益于效率改进，即必须突破一定的结构条件或门槛，投资政策才对经济进步产生新的作用（袁富华、张平，2017a）。现阶段中国工业化向结构服务化演进期间的刺激政策，可以说是这个规则的最鲜明的诠释：在资本驱动惯性和数量型增长观念的影响下，相对于结构调整的措施和预期，短期投资刺激显得过强，以至于导致经济脱实向虚的结构扭曲。而资产泡沫的膨胀，将会进一步强化短期政策的作用，迟滞结构调整的步伐。这也是权威人士解读供给侧结构性改革时，强调在解决中长期经济问题上传统的凯恩斯主义药方有局限性、根本之道在于结构性改革的原因。

（三）效率补偿命题与内部化问题

前期系列研究中，我们对工业化阶段和城市化阶段的内在差异给出了分析，认为中国新常态的实质是效率模式重塑，这也是（中期）迈向中高端的根本路径。具体地，经济结构服务化过程，一方面是服务业（连同消费）主导的增长路径的形成，另一方面表现为原有物质技术为中心的生产方式向以人为中心的生产方式的转型过程，这涉及重新评价服务业和消费的地位和作用。服务业和消费的效率补偿和内部化，或由之而产生的内生机制，正好揭示了弥合增长非连续的重要环节。

1. 理想雁阵及服务化效率模式的特征。接着上面的分析，我们对经济结构服务化的结果，给出另一个侧面的说明——产业雁阵的理想模式，以此作为中国城市化阶段效率模式重塑的参照。按照产业雁阵升级的内在逻辑，在“筱原基准”和诱致机制完全发挥作用的假设下，服务业对制造业的替代，应该是沿着技术进步的路径前进。发达国家——特别是第二次世界大战以来美国的经验表明，知识密集型服务业的发展，无论对于服务业自身还是对于经济整体的效率改进和可持续而言，都是唯一有效的路径，这种选择和方向从根本上不同于拉美等规模扩张的结构服务化方式。直观地，基于流行观点和经济逻辑，我们可以把发达国家良性运作的结构服务化过程，概括为“高资本深化能力、高消费能力和高劳动生产率”这个稳定的效率三角（经济增长前沿课题组，2016），并以其正反馈特征，显著区别于过度依赖资本驱动或低层次消费的增长非连续路径。

2. 消费结构升级作为促使产业雁阵升级的关键嵌入环节。在产业雁阵升级的理想图景中，消费结构升级作为关键嵌入环节发挥作用，经济现实中，服务业内部的结构升级——典型如科教文卫体等产业的发展，与消费结构中居于高端位置的那些支出项目密切联系，并直接有助于广义人力资本积累。包括两个方面的含义：第一，从要素更新的角度看，消费对投资的替代，本质上是资本结构的再调整，即以可持续的人力资本替代部分不可持续的物质资本，并促进生产技术更新。由此，消费结构升级成为稳定效率三角建立的必要前提。换句话说，在产业雁阵升级的过程中，特别是工业化向结构服务化的转型过程中，不是投资不重要，而是怎样才能实现资本深化；不是消费不重要，而是如何以消费结构升级巩固消费能力。第二，从产业的角度看，消费主导替代投资主导（如发达国家较高消费率）的各种实现方式中，为高层次支出项目提供必要的服务产品，即是为人力资本积累和知识生产创造经济机会。

3. 内部化问题和知识过程。上述分析意味着，中国经济的结构服务化过程不得不面对棘手的内部化问题。直观上，内部化的要求是针对原有资本驱动模式的外生性、外向性和负的外部性来说的，亦即将转型时期潜在的增长非连续转化为可持续的增长，关键机制是通过以消费结构升级为纽带，进行广义人力资本积累，促进知识生产配置机制的建设。（1）不同于日本围绕发展国内技术基础的大规模工业化，中国工业化存在外部技术的过度依赖，因此经济结构服务化下迈向中高端的任务将更加艰巨：一方面要继续完善和建立国内工业技术基础，另一方面也不得不面对来自发达国家服务业的竞争压力。这些根本问题的解决，关键在于内部化机制的确立，核心是知识生产配置过程的建立。（2）低层次人力资本壅塞问题亟待解决。转型时期的主要困难，在于初等和中等教育程度劳动力比重过大，劳动力总量中高层次人力资本比重过低，不利于创新和技术优势的建立。根据日韩的成功经验，在大规模工业化结束之后，紧接着将会有一个人力资本结构向高层次跃迁的时期，这个时期一般是15—20年。快速的人力资本结构升级有利于结构服务化的效率补偿作用的发挥，避免经济大调整所导致的潜在风险。

四　供给侧结构性改革的政策措施

中国新常态是发生在工业化向结构服务化转型、中等收入水平向高收入水平跃升、低成本竞争优势向中高端嬗变过程中的客观趋势，核心是立足于发展条件的变化，建立可持续的效率内生机制。虑及中国工业化模式形成的初始条件，及其在转型时期表现得日益明显的僵化问题：正如权威人士所言，既然病根都是体制问题，那么依靠改革创新来化解这些矛盾，自然构成供给侧结构性改革的重要内容。根据前文分析，主要措施如下：

1. 政府作用的定位。中国大规模工业化持续几十年的高速增长，得益于国家的直接干预——包括国有垄断和控股企业、资源控制、行政条块分割下的增长极培育，以及各种各样的价格管制，等等。干预的目的，就是通过价格扭曲获得并维持低价格竞争优势，并确立互补性的国际分工地位。原则上，这种直接干预属于特定增长阶段的制度设计，对于社会经济资源的集中动员和规模扩张有利。但是，城市化发展在要求以人为中心的同时，也要求政府干预及其政策转向社会公共服务领域，协调和参与社会整合。第一，中等收入阶段跨越和转型，是一个充满分化风险和增长震荡风险的典型时期。一方面是人口向城市的日益集中使得失业问题突出，另一方面结构服务化主导的增长需要广泛的高层次人力资本支撑，这是广义人力资本提升的内在要求。政府作用不仅体现于社会保障的完善以及保障水平的提高，而且体现在对教育的大力支持上。第二，政府—企业—教育的资源整合。大规模工业化之后，利用结构性服务化优势促进国家创新体系的建设，是新阶段政府的重要作用。无论是产业结构升级还是制造业/服务业协同，（特别是在资本驱动向有质量的增长的过渡时期），都离不开政府对研发的大力支持，以及政府—企业—教育三方资源的整合与调动。第三，分割与扭曲矫正。依赖分割特别是行政条块分割集中资源促进主导产业增长的方式，在结构服务化时期将失去作用。因为结构服务化和消费主导的经济，更加依赖网络化和效率溢出效应，打破行政分割以实现行业间联系，通常是优化知识生产配置进而促进效率改善的重要途径。

2. 城市发展的新定位。为了避免人口漂移的城市化风险，并给结构服务化主导的增长营造比较宽松的经济社会环境，新常态下的城市定位应该立足于知识过程的建设和创新作用的发挥。作为工业化的增长极，城市在特定增长阶段一度扮演了人财物集聚的角色，作为物质技术资源的配置中心存在。随着服务业和消费主导增长的态势逐渐形成，城市的角色也相应转换为以知识生产配置为主，并以创新、效率和高生活质量作为运作良好的主要标志。城市功能的这种变化，在中国有其特殊性的启发意义。根本原因还在于中国作为发展中大国的特殊性。前文对日本、韩国高等教育人力资本短期内实现跃升的经验给出了说明，并认为它对于效率模式重塑和增长可持续具有重要意义。但是这种路径对于中国不适用，中国巨大的人口规模存量，以及资本驱动工业化模式的惯性，导致了低层次人力资本的过度积累，在这种情境下，从国家层面来看，即使大力发展高等教育和高技能人员培训体系，高层次人力资本在平均上的替换率依然很低。面对这种困难，城市尤其是大城市的人力资本优势及创新潜力的开发，相对而言将会表现出特殊的重要性。换句话说，中国城市化过程的一个重要任务，就是立足于城市人力资本集聚的优势，发挥城市作为知识和创新的增长极及其溢出效应。这也是我们主张城市化不可盲目采取工业化的规模扩张模式的原因。可持续增长的路径选择是，以大城市的知识配置功能为核心，带动中小城市劳动密集型产业的发展，形成创新溢出的城市圈层和产业雁阵。

3. 市场基础性作用与经济组织弹性。新常态下的体制困境集中于经济组织的僵化，以及应对内部经济调整需求和外部冲击时，缺乏必需的灵活性。这种困境不是中国所独有的，20 世纪 80 年代以后日本国内关于制度变革的争论，也是由原有模式的反效率趋势而引起的，特别是政府干预导致的制造业空心化问题。作为供给侧结构性改革的关键环节，通过市场竞争激发民营企业活力、培育企业家精神，以此为依托实现国内城市化与国际经济规则的兼容，是改革的重要目标指向。

第二章　长期过程的结构性加速与结构性减速：转型经济的一个规律

立足于 Mitchell 和 Maddison 的历史统计数据库，本书对发达国家增长因素进行了分析，阐释了以下事实，即 20 世纪 70 年代以后发达国家经济增长的减速，与生产率增长的减速密切相关，而生产率的减速是由于产业结构服务化这种系统性因素造成的。为此，本书提出长期增长过程中“结构性加速”与“结构性减速”的观点。结构性加速与结构性减速观点，一方面系统化和清晰化了我们关于长期增长趋势的认识，另一方面，“结构性加速”向“结构性减速”过渡期间的经济问题也更容易得到解释和预测。未来几十年，中国经济结构的服务化趋势逐渐增强，“结构性加速”向“结构性减速”转换及相应问题将会凸显。相对于其他理论而言，这种观点对于中国的工业化和城市化问题具有更强、更直观的解释能力。

一　引言

对于发展中国家而言，第二次世界大战后工业化国家经济增长普遍加速，至 20 世纪 70 年代之后经济增长普遍减速，这个时期尤其值得关注。这一段时期见证了资本主义国家百年增长潜力的最剧烈的释放，并最终把工业化国家推入城市化成熟期。

本书立足于 Mitchell（1998，2007）和 Maddison（2006）的历史统计数据库，对百余年来发达国家经济增长路径进行描述，并对引致增长轨迹重大变化的经济因素进行分析，进而尝试着说明以下事实，即 20

世纪 70 年代以后发达国家经济增长的减速，与生产率增长的减速密切相关，而生产率的减速是由于产业结构服务化这种系统性因素造成的。为此，本书提出了长期增长过程中“结构性加速”与“结构性减速”这种观点。

我们之所以强调经济增长的“结构性加速”与“结构性减速”，是因为中国经济增长正经历发达国家几十年前经历的工业化、城市化的转型。改革开放以来，中国工业化所引致的“结构性加速”，成就了 30 年的经济高增长奇迹，但是，随着工业化向城市化递进，产业结构发生由第二次产业向第三次产业的演化，“结构性减速”将会发生。值得关注的是，处于“结构性加速”与“结构性减速”之间的中国经济，如果经济政策应对不当，诸多问题将因必然的“结构性减速”而凸显。关于这一点，我们认为，20 世纪 90 年代以来的日本经济的诸多问题，可以作为“结构性加速”向“结构性减速”过渡的鲜明例子（或许，我们的这种结构性观点，也可以很好解释拉美国家高增长之后的徘徊不前）。

本书“结构性减速”观点的提出和明晰，是基于丰富的数据史料和一些作者的有益见解。20 世纪 80 年代以来，尽管有不少文献尝试着对发达国家经济增长速度减缓的问题进行解释，但是，从长期角度看，我们更倾向于 Maddison 的看法及类似的解释。Maddison（1989）认为，1973 年以来，OECD 及其他国家经济减速的原因有三个：（1）石油价格飙升和固定汇率机制崩溃，导致政府和私人部门进行调整（如这个时期政策目标和理论依据与凯恩斯政策大幅偏离，充分就业不再是政策目标；抑制通胀、减少赤字和经济增长成为目标）。（2）过度谨慎的政策实践，妨碍了经济潜力的充分发挥。（3）劳动生产率增长减速。劳动生产率增长减速的原因，一是受部门机构变化的影响，发达国家战后重建加速了劳动力从低生产率部门的流出，这种一劳永逸（onceforall）的因素，削弱了生产率持续高速增长的空间；二是随着欧洲和日本资本存量的现代化，以及向技术前沿的日益接近，追赶的收益逐渐减少，投资回报减少。Maddison 对经济增长减速的第三个解释，在 Bjork（1999）的文献中得到回应。Bjork（1999）运用美国百年历史数据，对包括产业结构、人口结构在内的重要长期因素的作用进行了详细说明，给人印象深刻的一个结论是：日趋成熟的美国经济，不可能重现昔日高增长的辉煌。

从某种意义上讲，本书“结构性加速”与“结构性减速”观点，本质上是对一些作者前期工作的进一步解释。张平、刘霞辉（2007）提出了发达国家长期增长（人均 GDP 水平）的 S 形路径，并对 S 形轨迹上不同阶段的特征及可能发生的问题给出了解读。本书中，人均 GDP 水平的 S 形路径，被更为直观的人均 GDP 增长率“钟形曲线”代替，因此，长期经济增长过程中“结构性加速”和“结构性减速”阶段被更加直观地标定。而且，我们赋予“结构性”通常被认为是数量型的成长曲线，使其具有更加明确的经济理论含义。

本章结构安排如下：第二部分是数据应用的详细说明；第三部分是经济增长因素的分解，主要是析出历史上重要的生产率因素；第四部分通过一个数据实验，对发达国家“结构性减速”问题给出定量和定性分析；第五部分立足于“结构性减速”观点，结合中国经济问题作了进一步分析；第六部分是结论。

二　数据及数据应用说明

鉴于研究目的，有必要对数据来源及主要的运用方法进行说明。下文增长和结构分析所用数据有三个出处：Mitchell（1998，2007）的国际历史统计数据；Maddison（2006）的各国经济数据估计；联合国统计数据库（UNDATA）：（1）我们选取了经济发展水平较高的 12 个发达国家，包括法国、德国、意大利、荷兰、挪威、西班牙、瑞典、瑞士、英国、加拿大、美国 11 个老牌工业化先行国，以及日本这个过去发展和未来趋势都值得关注的国家。（2）Mitchell（1998，2007）数据库的特色在于，它提供了发达国家近二百年的人口和经济结构变迁数据统计，从而为我们观察资本主义国家长期经济增长提供了极大便利。Mitchell 的数据库是以下变量分析的基础：发达国家长期人口结构变动状况；经济活动人口的产业分布及其变动，或部门就业构成及长期变动趋势；人口的经济活动参与率；第二、第三次产业发展状况和趋势。但是，Mitchell 数据库的一个不便之处是，它没有提供连续可比的各国经济增长率序列（各个时期采用了不同的基准），因此不能直接用于各国GDP增长率尤其是劳动生产率的比较分析。（3）Maddison（2006）的统计数据库弥补了Mitchell数据库的这一缺点，利用其1990年不变价长期GDP序列，结合Mitchell的数据库所提供的人口序列及其他数据，我们可以方便地对经济增长及其因素进行分析、分解。（4）Mitchell的统计数据库，提供了历时200年的诸多经济变量的数据资料，非常翔实。即便如此，一些较早年代的变量数据，有时候也不能保证在年代或年代期间上恰好对应，如一个典型的不便之处是，假设我们分析劳动参与率变动对劳动生产率长期变动的影响，Mitchell数据库中与劳动参与率对应的两个变量是：产业的经济活动人口或就业、按年龄分组的人口。但是Mitchell数据库有时候不能把两个变量在时点上或时期上完全对应起来，如果可能的话，我们将利用联合国人口统计年鉴数据，来对年龄分组的人口数据进行补充，以保证两个变量在时间或时期上的对应性。实际上，这种做法可以解决大部分问题。对于实在无法对应起来的时期或时点，我们采用趋势估计方法，即用相邻年份的劳动年龄人口年均增量，来估计其间某年的劳动年龄人口。采用这种方法的估计数据，我们在表后将给出说明。基于上述数据库，对于主要经济变量和因素分解的数据处理方法如下：

1. 人均GDP增长率。本书的长期增长趋势分析，都是围绕这个宏观变量展开。基于不同的研究目的，我们将给出几种人均GDP的估算序列。首先是简单的人均GDP序列，即用各国实际GDP水平（Maddison的1990年不变价序列）除以人口（Mitchell的年中人口序列），得到人均GDP水平，据此计算人均GDP逐年增长速度。但是，这种逐年增长序列由于包含了短期扰动因素，给分析带来了不便。典型如第二次世界大战前后主要资本主义国家人口、产出等，受到战争破坏或战后重建的巨大扰动，因此，分析的时候需要把这些不规则因素剔除。为此，两种常用的数据平滑方法被纳入分析：特定时期年均增长率计算方法以及HP滤波方法。我们用HP滤波抽取发达国家百年经济增长的趋势成分，技术上遵循普遍采用的参数设定，这种运用参见图2-1。特定时期年均增长率被应用于增长因素分解①，这种做法主要是针对 Mitchell 数据库中的统计数据特性，因为很多经济变量的数据在那里是按时间区间（而非连续的时间点）提供的。

2. 人均 GDP 增长率因素分解。经济增长核算上，有几种方法被经常采用：一种是经典 Solow 增长核算方程，基于这种技术，容易测算产出的劳动、资本、技术等因素贡献。但是，在一些情况下，这种核算方法的局限也比较明显。一是如果连续变量序列不易获得，则 Solow 方法不易应用；二是当把结构性因素纳入增长分析视野时，尽管 Solow 方法经过适当改造后仍然可以使用，但是技术上处理起来稍显复杂。另一种更加直接的因素分解方法弥补了这个缺陷，若有以下记号和等式：

（1）人均 GDP：$\frac{gdp}{pop}$，其中，pop 表示一国人口；

（2）劳动生产率：$\frac{gdp}{em}$，其中，em 表示经济活动人口或就业；

（3）劳动参与率：$\frac{em}{lpop}$，其中，$lpop$ 表示劳动年龄人口；

（4）劳动年龄人口比重(即人口结构因素)：$\frac{lpop}{pop}$；

则关于人均 GDP 的三因素分解方程可以写为：

（5）$\frac{gdp}{pop}=\frac{gdp}{em}\times\frac{em}{lpop}\times\frac{lpop}{pop}$，或者简记为：$y=a\times b\times c$。

上述方程两边取对数，且对时间求导，得到人均 GDP 变化率的分解方程：

（6）$\frac{\dot{y}}{y}=\frac{\dot{a}}{a}+\frac{\dot{b}}{b}+\frac{\dot{c}}{c}$。

式（5）和（6）把人均 GDP 增长率分解为三要素：劳动生产率增长率、劳动参与率变动率和劳动年龄人口比重变动率。与劳动生产率 $\frac{gdp}{em}$ 有关的结构性分析方法，我们将在相关小节中加以说明。

---

① 假定持续 n 年至 t 时间点的一个特定增长期，原初和 t 时间点某经济变量的水平值为 x_0、x_t，则变量平均增长率 r 可以表示为：$r=[(x_t-x_0)/x_0]/n$。

三　经济增长速度及其主要因素分解

（一）发达国家人均 GDP 增长的阶段性加速和减速

如表 2－1，我们主要以 12 个国家增长历史为例，对长期增长的一些事实进行分析。Mitchell 的数据库中，关于这 12 个国家近二百年的数据估计提供得非常详细，通过对这些数据的观察，基本可以诠释出发达国家工业化城市化进程中的一些主要特征。表 2－1 中各国经济变量样本期的选取，是根据 Mitchell 和 Maddison 数据库所提供的数据样本期选定的，且直接与图 2－1 的散点轨迹在时间点上相对应。

表 2－1　12 个国家样本期说明

	法国	德国	意大利	荷兰	挪威	西班牙
时期	1821—2003 年	1851—2003 年	1863—2003 年	1840—2003 年	1831—2003 年	1859—2003 年
	瑞典	瑞士	英国	加拿大	美国	日本
时期	1821—2003 年	1872—2003 年	1831—2004 年	1871—2004 年	1871—2004 年	1872—2004 年

资料来源：Mitchell（1998，2007）；Maddison（2006）。

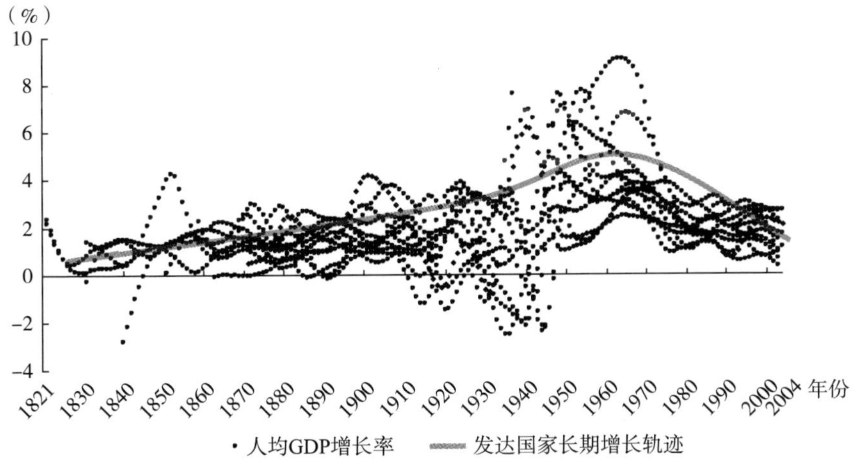

图 2－1　12 个国家 1821—2004 年人均 GDP 增长率（HP 滤波）

资料来源：Mitchell（1998，2007）；Maddison（2006）。

为了得到长期经济增长轨迹的总体印象，我们把 12 个国家人均 GDP 增长率以点状图的形式展示在图 2－1 中。方法是，首先基于 Mitchell、Maddiosn 等数据库，计算人均 GDP 及其增长速度，然后对 12 个人均 GDP 序列分别进行 HP 滤波处理。除了英国 1938—1946 年人均 GDP 增长率滤波数据未加列示外，其余各国逐年增长率均在图中表示出来。没有显示英国 1938—1946 年数据的原因，主要是战时破坏及战后重建对人均 GDP 的冲击表现得相对较大，因此作为异常值剔除。

一些有意思的长期增长特征可以方便地观察到：（1）长期经济增长率的“钟形”演进轨迹。根据 12 个国家的散点趋势，我们在图 2－1 中用粗实线标出了这些国家经济演进的“平均值”趋势，它代表了发达国家长期增长的普遍规律，即经历了两次工业革命的推动后，发达国家经济增长速度，呈现出先加速后减速的特征，表现为经济增长的“钟形”演进轨迹。（2）“钟形”演进轨迹的阶段性。发达国家经济增长的减速，普遍发生在 20 世纪 70 年代初期以后，但这不是一个偶然的巧合。因为到了 70 年代，以城市化率 70% 为标志，这些国家经济走向成熟，从而内在地阻碍了经济增长的持续加速。（3）“结构性加速”和“结构性减速”。“钟形”演进轨迹的形成，可以从工业化和城市化进程中找到解读线索。伴随两次工业革命，经济结构发生了由二元向一元工业化的演进，在这个过程中，劳动力重心被逐渐转移至高效率的工业部门，于是经济增长呈现“结构性加速”。我们运用这个词就是为了强调结构变化在长期增长中的重要性。相应地，可以采用“结构性减速”来描述 20 世纪 70 年代以后发达国家的增长趋势，在这个过程中，发达国家劳动力由增长速度较高的工业部门，转移至增长速度相对较低的服务业部门。因此，产业结构变化是主导长期经济增长的重要因素之一。（4）人口结构变化在长期经济增长中的重要性。主导长期经济增长的重要因素之二是人口转型。发生在人口转型过程中的劳动年龄人口比重变化，以及劳动参与率变化，在相当大程度上主导了经济增长速度的快慢。关于长期经济增长过程中的结构性因素，我们将在下文详细分析。

我们对各国长期经济增长率给出进一步的数据说明。与图 2－1 的散点趋势相呼应，本章附录 1 给出了各国人均 GDP 在特定时期里的人均 GDP 增长率[①]。与图 2－1 稍有不同的是，附录 1 的增长率平均值是基于 Mitchell 和 Maddison 数据库直接计算，没有经过滤波处理。基于人均 GDP 增长趋势，我们大致把工业化国家的经济增长历程分为三个时期：（1）20 世纪 20 年代以前的缓慢演进时期。这个时期的重要特征是，纵向（时间轴向）比较上发展速度相对迟缓、增长速度波动较大；横向（国家间）比较上各资本主义国家经济增长率差异较大。（2）20 世纪 20 年代至 60 年代的持续加速时期。这个时期的重要特征是各国人均 GDP 增长持续加速，而且发达国家人均 GDP 增长速度差异缩小，发展速度趋同现象出现。（3）进入 20 世纪 70 年代后，发达资本主义国家经济增长几乎同步进入持续减速时期。

（二）发达国家增长因素分解

运用等式（5）和（6），我们把特定时期的人均 GDP 增长率分解为三个构成要素：劳动生产率增长率、劳动参与率增长率变动率及劳动年龄人口比重变动率。附录 1 的表格，列示了 19 世纪中期以来发达国家人均 GDP 增长率及其三个构成因素的估算结果。为了叙述方便，我们把附录 1 的估算结果进一步综合为表 2－2、表 2－3 和图 2－2、图 2－3。总体看来，12 国人均 GDP 增长速度中，劳动生产率增长率（表 2－2）解释了大部分变动：若以人均 GDP 增长率为因变量，以劳动生产率增长率为自变量，简单的统计检验表明[②]，劳动生产率变动可以解释大约 85% 的人均 GDP 增长速度，即劳动生产率增长速度的快慢，主导了人均 GDP 增长速度的快慢。经济增长速度的其余 15%，可以由劳动参与率变动率和劳动年龄人口比重变动率来解释。当然，85% 和 15% 的划分，是基于 12 个国家 100 年统计平均的结果，至于在特定时期，各国可能存在差异，有时候劳动参与率和劳动年龄人口变动对经济增长的解释力，比劳动生产率的变动还要强。关于这一点，详细的分析请参见下文叙述。人均 GDP 增长率与劳动生产率增长率的统计关系直

① 限于篇幅，附录 1 仅列出 7 个国家的数据，其他 5 国未列出。感兴趣的读者可以向作者索取。

② 19 世纪 90 年代至 20 世纪 90 年代及之后人均 GDP 增长率与劳动生产率增长率的固定效应和随机效应模型的 adjR^2 分别为 0.83、0.85。

观表示在图 2－2：

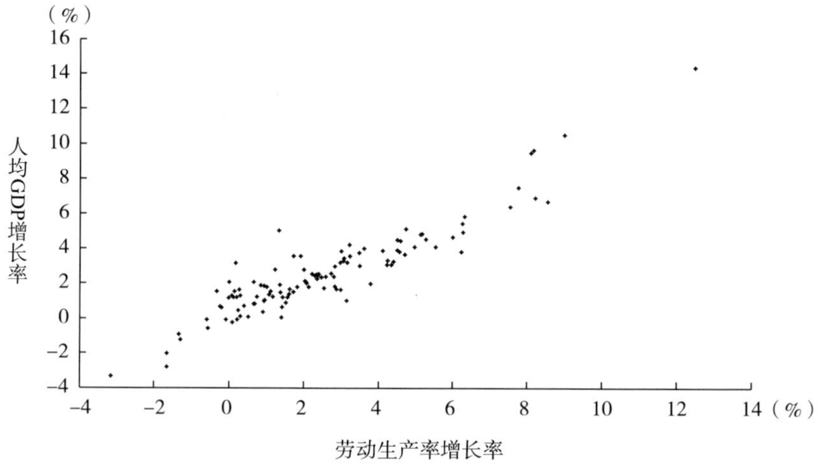

图 2－2　12 个国家 19 世纪 90 年代至 20 世纪 90 年代及之后人均 GDP 增长率与劳动生产率增长率的回归关系示意

资料来源：Mitchell（1998，2007）；Maddison（2006）。

1. *劳动生产率变化*

我们首先来看长期经济增长率最重要的影响因素——劳动生产率的变化情况。如前文所述，伴随两次工业革命及城市化，各发达国家先后经历了“结构性加速”和“结构性减速”。结构性加速产生的原因是经济发展重心由农业经济向工业化的转移，其间，劳动力资源被重新配置到劳动生产率更高的工业部门，并促进社会整体生产率的提高。但是，随着各个工业化国家日益走向城市化，劳动力再次被重新配置，由劳动生产率增长速度较高的工业部门向增长速度相对较低的服务业部门的转移，导致经济增长呈现“结构性减速”。如表 2－2 所示，12 个国家劳动生产率增长速度下降的趋势，在 20 世纪 60 年代开始出现，如英国、法国、意大利、荷兰等国。但是，劳动生产率增长速度的普遍下降，出现于 20 世纪 70 年代并持续至今。发达国家劳动生产率增长速度的普遍下降，与上文人均 GDP 增长减速的时期基本一致。进一步的观察显示，相对于高增长时期，工业化大国劳动生产率增速下降的幅度普遍较大：法国 20 世纪 50—60 年代的劳动生产率增长率为 5%—6%，90 年代之后降低为 0.28%；德国 20 世纪 90 年代以后几乎无明显增长。

表 2－2　　12 个国家劳动生产率增长率　　单位：%

时期＼国家	法国	德国	意大利	荷兰	挪威	西班牙	瑞典	瑞士	英国	加拿大	美国	日本
19 世纪 90 年代	2. 06	1. 01	4. 24	0. 40	1. 62	1. 42	2. 73	0. 07	0. 67	1. 92	1. 56	—
20 世纪 10 年代	－1. 34	－0. 25	－0. 59	1. 08	2. 22	1. 38	0. 12	－0. 09	0. 94	－1. 66	6. 22	4. 23
20 世纪 20 年代	0. 21	0. 52	3. 15	3. 06	2. 97	—	3. 00	4. 50	0. 25	1. 36	0. 66	1. 53
20 世纪 30 年代	1. 40	8. 17	—	—	0. 75	0. 09	2. 07	0. 31	－1. 30	4. 73	2. 03	6. 31
20 世纪 40 年代	—	－1. 66	1. 61	－0. 56	7. 55	－0. 21	4. 34	5. 16	1. 12	2. 80	0. 20	－3. 16
20 世纪 50 年代	5. 99	8. 10	8. 22	6. 27	4. 40	7. 77	2. 83	3. 49	4. 10	2. 54	1. 43	9. 00
20 世纪 60 年代	5. 27	4. 97	6. 26	4. 59	4. 50	8. 55	5. 12	3. 23	2. 29	3. 22	0. 31	12. 5
20 世纪 70 年代	2. 59	3. 50	3. 07	1. 83	1. 34	5. 53	0. 14	1. 17	2. 47	0. 17	4. 70	4. 56
20 世纪 80 年代	3. 79	2. 99	2. 40	0. 00	2. 35	1. 72	0. 94	－0. 33	2. 87	0. 70	2. 14	3. 62
20 世纪 90 年代及之后	0. 28	－0. 01	1. 73	1. 24	3. 17	2. 00	2. 83	0. 91	0. 86	2. 36	2. 33	0. 96

注：由于附录 1 各国增长率估算的时间区间有所不同，为方便起见，设定了大致可以把各国估算结果框在一起的年代标示：如 19 世纪 90 年代至 20 世纪 90 年代及之后等。

资料来源：Mitchell（1998，2007）；Maddison（2006）。

2. *劳动参与率变化*

20 世纪 80 年代前，劳动参与率下降成为发达国家的普遍趋势。从历史看，20 世纪 20 年代以前，发达资本主义国家劳动参与率在 65%—70% 这个较高水平上，如 19 世纪 90 年代、20 世纪 10 年代、20 世纪 20 年代发达国家的平均值为 69%、68%、65%。20 世纪 30 年代以后，劳动参与率下降到65%左右，这个水平一直持续到20世纪80年代，20世纪90年代及之后才有所回升。（见表2－3）大多数分析认为，发达国家的累计所得税制及20世纪40年代以后国家福利主义的盛行，是导致这一时期劳动参与率长期低下的主要原因。从20世纪90年代开始，与下降的劳动生产率趋势相对应，大多数发达国家提高了劳动参与率，可以分为两类：一类是劳动生产率增长速度下降最快的国家，这类国家的劳动参与率表现出了显著的上升，从而起到阻止劳动生产率增长速度深度下滑的作用，典型如法国，20世纪90年代及之后劳动参与率增长1.26%，占人均GDP增长率的77%；德国劳动参与率增长1.4%，超过人均GDP增长率的0.23个百分点；荷兰劳动参与率增长1.58%，占人均GDP增长率的57%；英国劳动参与率增长1.08%，占人均GDP增长率的57%。另一类是劳动生产率增长速度下降稍缓的国家，这类国家的劳动参与率表现出了小幅下降，如瑞士、瑞典、加拿大和美国。

表2－3　　12个国家劳动参与率状况　　单位:%

时期＼国家	法国	德国	意大利	荷兰	挪威	西班牙	瑞典	瑞士	英国	加拿大	美国	日本
19世纪90年代	80.9	71.2	79.7	65.0	68.8	62.0	66.6	75.5	73.0	60.6	58.2	—
20世纪10年代	81.9	74.8	78.0	64.3	67.0	60.9	70.7	72.4	70.1	59.3	46.2	83.6
20世纪20年代	77.2	72.0	66.6	63.5	65.5	—	71.4	69.7	70.3	60.3	51.2	76.2
20世纪30年代	75.1	72.5	—	—	64.5	56.1	66.8	67.4	68.5	59.3	50.1	74.0
20世纪40年代	—	64.6	62.7	63.1	64.3	58.0	64.4	68.4	68.7	60.8	55.0	71.7
20世纪50年代	67.9	72.4	58.4	59.2	59.7	59.0	65.5	69.8	69.4	60.7	52.2	72.8
20世纪60年代	64.1	71.1	48.5	57.6	60.0	56.0	64.1	73.6	72.1	60.7	54.6	72.7
20世纪70年代	60.4	65.5	58.2	54.8	79.0	50.5	75.1	71.5	74.3	72.0	53.4	70.7

续表

时期＼国家	法国	德国	意大利	荷兰	挪威	西班牙	瑞典	瑞士	英国	加拿大	美国	日本
20 世纪 80 年代	53. 1	55. 4	54. 3	62. 7	76. 7	55. 1	81. 1	84. 1	66. 2	76. 4	56. 8	70. 5
20 世纪 90 年代及之后	61. 8	64. 7	55. 5	72. 6	79. 4	57. 9	72. 1	81. 3	76. 2	72. 2	56. 4	74. 4

数据来源：Mitchell（1998，2007）；Maddison（2006）。

3. 劳动年龄人口比重变化

如图 2－3，在 19 世纪 90 年代至 20 世纪 90 年代的 100 年里，发达国家劳动年龄人口（15—64 岁人口）比重基本保持在 60%—70% 的水平，变化不大。可见，从历史上看，劳动年龄人口比重变化对经济增长率的影响相对较小。人口结构变化比劳动年龄人口比重包含了更加丰富的含义，正如图 2－3 所揭示的那样，20 世纪 60 年代以来，各发达国家不可避免地进入了人口老龄化加速时期。老龄人口抚养比的持续上升所带来的代际分配问题，对未来经济增长将产生累积性负向冲击。因此，从未来趋势看，人口结构的老龄化将持续阻碍经济增长速度的提高。

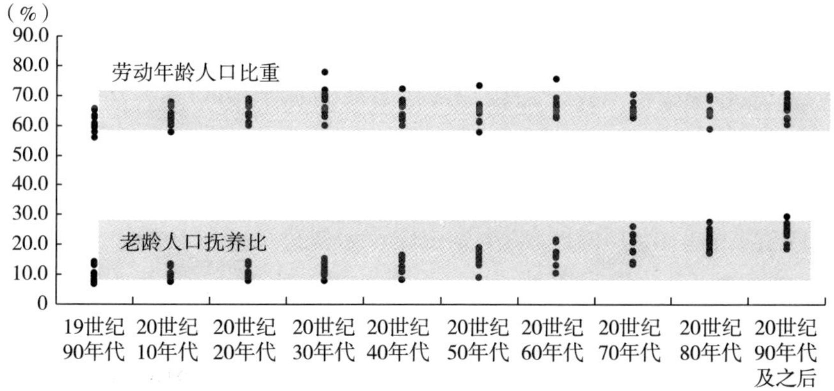

图 2－3　12 个工业化国家 19 世纪 90 年代至 20 世纪 90 年代及之后劳动年龄人口比重、老龄人口抚养比变化

资料来源：Mitchell（1998，2007）；Maddison（2006）。

四 经济增长的“结构性减速”

我们重点关注经济增长最重要的影响因素——劳动生产率的增长问题，并由总量分析转向结构分析。首先对数据来源及应用方法简要进行说明：因为是接着上文关于劳动生产率增长“结构性减速”的论述，所以这里我们主要就20世纪70年代以来的分部门或产业劳动生产率状况进行分析。联合国数据库中（UNDATA）70年代以来各国分行业就业和增加值数据相对连续完整，本书的分行业增加值数据取自该库“2005年不变价行业增加值”［美元，gross value added by kind of economic activity at constant（2005），prices – USdollars］，分行业就业数据取自该库“分行业就业”（total employment by economic activity）。

（一）20世纪70年代以后发达国家产业结构日趋成熟

尽管第一次产业劳动生产率在20世纪70年代以来有着比第二、第三次产业更为显著的增长，但是，由于发达国家该产业规模很小，其劳动生产率的升降不会对全社会劳动生产率增长率产生显著影响，因此，我们在这里及下一小节暂时把注意力集中于第二、第三次产业（选取加拿大、英国、荷兰、美国、西班牙、日本、瑞典、意大利、法国9个国家）。西方研究者喜欢用“一劳永逸”（once for all）来形容第二次世界大战以来西方产业结构的快速演进。根据Mitchell的统计数据，50年代，工业化国家第一次产业增加值比重普遍处于10%左右的水平，但是，大多数国家第二次产业比重却相对较高，在30%左右的水平。然而，相继而来的城市化加速，把大量劳动力吸收到现代部门，尤其是服务业部门，到了70年代，除个别国家，如西班牙外（1970年第一次产业就业份额为29%），大多数发达国家第一次产业就业份额降低到10%左右。与此同时，库兹涅茨规律在第二次产业和第三次产业之间持续发生作用，第二次产业就业比重持续降低，连同第一次产业析出的劳动力，均被不断扩大的第三次产业吸收。现阶段，发达国家产业结构已趋成熟，第二次产业就业比重一般是20%—30%，第三次产业就业比重在70%左右，均已演进到成长曲线平缓的顶部（参见图2－4）。两次产业就业比重的这个变化很值得关注。实际上，50 年代前后第二、第三次产业就业结构发生了一个逆转，这种逆转对于理解长期增长路径至关重要。

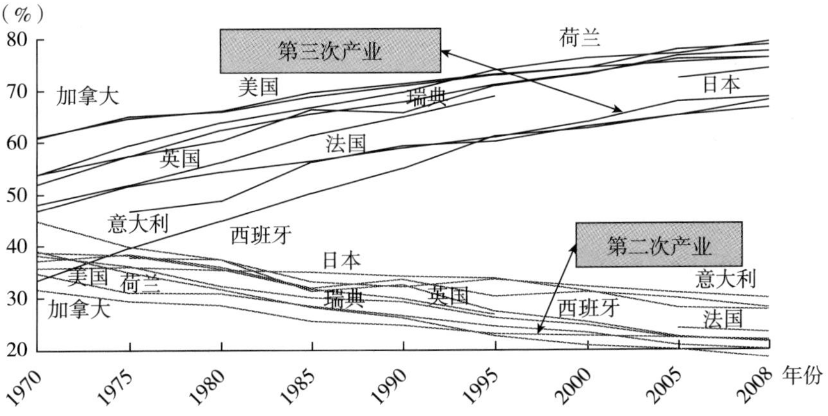

图 2-4　发达国家 1970—2008 年第二、第三次产业就业比重

资料来源：联合国统计数据库。

（二）第二、第三次产业劳动生产率持续增长但增速放缓

20 世纪 70 年代以来，发达国家全社会劳动生产率增长的减速，可以由产业结构变动和产业劳动生产率变动来解释。在对结构变动效应进一步分析、分离之前，先来看一看第二、第三次产业劳动生产率的具体情况。

图 2-5 和图 2-6 反映了发达国家 40 年来第二、第三次产业劳动生产率水平状况，对应于曲线上的每个点的切线斜率，就是劳动生产率增长率。对比两张图，我们所得到的总体印象是，第二次产业劳动生产率增长率普遍比第三次产业劳动生产率增长率高。简单的统计分析显示，各个历史时期里，9 国第二次产业劳动生产率增长率平均值，约为第三次产业的 2—3 倍：1985—1990 年、1995—2000 年、2005—2008 年，9 国第二次产业劳动生产率增长率平均值分别为 1.9%、2.3%、0.7%，第三次产业劳动生产率增长率平均值分别为 0.7%、1.1%、0.4%。这种情况从一个侧面为前文判断提供了数据佐证，即发达国家

产业结构服务化演进过程中，由于第三次产业劳动生产率增长速度普遍低于第二次产业，导致全社会劳动生产率增长率被拉低。

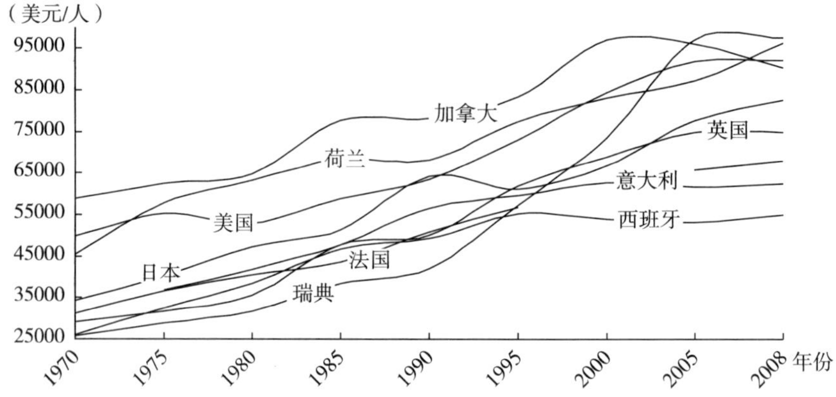

图 2－5　发达国家 1970—2008 年第二次产业劳动生产率

资料来源：联合国统计数据库。

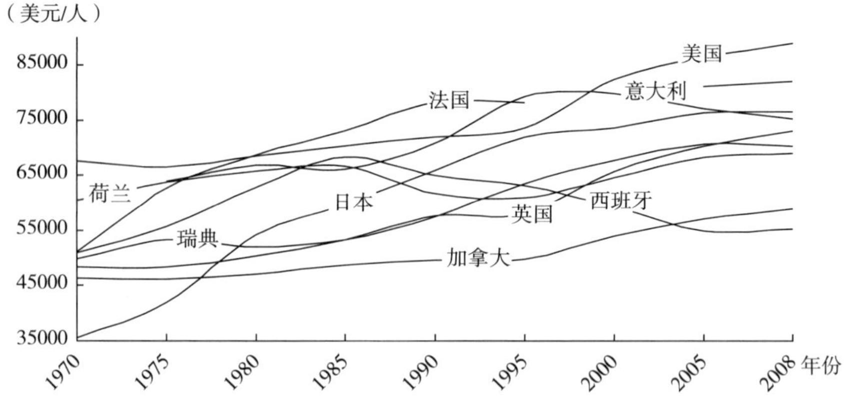

图 2－6　发达国家 1970—2008 年第三次产业劳动生产率

资料来源：联合国统计数据库。

综合考虑时间因素与结构因素可能更有意思。第一，从长期趋势看，正如刚刚叙述的那样，尽管两次产业劳动生产率均表现出或快或慢的增长，但是，由于第三次产业劳动生产率增长率普遍低于第二次产业，在产业结构服务化的背景下，全社会劳动生产率增长率走低①。第

① 关于第二、第三次产业劳动生产率增长速度问题的一些理论见解，请参见 Herrick 和 Kindleberger（1983）。

二，如果考虑到短期非结构性因素对工业或服务业的负向冲击，那么两次产业劳动生产率在特定时期出现短暂的下降（负增长）也有可能，正如图2－5和图2－6显示的那样，1995年以来，不少国家的劳动生产率曲线发生向下弯曲。因此，短期劳动生产率的负增长叠加到长期结构性减速趋势上，压制了发达国家劳动生产率的增长趋势。

（三）劳动生产率的“结构性减速”

产业结构向服务化演进，这种趋势给予全社会劳动生产率增长减速的巨大冲击，可以通过一个数据实验进行说明。沿用本章第二部分的记法：

（7）劳动生产率：$\frac{gdp_i}{em_i}$，其中，i 表示第一、第二、第三次产业；

（8）全社会劳动生产率：$\frac{gdp}{em} = \frac{\sum_{i=1}^{3} gdp_i}{em} = \sum_{i=1}^{3}\left(\frac{gdp_i}{em_i} \times \frac{em_i}{em}\right)$，其中，$\frac{em_i}{em}$表示第一、第二、第三次产业就业份额。

基于式（8），选择一个基期，如1950年的产业就业份额，作为之后其他所有时期的产业就业份额，记三次产业各个时期不变的就业份额分别为：

（9）$\alpha_1 \equiv \left(\frac{em_1}{em}\right)_t$，$\alpha_2 \equiv \left(\frac{em_2}{em}\right)_t$，$\alpha_3 \equiv \left(\frac{em_3}{em}\right)_t$，其中，$t$ 为时期。

同时，我们也为产业增加值份额选择一个基期，比如也是1950年，记三次产业各个时期不变的增加值份额分别为：

（10）$\beta_1 \equiv \left(\frac{gdp_1}{gdp}\right)_t$，$\beta_2 \equiv \left(\frac{gdp_2}{gdp}\right)_t$，$\beta_3 \equiv \left(\frac{gdp_3}{gdp}\right)_t$，其中，$t$ 为时期。

那么，在式（9）和（10）这两个假设下，全社会劳动生产率变动为三次产业劳动生产率变动的加权平均，权重为产业增加值份额 β_i（简单的推导请参见文后附录2），即：

（11）$$\frac{\left(\frac{gdp}{em}\right)_{t+1}}{\left(\frac{gdp}{em}\right)_t} - 1 = \left[\frac{\left(\frac{gdp_1}{em_1}\right)_{t+1}}{\left(\frac{gdp_1}{em_1}\right)_t} - 1\right] \times \beta_1 + \left[\frac{\left(\frac{gdp_2}{em_2}\right)_{t+1}}{\left(\frac{gdp_2}{em_2}\right)_t} - 1\right] \times \beta_2 +$$

$$\left[\frac{\left(\frac{gdp_3}{em_3}\right)_{t+1}}{\left(\frac{gdp_3}{em_3}\right)_t}-1\right]\times\beta_3$$

或者简记为：$g=g_1\times\beta_1+g_2\times\beta_2+g_3\times\beta_3$。

我们设计这个等式的目的，是为了检验产业结构演进对劳动生产率的影响。换句话说，假定就业结构和三次产业 GDP 份额都维持在基期如 1950 年水平，而允许三次产业劳动生产率就像所表现的那样发生变化，那么，我们的基本判断是：用基期产业增加值份额 β_i 加权其后各期劳动生产率增长率，所得到的总和劳动生产率增长率，应该大于实际数据所表现的全社会劳动生产率增长率，即我们预想实验结果大于现实表现。原因正如上文阐述的那样，第三次产业劳动生产率增长较之于第二次产业普遍低下，且 20 世纪 70 年代以来，第三次产业份额有显著的增长趋势，第三次产业的规模扩张抵消了第一、第二次产业劳动生产率的相对高增长速度，进而拉低了全社会增长速度。结构性因素的影响因此析出。

基于这种判断，运用式（11），我们定义“结构效应”。仍假定以 1950 年为基期，固定基期的第一、第二、第三次产业增加值比重，并用它们与 20 世纪 70 年代以后相应产业劳动生产率增长率相乘，得到全社会劳动生产率增长率的“实验数据”序列，记为：$(g_{1950})_t$；同时，1970—2008 年由真实产业增加值比重和相应产业劳动生产率增长率合成的全社会劳动生产率增长率序列记为：$(g)_t$。基于此，我们有全社会劳动生产率增长率变动的“结构效应”：

（12）$$sf=\frac{(g)_t-(g_{1950})_t}{(g_{1950})_t}\times 100\%$$

通常状况下，沿着产业结构服务化演进趋势，若第二次产业劳动生产率增长率大于第三次产业劳动生产率增长率，则 $sf\leqslant 0$，且 sf 绝对值越大，劳动力由第一、第二次产业向第三次产业转移对全社会劳动生产率减速的效应也越大。表 2－4 列示了 9 国劳动生产率变动的“结构效应”，正如所预期的那样，除个别时期外，各国各个时期均表现出了较大的负值，即与 20 世纪 50 年代的经济结构比较起来，70 年代以后经济结构向服务化的演进，对于全社会劳动生产率增长的负向冲击或抑制作用是巨大的。

表 2-4　　9 国劳动生产率减速的结构效应（以 1950 年各国各次产业增加值比重为基准）　　单位：%

期间 国别	1970—1975	1975—1980	1980—1985	1985—1990	1990—1995	1995—2000	2000—2005	2005—2008
法国	0	-23	-29	-32	-63	-63	-47	-55
意大利	—	-39	-73	-39	-54	-77	-187	-172
荷兰	-35	-41	-29	NA	-61	0	34	-54
西班牙	-35	-24	-14	-93	-71	-135	-3	-72
瑞典	-19	-84	-49	-34	-23	-33	-38	-281
英国	-44	-26	-29	0	-36	0	-22	172
加拿大	0	0	-6	-53	25	-12	-24	-25
美国	-39	NA	-37	-20	-18	-11	-42	-2
日本	-23	27	-21	-1	92	-43	-9	-43

注：—表示数据缺失，NA 表示被忽略的异常值。

资料来源：Mitchell（1998）；联合国统计数据库。

五　"结构性加速"与"结构性减速"之间：结合中国经济问题的进一步分析

发达国家日趋完善的激励和保障制度，为劳动生产率的持续增长提供了不竭的动力，因此，没有理由认为发达国家劳动生产率水平会出现系统性下降。但是，正如事实所表现的那样，第二次世界大战后普遍发生于发达国家的强劲增长，在将产业结构彻底重塑之后，最终把这些国家经济结构推向成熟。也正是在这种背景下，由劳动生产率增长的"结构性减速"导致的人均 GDP 增长减速引人注目。

劳动生产率增长减速问题之所以重要，是因为发生劳动生产率增长减速的国家，国民收入的增长速度将会减缓。尤其是在经济由高速增长向低速增长的过渡中，这种减速可能导致一系列问题。问题之一是，若这种减速不是短期波动，而是作为系统性或长期趋势存在，那么，长期国民收入增长速度的降低，将为福利主义国家社会保障系统的安全运行带来系统性冲击。问题之二是，国民收入增长减速可能为人力资本投资、研发投资、资本设备投资等带来一系列阻碍，并迫使经济政策进行调整。问题之三是，这种观点为经济周期分析提供的一个有益启示是，经济周期的产生或许与劳动生产率的“结构性加速”或“结构性减速”，存在某种形式的联系。限于篇幅和本书目的，这些问题将在其他研究中关注。

至此，有关方法和问题，可以纳入对中国经济问题的分析。20 世纪 70 年代末期中国改革开放以来，中国经济发生了持续 30 年的快速增长；其间，农村劳动力向现代部门的转移，对于促进全社会劳动生产率的提高作用巨大。同时，人口红利机会的出现，为 30 年的经济扩张注入了源源不断的活力。采用前文类似的分解方法，如图 2－7 所示，1979—2010 年，劳动生产率增长率的持续提高仍是人均 GDP 增长的重要促进要素。考虑到本章强调的经济增长“结构性加速”或“结构性减速”问题，那么，如何看待中国未来的经济增长？

1. 中国增长阶段的国际比较

我们先来看一个比较。表 2－5 是基于 Mitchell 数据库和 Maddison 数据库给出的一个数据比较，Maddison 数据库提供的最近年份的中国 GDP 数据是 2008 年。简单的计算显示，2008 年中国人均 GDP 水平，大约相当于美国 1925 年、加拿大 1941 年、日本 1966 年的人均 GDP 水平；或者换句话说，中国现阶段经济水平，大约相当于美国 20 世纪 20 年代中期、加拿大 40 年代初期、日本 60 年代中期的水平。

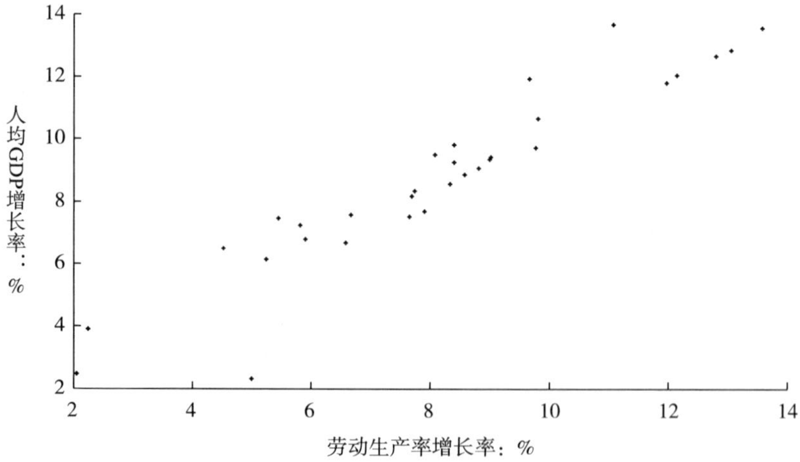

图 2－7　中国 1979—2010 年人均 GDP 增长率与劳动生产率增长率的回归趋势

资料来源：历年中国统计年鉴。

美国20世纪20年代正经历被称为“浮华年代”的空前繁荣，加拿大的40年代和日本的60年代也正经历经济“结构性加速”时期。同时，中国的2008年也是改革开放以来持续加速进程中的一站。

有意思的是，表2-5提供了相应发展阶段上GDP份额和就业份额的对比。从GDP份额看，中国与日本的情景相近，第二产业40%以上的增加值份额，成为维持高经济增长速度的基础。但是，从就业份额看，中国第三产业发展明显滞后，这个观察与其他研究的观察基本相同。但是，若把中国第三产业发展滞后与“结构性加速”和“结构性减速”联系起来，我们将会产生其他认识：与美国、加拿大比较起来，日本在相对较短的时间里推动和完成了产业结构的“服务化”，因此，也产生了更为令人瞩目的“结构性加速”与“结构性减速”的转换。我们推测，1990年以来日本诸多增长与宏观问题，皆根源于此。类似地，在产业结构迅速服务化的进程中，中国如果采取“狂飙突进”的方式，那么，“结构效应”的巨大负向冲击是可以预见的（请回顾一下我们的数据实验）。而且，中国城市化推进速度越快，“结构性效应”的负向冲击就会越大。

表2-5　中国2008年产业结构与相似发展时期发达国家的对比　单位：%

	GDP份额			就业份额		
	第一产业	第二产业	第三产业	第一产业	第二产业	第三产业
美国：1925年	11	26	63	24	33	43
加拿大：1941年	13	34	53	27	30	43
日本：1966年	9	44	47	26	32	42
中国：2008年	11	49	40	40	27	33

注：美国1925年GDP份额为1919—1929年的平均值，就业份额为1920—1930年的平均值；日本1966年GDP份额、就业份额为1960—1970年的平均值。

资料来源：Mitchell（1998）；《中国统计年鉴》（2009）。

2. 认识中国长期增长问题的立足点

我们可以把认识中国长期增长（当然，也包括短期波动）问题的方法进一步提炼为：立足于“结构性加速”与“结构性减速”之间。

相关的一系列研究试图寻找一个恰当的角度阐释中国经济问题，并给予长期经济政策调整一个理论说明。如，张平、刘霞辉、王宏淼（2011）研究中涉及的“城市化关键时期”，即城市化率超过50%以后至城市化成熟，是一个思维角度。但是，我们认为，若立足于“结构性加速”与“结构性减速”来对未来经济增长趋势进行表述，将会更有启发性。

3. 中等收入陷阱问题

立足于“结构性减速”分析中等收入陷阱问题会很有趣。近年来，关于中国未来增长的一个悲观预期是所谓中等收入陷阱问题。我们认为，中等收入陷阱发生，需要满足的关键条件是：在收入处于中等水平时，经济结构过早地趋于服务化。也就是说，中等收入水平时期，经济的“结构性减速”也随之发生，从而根本上阻碍了国民收入的持续快速提高。因此，中等收入陷阱存在与否，可以基于中国未来产业结构及生产率变动状况进行模拟。限于篇幅及本书目的，这里不做深入探讨。

4. 国民福利与“结构性减速”

长期内，中国社会经济面临的最大压力将是“结构性减速”与国民福利提高之间的矛盾，主要是社会保障体系建立和完善的困难。随着产业结构持续演进和服务化，有两个相互叠加的效应值得关注：一是人口老龄化对社会保障的需求，这种需求将会对未来投资产生压力；二是“结构性减速”对收入增长将施加压力，进而影响需求的增长。如果中国不具有抵消“结构性减速”的足够高的劳动生产率增速，那么，在这些效应的叠加下，未来增长将面临不乐观的前景。

六　结论

20世纪70年代以来普遍发生于发达国家的经济增长减速，是工业化向城市化发展进程中的一种系统性趋势。当经济结构渐趋成熟，就业向服务业部门集中，高就业比重、低劳动生产率增长率的第三产业的扩张，拉低了这些国家的全社会劳动生产率增长率。作为长期增长的重要影响因素，劳动生产率增长率的减速将影响国民收入增长，进而给国民福利及投资、消费等带来冲击。发生于西方国家的“结构性减速”问题，对于中国具有极大的启发意义。长期增长过程的“结构性加速”和“结构性减速”这个问题对于中国之所以重要，原因在于未来一二十年里，中国将面临产业结构向服务化的调整以及人口结构的转型；更为重要的是，这些变化将在一个相对较短的历史时期里发生。类似于日本产业结构短期内的迅速变化，经济增长由“结构性加速”向“结构性减速”过渡期间所产生的冲击效应值得关注。与发达国家“结构性减速”的本质不同在于，中国的“结构性减速”很可能发生在较低收入水平上，进而对国民福利提高和经济可持续增长带来巨大影响。因此，重新审视中国未来产业发展方向，以及结构调整和优化路径具有重要的现实意义。

七　附录1　7国人均GDP增长率分解①

附表1　　　　法　国　　　　单位:%

年份	人均GDP年均增长率 $\Delta y/y$	(1)劳动生产率平均增长率 $\Delta a/a$	(2)劳动参与率 b	劳动参与率年均增长率 $\Delta b/b$	(3)劳动年龄人口比重 c	劳动年龄人口比重年均增长率 $\Delta c/c$
1856—1866	1.20	1.00	60.4	0.18	65.8	0.01
1886	1.03	0.49	67.8	0.61	64.5	-0.10
1896	2.02	0.69	75.3	1.12	65.2	0.12
1901	1.03	0.25	78.5	0.84	65.0	-0.07
1906	0.83	0.14	81.1	0.66	65.1	0.02
1911	2.08	2.06	80.9	-0.06	65.3	0.08
1921	-0.92	-1.34	81.9	0.13	67.6	0.34
1926	7.64	9.22	77.8	-1.01	67.3	-0.08

① 1. 本附录中7个国家的数据表，依据Mitchell（1998，2007）、Maddison（2006），并运用联合国人口统计年鉴进行补充。2. 各表中增长率为特定时期的期间年均增长率。以附表1法国人均GDP年均增长率为例，1866—1886年均增长率为1.03%，1886—1896年均增长率为2.02%，余类推。

续表

年份	人均 GDP 年均增长率 $\Delta y/y$	(1)劳动生产率平均增长率 $\Delta a/a$	(2)劳动参与率 b	劳动参与率年均增长率 $\Delta b/b$	(3)劳动年龄人口比重 c	劳动年龄人口比重年均增长率 $\Delta c/c$
1931	-0.07	0.21	77.2	-0.15	66.9	-0.13
1936	0.04	1.40	75.1	-0.56	64.4	-0.73
1946	-0.92	-1.49	76.8	0.23	67.2	0.43
1954	7.03	10.02	68.8	-1.29	65.0	-0.41
1962	4.64	5.99	67.9	-0.17	61.1	-0.75
1968	4.53	5.27	64.1	-0.93	62.5	0.39
1975	3.77	3.83	63.4	-0.16	63.0	0.11
1982	2.37	2.59	60.4	-0.66	65.2	0.51
1991	1.97	3.79	53.1	-1.35	65.1	-0.01
2004	1.63	0.28	61.8	1.26	65.4	0.03

附表 2 **德　国** 单位:%

年份	人均 GDP 年均增长率 $\Delta y/y$	(1)劳动生产率平均增长率 $\Delta a/a$	(2)劳动参与率 b	劳动参与率年均增长率 $\Delta b/b$	(3)劳动年龄人口比重 c	劳动年龄人口比重年均增长率 $\Delta c/c$
1882—1895	2.45	2.10	65.4	-0.19	61.1	0.48
1907	1.78	1.01	71.2	0.73	60.8	-0.04
1925	0.66	-0.25	74.8	0.29	67.7	0.63
1933	0.09	0.52	72.0	-0.48	68.0	0.06
1939	9.66	8.17	72.5	0.12	71.6	0.88
1950	-2.81	-1.66	64.6	-0.99	68.0	-0.47
1961	9.50	8.10	72.4	1.10	65.5	-0.32
1970	4.08	4.97	71.1	-0.20	63.1	-0.42
1980	3.01	3.50	65.5	-0.78	65.9	0.45
1992	1.64	2.99	55.4	-1.28	68.7	0.35
2004	1.17	-0.01	64.7	1.40	67.1	-0.19

注：（1）1980 年东德产业就业数据缺失，该年东德所有数据以相当于西德 1/3 估算；（2）1980 年东德分年龄组人口以 1981 年数据代替；（3）1882 年 15—64 岁人口，根据 1871—1880 年年均趋势估算，用 1880 年数量加上 2 年的年均增量；1895 年 15—64 岁人口为 1890—1900 年的均值；1907 年 15—64 岁人口，根据 1900—1910 年年均增量估算，用 1910 年数量减去 3 年的平均增量。

附表3　　**意大利**　　单位:%

年份	人均 GDP 年均增长率 $\Delta y/y$	(1) 劳动生产率平均增长率 $\Delta a/a$	(2) 劳动参与率 b	劳动参与率年均增长率 $\Delta b/b$	(3) 劳动年龄人口比重 c	劳动年龄人口比重年均增长率 $\Delta c/c$
1871—1881	-0.58	-1.24	93.8	1.02	62.9	-0.24
1901	1.41	2.48	85.0	-0.47	59.5	-0.27
1911	3.31	4.24	79.7	-0.63	59.3	-0.02
1921	-0.08	-0.59	78.0	-0.21	63.9	0.78
1931	1.03	3.15	66.6	-1.46	62.8	-0.17
1936	1.71	1.28	69.0	0.72	61.9	-0.30
1951	1.39	1.61	62.7	-0.60	66.3	0.47
1961	6.92	8.22	58.4	-0.69	66.1	-0.03
1971	5.43	6.26	48.5	-1.69	75.5	1.42
1981	3.43	3.07	58.2	1.98	64.7	-1.42
1991	2.53	2.40	54.3	-0.67	70.1	0.83
2001	1.51	1.73	55.5	0.23	67.3	-0.41
2003	0.49	-0.95	57.6	1.91	66.7	-0.43

注：2003 年分年龄组人口数据来自联合国人口统计年鉴。

附表4　　**英　国**　　单位:%

年份	人均 GDP 年均增长率 $\Delta y/y$	(1) 劳动生产率平均增长率 $\Delta a/a$	(2) 劳动参与率 b	劳动参与率年均增长率 $\Delta b/b$	(3) 劳动年龄人口比重 c	劳动年龄人口比重年均增长率 $\Delta c/c$
1861—1871	1.25	-0.62	74.8	1.93	59.7	0.05
1881	1.27	1.28	76.3	0.19	58.5	-0.20
1891	1.33	1.12	77.2	0.12	58.8	0.06
1901	0.37	0.93	73.3	-0.50	58.8	-0.01
1911	0.84	0.67	73.0	-0.04	59.9	0.20
1921	0.99	0.94	70.1	-0.40	62.7	0.46
1931	0.46	0.25	70.3	0.02	63.8	0.19

续表

年份	人均 GDP 年均增长率 $\Delta y/y$	（1）劳动生产率平均增长率 $\Delta a/a$	（2）劳动参与率 b	劳动参与率年均增长率 $\Delta b/b$	（3）劳动年龄人口比重 c	劳动年龄人口比重年均增长率 $\Delta c/c$
1941	-1.23	-1.30	68.5	-0.25	66.0	0.34
1951	1.55	1.12	68.7	0.03	68.4	0.36
1961	3.87	4.10	69.4	0.10	66.6	-0.26
1971	2.43	2.29	72.1	0.39	64.8	-0.26
1981	2.36	2.47	74.3	0.31	62.4	-0.38
1991	1.66	2.87	66.2	-1.08	63.4	0.16
2004	1.89	0.86	76.2	1.08	62.1	-0.14

注：2004 年分年龄组人口数据来自联合国人口统计年鉴。

附表 5　　加拿大　　单位：%

年份	人均 GDP 年均增长率 $\Delta y/y$	（1）劳动生产率平均增长率 $\Delta a/a$	（2）劳动参与率 b	劳动参与率年均增长率 $\Delta b/b$	（3）劳动年龄人口比重 c	劳动年龄人口比重年均增长率 $\Delta c/c$
1891—1901	-0.17	2.94	54.8	-0.29	60.6	-2.17
1911	3.57	1.92	60.6	1.06	62.4	0.30
1921	-2.04	-1.66	59.3	-0.21	60.8	-0.25
1931	1.92	1.36	60.3	0.16	62.8	0.33
1941	5.11	4.73	59.3	-0.17	65.5	0.43
1951	2.37	2.80	60.8	0.26	61.7	-0.58
1961	1.72	2.54	60.7	-0.01	57.8	-0.64
1971	4.22	3.22	60.7	-0.01	62.3	0.78
1981	3.15	0.17	72.0	1.88	67.8	0.89
1991	0.83	0.70	76.4	0.61	64.7	-0.46
2004	2.45	2.36	72.2	-0.42	69.0	0.52

注：2004 年分年龄组人口数据来自联合国人口统计年鉴。

附表6　　美　国　　单位:%

年份	人均 GDP 年均增长率 $\Delta y/y$	（1）劳动生产率平均增长率 $\Delta a/a$	（2）劳动参与率 b	劳动参与率年均增长率 $\Delta b/b$	（3）劳动年龄人口比重 c	劳动年龄人口比重年均增长率 $\Delta c/c$
1890—1900	2.02	1.91	58.4	-0.03	57.2	0.13
1910	1.20	1.56	58.2	-0.04	55.7	-0.27
1920	3.81	6.22	46.2	-2.06	59.7	0.73
1930	2.06	0.66	51.2	1.10	60.9	0.19
1940	2.13	2.03	50.1	-0.23	62.8	0.32
1950	1.19	0.20	55.0	0.99	62.7	-0.02
1960	1.19	1.43	52.2	-0.51	64.7	0.32
1970	1.28	0.31	54.6	0.46	67.7	0.46
1980	3.64	4.70	53.4	-0.23	64.3	-0.51
1990	1.80	2.14	56.8	0.65	58.7	-0.87
2004	2.51	2.33	56.4	-0.06	60.2	0.20

注：2004年分年龄组人口数据来自联合国人口统计年鉴。

附表7　　日　本　　单位:%

年份	人均 GDP 年均增长率 $\Delta y/y$	（1）劳动生产率平均增长率 $\Delta a/a$	（2）劳动参与率 b	劳动参与率年均增长率 $\Delta b/b$	（3）劳动年龄人口比重 c	劳动年龄人口比重年均增长率 $\Delta c/c$
1910—1920	3.06	4.23	83.6	-0.53	57.7	-0.31
1930	0.90	1.53	76.2	-0.88	59.7	0.36
1940	5.82	6.31	74.0	-0.30	59.7	0.00
1950	-3.34	-3.16	71.7	-0.30	59.9	0.03
1960	10.53	9.00	72.8	0.15	63.8	0.65
1970	14.37	12.50	72.7	-0.01	69.1	0.84
1980	3.82	4.56	70.7	-0.28	67.5	-0.24
1990	3.99	3.62	70.5	-0.03	69.5	0.30
2004	1.06	0.96	74.4	0.39	66.7	-0.29

注：1910年分年龄组人口，用1913年比重估算；2004年分年龄组人口数据来自联合国人口统计年鉴。

八　附录2　全社会劳动生产率的变动为三次产业劳动生产率的变动之和

沿用正文记号。基期为 t，报告期为 $t+1$：

全社会劳动生产率：$\frac{gdp}{em}=\frac{gdp_1}{em_1}\times\frac{em_1}{em}+\frac{gdp_2}{em_2}\times\frac{em_2}{em}+\frac{gdp_3}{em_3}\times\frac{em_3}{em}$

$$=\frac{gdp_1}{em_1}\times\alpha_1+\frac{gdp_2}{em_2}\times\alpha_2+\frac{gdp_3}{em_3}\times\alpha_3 \tag{1}$$

考虑时间因素：

$$\left(\frac{gdp}{em}\right)_{t+1}-\left(\frac{gdp}{em}\right)_t=\left[\left(\frac{gdp_1}{em_1}\right)_{t+1}-\left(\frac{gdp_1}{em_1}\right)_t\right]\times\alpha_1+$$

$$\left[\left(\frac{gdp_2}{em_2}\right)_{t+1}-\left(\frac{gdp_2}{em_2}\right)_t\right]\times\alpha_2+\left[\left(\frac{gdp_3}{em_3}\right)_{t+1}-\left(\frac{gdp_3}{em_3}\right)_t\right]\times\alpha_3 \tag{2}$$

（2）式左右两边同除以 $\left(\frac{gdp}{em}\right)_t$，则左边就是全社会劳动生产率增长率。

考虑（2）式右边第一项：

$$\left\{\left[\left(\frac{gdp_1}{em_1}\right)_{t+1}-\left(\frac{gdp_1}{em_1}\right)_t\right]\times\alpha_1\right\}\div\left(\frac{gdp}{em}\right)_t$$

$$=\left[\left(\frac{gdp_1}{em_1}\right)_{t+1}\div\left(\frac{gdp}{em}\right)_t-\left(\frac{gdp_1}{em_1}\right)_t\div\left(\frac{gdp}{em}\right)_t\right]\times\alpha_1$$

$$=\left[\frac{\left(\frac{gdp_1}{em_1}\right)_{t+1}}{\left(\frac{gdp_1}{em_1}\right)_t}-1\right]\times\left\{\left[\frac{\left(\frac{gdp_1}{em_1}\right)_t}{\left(\frac{gdp}{em}\right)_t}\right]\times\alpha_1\right\}=\left[\frac{\left(\frac{gdp_1}{em_1}\right)_{t+1}}{\left(\frac{gdp_1}{em_1}\right)_t}-1\right]\times\left(\frac{gdp_1}{gdp}\right)_t$$

$$=\left[\frac{\left(\frac{gdp_1}{em_1}\right)_{t+1}}{\left(\frac{gdp_1}{em_1}\right)_t}-1\right]\times\beta_1 \tag{3}$$

（3）式的结果$\left[\frac{\left(\frac{gdp_1}{em_1}\right)_{t+1}}{\left(\frac{gdp_1}{em_1}\right)_t}-1\right]\times\beta_1$，即为第一次产业劳动生产率增长率与该产业 GDP 份额的乘积。第二、第三次产业类推。因此，全社会劳动生产率的变动为三次产业劳动生产率变动之和。

第三章　经济增长的结构性冲击与增长效率：数据和国际比较

基于多国历史统计数据分析，本书在增长核算框架下对中国经济增长减速的各个因素进行了分析，得到如下认识：（1）在经济追赶国家向发达经济增长阶段演变过程中，城市化率与投资率之间存在的倒U形统计关系、劳动年龄人口增长率的下降和资本产出弹性的下降，共同决定了结构性减速的必然趋势。（2）对中国而言，投资增长下降、人口转型和要素弹性逆转，共同导致未来增长减速构成三重结构性冲击，如果全要素生产率不能得到切实提高，中国未来经济的可持续增长前景堪忧。（3）中国工业化时期高增长路径达成，是靠投资、劳动力等要素推动的，经济投入产出效率低下，效率问题是未来增长转型的重中之重。

一　引言

2012年以来的文献有不少把中国经济正在经历的增长减速归因于结构性因素，这种结构性减速被认为是大规模工业化向城市化过渡时期的一种客观趋势。对于在较短时期实现大规模工业化并向大众消费时代迈进的发展中经济体而言，由于投资增速下降而导致的经济减速比较容易理解，但减速背后更多的因素还需要甄别。

围绕增长核算框架，本章探讨经济减速的三重结构性冲击：工业化、城市化进程中投资下降的增长冲击；人口结构转型和劳动力供给减少的增长冲击；产出的资本弹性下降或要素弹性参数逆转的增长冲击，这三类冲击均发生在中国长期增长曲线之上。因此，本书的研究不仅仅囿于标准增长核算框架下资本、劳动和要素弹性的数据模拟，而是将分析重点更多集中于要素动态的一些结构性诱因，尝试对要素如何变动的一些“底层因素”给出说明。

本书的思路是：通过经济历史统计数据的国际比较，观察增长核算框架下资本、劳动、要素弹性等因素的变化趋势，突出经济增长阶段（工业化和城市化）、人口转型、要素份额等结构性因素在理解长期增长过程中的作用。接着，把国际比较的一些有益启示，用于中国增长问题和未来增长预期。国际比较所揭示的结构性冲击，使得未来增长分析逐渐摆脱了简单统计外推方法，一定程度上扩大了增长曲线的模拟视野。

本书的主要认识是：（1）导致长期增长减速的三重结构性冲击显著存在。具体表现为：第一，若把投资率变动放在各国经济增长的历史背景下考察，经济追赶国家在向发达经济增长阶段演变过程中，工业化阶段及城市化阶段的发展完善，将牵引投资率发生从高水平向低水平的变动，投资率与城市化率的倒 U 形统计关系以及投资率与工业增加值比重的倒 U 形统计关系显著存在。第二，人口转型的国际比较显示，随着时间的推进和观察视角由低收入组向高收入组的平移，劳动年龄人口增长率表现出显著的下降趋势；从世界平均水平看，1960—1990 年，世界经济增长中人口红利的贡献呈现了大幅上升的趋势，1990 年之后人口红利的贡献下降，这种趋势与劳动年龄人口变化趋势一致。第三，随着人均 GDP 从低向高爬升，资本弹性数值发生从高向低的下降。可以想见，当追赶经济体大规模工业化进程结束，进而面临人口红利消失和伴随高收入阶段发生的资本弹性下降，所谓结构性减速的发生是一种必然趋势。第四，各国经济增长历史表明，经济发展的早期阶段通过纯技术效率和规模效率的改进可以提高全要素生产率，随着经济的持续增长则应转换到技术进步推动全要素生产率的持续增长。（2）上述资本、劳动、要素弹性参数变化的统计事实，用于类比中国增长趋势。总体结论是，随着工业化阶段向城市化阶段的演进，中国投资增长下降，这种趋势连同人口转型和要素弹性逆转，共同导致未来增长减速。面对三重结构性冲击，如果全要素生产率不能得到切实提高，中国未来经济的可持续增长前景堪忧。(3) 中国工业化时期高增长路径达成，是靠投资、劳动力等要素推动，经济投入产出效率低下，效率问题是未来增长转型的重中之重。

本章结构安排如下：第二部分探讨了分析框架，并介绍了数据来源及其处理；第三部分是要素动态的国际比较；第四部分主要就中国经济增长趋势和增长效率问题展开分析；第五部分是结论。

二 研究方法与数据

(一) 分析框架与方法

对于中国经济增长的理解，国内学者做出了很多细致而富有启发性的探索，一些文献如郭庆旺与贾俊雪（2004）、王小鲁与樊纲（2000）、林毅夫等（2003）对中国经济的长期增长进行了深入探讨，对中国的潜在增长率及其决定因素进行了深入分析。随着中国经济增长形势的变化，刘世锦等（2011）、中国经济增长前沿课题组（2012）等，以及世界银行、国际货币基金组织、亚洲开发银行等国际机构，都对中国经济增长前景进行了深入探讨，大都认为中国经济即将或正处于结构性减速通道上，面临经济增长的严峻形势。我们认为，中国目前面临的经济结构减速是发展中国家经济体在经济发展过程中必须经历的阶段，因此希望从国际比较中得到对中国经济的启示。

就各国经济增长历史而言，许多研究进行了梳理，得到一些重要的典型事实。如 Hausmann、Pritchett 和 Rodrik（2005）探讨了发展中国家经济加速的现象，而 Eichengreen、Park 和 Shin（2013）等讨论了高速增长经济体减速的典型现象。Eichengreen 等人基于 PWT 7.0 的数据对各国经济增长历史进行了统计分析，发现各国经济在购买力平价计算的人均 GDP 水平达到 10000—11000 美元和 15000—16000 美元时经济将经历两次减速。而根据 WDI 的数据，中国目前经济正好处于第一个减速区间，因此这一分析对中国经济增长有重要启示。但是，这一分析并没有解释经济减速的原因，我们需要进一步剖析经济减速的机制，才能得到有益的政策启示。

因此，本章试图通过对世界各国经济增长与结构变迁过程中的增长要素动态变化的考察，得到适用于中国未来经济增长的规律性的启示。这背后的逻辑是，各国发展历程，特别是后发国家的经济增长与结构变迁过程，存在一定的规律性特征，都需要经历包括产业结构、人口结构和城市化等在内的结构变迁过程才能成长为发达经济。这也是结构变迁理论的基本出发点（有关结构变迁理论，参见 Herrendorf，Rogerson & Valentinyi，2014）。

我们尝试采用增长分解法剖析 1960 年以来世界各国经济增长的要素动态，以探讨中国由这些要素动态决定的增长率。为了分析生产要素动态对经济增长的影响，采用经典的增长因素分解方法，将 GDP 增长率进行如下分解：

$$g_Y = g_{TFP} + \alpha \cdot g_K + (1-\alpha) \cdot g_L \quad (3-1)$$

即经济增长为资本、劳动和 TFP 增长之和，则经济增长的速度主要由资本和劳动的要素增长、资本产出弹性和全要素生产率共同决定。我们之所以没有考虑人力资本，是因为许多采用整体生产函数的中国经济增长研究都表明，各种口径衡量的人力资本对于中国经济增长的作用是极其有限的（如 Li & Liu，2011），而国家之间人力资本的差异往往因为数据可得性和质量等原因难以比较。

在理解各生产要素及生产率对经济增长贡献的基础上，得到这些要素动态就能对未来经济增长进行可靠的预测。就这一目的而言，我们无须深究生产要素及其社会经济决定因素与经济增长或产出水平的因果关系方向，而只需要审视世界各国经济发展过程中与要素动态相关的经济社会因素，则中国在这些经济社会因素作用下会有类似的要素动态，从而根据式（3－1）能得到未来中国经济增长的预期。在要素投入和产出弹性面临严峻考验的形势下，我们通过探讨中国区域经济发展差异，为保持经济增长提供弥合区域角度的政策思路。

（二）增长核算的要素方法

本章拟在增长核算框架下依次考虑资本增长率、劳动增长率、资本产出弹性和全要素生产率增长率决定的底层因素①，通过国际比较探讨世界各国经济增长过程中所体现出来的劳动、资本和TFP等增长要素的长期趋势与阶段性特征。基于国际比较得到的长期增长的要素动态，我们试图从中获得中国及其区域经济发展的一些启示。根据投资率、人口或劳动人口增长率、资本产出弹性和全要素生产率变化的一般趋势，我们可以得到中国经济增长未来可能面临的减速压力，以此探讨中国未来经济增长的可能情景。

1. *资本*

在上面的分析框架中，资本的增长率与投资率直接相关，因此考察各国投资率的增长规律可以得到未来中国经济投资率变化的可能趋势。投资作为一种生产行为，应当与产业密切相关，因此我们将审视投资率与工业化和城市化之间的相关关系，试图得到投资率长期变动的趋势②。

2. *劳动*

劳动的增长率主要和人口及劳动生产率相关。基于袁富华（2012）和中国经济增长前沿课题组（2013）的增长因素分解方法，我们将GDP增长率进行分解，可得如下恒等式：

GDP增长率 = 劳动生产率增长率 + 15—64岁劳动年龄人口增长率 (3 - 2)

其中，劳动生产率定义为GDP与15—64岁劳动年龄人口之比。该恒等式假定劳动参与率是不变的，则我们可以重点考虑劳动年龄人口增长率带来的增长影响。许多文献认为，一国人口转型过程中劳动年龄人口比重的增加，在适当的政策下可以促进经济增长（Williamson，1997；Bloom，Canning & Sevilla，2001）。蔡昉（2011）有关中国经济增长的分析表明，劳动年龄人口比重上升对1982—2000年人均GDP增长的贡

① 资本、劳动、土地等估算潜在增长的可量化的“近似因素”（proximate causes）受到了广泛关注，但诸如路径依赖、经济环境等影响长期增长的“底层因素”（ultimate causes）同样值得关注。关于近似因素与底层因素的有益见解，请参见Maddison（1991）。

② 本章主要考虑要素变迁动态的相关因素而试图探讨要素动态的因果机制，因此到底是城镇化水平决定投资水平，还是相反，并不探讨。事实上，探讨在各国经济结构变迁过程中要素的长期动态趋势，考虑相关因素就够了。

献为26.8%，并认为随着人口老龄化的加快，“十二五”时期中国将失去充足劳动力供给意义上的人口红利。考察各国人口红利及其变化动态，有助于我们理解人口转型对经济增长的长期影响趋势。

3. 要素弹性

要素弹性是生产函数中的关键变量，在新古典经济学生产理论中大都假定要素的产出弹性为固定不变。然而，对中国和美国等经济增长的计量结果表明，资本的产出弹性在两国分别大约为2/3和1/3（Chow，Solow，et al.），这一份额与中美两国资本要素的收入份额也基本对应。中美资本产出弹性的巨大差异可以提出一个假说，结构变迁过程中资本产出弹性或许存在一个下降的长期趋势，即中国经济增长前沿课题组（2013）所说的要素弹性参数逆转。

近年来关于要素收入份额的研究逐渐升温，但关于要素产出弹性的讨论仍不多见。根据要素分配的欧拉定理，生产函数按照各自贡献获取要素份额。因此对于CD形式的函数而言，要素弹性与收入份额完全等同。虽然对于许多国家而言存在垄断等影响要素流动的因素，但从全社会来看资本和劳动的流动性是基本得到保障的，要素依贡献分配大致是得到保证的。因此可以从收入份额变迁来探讨要素产出弹性。

收入份额的变化较早就得到了学者们的关注，Solow（1958）和Phillips（1960）就已注意到增长过程中劳动力份额上升的状况。20世纪90年代以来，一些文献如Krueger（1999）、Young和Zuleta（2008）、Karabarbounis和Neiman（2014）等关于劳动份额变化的趋势及原因进行了更为系统的考察。李稻葵、刘霖林与王红领（2009）考察了世界各国劳动份额变化的典型事实，认为世界各国的经济发展过程中初次分配的劳动份额呈现先下降后上升的U形曲线，在人均GDP达到6000美元（2000年购买力平价）左右时劳动份额将趋于提高。基于大规模工业化时期经济加速向城市化成熟阶段经济减速的统计分析，中国经济增长前沿课题组（2013）把“要素弹性参数逆转”看作中国经济结构性减速的重要诱因，强调了资本弹性下降（或劳动弹性上升）对于发展中国家长期增长预测的重要性。

我们之所以认为要素弹性逆转是经济减速的原因，而非经济增长的结果，是因为Chow（1993）运用中国数据证明，农业、工业、建筑、交通、商业五个行业的生产函数中，资本的产出弹性依次递减[1]，则随着发展中国家的经济增长过程伴随的产业结构的变迁，总体经济的资本产出弹性将不断下降。如果把研究视角集中于新兴工业化国家的追赶和增长路径，我们更倾向于由于增长阶段性变化而导致的弹性参数的一般性趋势，或者就像中国经济增长前沿课题组所称的沿着增长曲线发生的要素弹性参数逆转现象，把握这一环节，对于理解中国经济向较高阶段行进时遇到的减速问题，或许更有裨益。

4. 全要素生产率

全要素生产率是新古典经济增长理论中对技术水平的一个度量。常见的分析方法包括基于生产函数估计的索洛余值法、随机前沿分析法（SFA）和数据包络分析法（DEA），而数据包络分析法又有基于 BCC 和 CCR 的数据包络分析方法，以及基于非参数的 Malmquist 指数法。这三类方法能获得全要素生产率的绝对水平或增长率的估计，能较好地计算出全要素生产率对于增长的贡献程度。此外，还有一些方法主要考虑全要素生产率的相对水平，即各生产单位相对于生产前沿的距离，如基于 CCR 和 BCC 的数据包络分析方法。

索洛余值法是经济增长核算中用得最广的分析方法，但由于索洛余值法需要对生产函数的形状和参数进行假定，如需要假定要素弹性固定不变、规模报酬不变，而这一假定在中国这种发展中国家往往难以成立，因此索洛余值法对于发展中国家的适用性是令人存疑的（林毅夫、任若恩，2007）。与索洛余值法不同，随机前沿法也需要对生产函数进行假定，并将产出分解为确定性的生产函数和随机的噪声及生产无效水平三个变量的乘积，可以通过合适的运算得到全要素生产率变化率及其分解的技术效率变化、技术变化和规模变化。虽然随机前沿法可以采用能兼容如可变产出弹性假设等条件的超越对数生产函数，但采用固定的生产函数来分析经济结构差异巨大的世界经济可能仍然不适合。因此，本章不打算采用这两种方法进行分析。

---

① Chow（1993）没有给出基于规模报酬不变的仅包括资本和劳动的农业生产函数估计，而是给出了无限制的包括资本、劳动和土地三个生产要素的估计，若将土地作为资本看待且加上规模报酬不变的约束，则农业产出中包含土地的资本份额要大于工业。

数据包络分析法对生产函数没有假定要求，而是计算每个数据点相对于普通技术的距离的比值来测量TFP的变化，即全要素生产效率变化指数（TFPC）。CCR假定生产可能性集合服从规模报酬不变，又被称为总技术效率（TE）或全局技术效率。BCC假定生产可能性集合由要素的凸组合构成，又被称为纯技术效率（PTE）或局部纯技术效率（Cooper，Seiford & Tone，2007）。在总技术效率中除去纯技术效率的作用，就能得到规模效率（SE）。CCR模型还可求出要素投入冗余，投入冗余大于0则表明经济中存在资源的错误配置，即可以在不增加投入的条件下通过调整投入品的配置来获得更高产出水平。

由于BCC和CCR只能计算单期的生产效率，在进行时间序列和面板分析时一般采用DEA Malmquist指数法。DEA Malmquist指数法将全要素生产率变化率分解为技术效率变化指数（TEC）和技术变化指数（TC）的乘积，技术效率变化还可以进一步分解为纯技术效率变化（PEC）和规模效率变化（SEC）的乘积①。

基于方法论的优劣比较，我们主要考察基于数据包络分析法得到的全要素生产率变化率及其分解项。在国际比较部分，我们关注的是各国经济发展过程中全要素生产率变化的典型化事实，观测Malmquist指数及其分解项在各国经济增长和结构变迁过程中的表现特征，并考虑部分与中国类似经济体在经济增长阶段中的全要素生产率增长率及其组成部分的动态，试图为中国未来的全要素生产率增长前景进行预测。

在分析各国经济增长过程中TFP变化规律的文献中，最引人注目的是有关东亚奇迹的全要素生产率之谜，即包括日本、亚洲“四小龙”和中国等经济体在经济增长过程中，全要素生产率究竟扮演了什么角色。Krugman（1994）等人认为东亚模式主要是投入驱动，全要素生产率贡献有限，从而增长前景并不看好，也有很多研究提出反对意见。之所以会出现互相矛盾的统计证据，是因为不同研究采用的分析框架、TFP定义和方法不同（Chen，1997）。因此，深入分析无须生产函数假

---

① 关于DEA Malmquist指数的分解以及对TEC的进一步分解，背后隐含着规模报酬递增或规模报酬不变的假定，这两种假定会导致TEC、PEC和SEC的测算理论基础出现一些问题，从而引发了一些争议。本书不讨论这些测算背后的方法论背景及其争议，这些讨论可参见Coelli等（2005）。

定的 TFP 及其分项，对理解结构变迁过程中 TFP 的变化规律有重要意义。

在分析中国全要素生产率的增长贡献方面，国内外许多学者进行了大量深入的增长核算和增长回归分析，如白重恩与张琼（2014）等。但与跨国比较研究的情况类似，由于模型框架、定义和方法的差异，不同学者的研究结论大相径庭。因此，我们也采用无须生产函数假定的 BCC 和 CCR 方法，通过分析得到的中国及一些参照国家在特定时期的全要素生产率及其分项的增长表现，探讨中国经济增长的相对效率，分析比较各国的投入要素冗余程度，以便为中国经济增长提供具操作性的政策启示。

（三）数据来源与处理

1. 产出

用于国际比较的产出数据主要来自世界银行的世界发展指数 WDI（World Bank，2014），选取以 2005 年不变价美元表示的 GDP 水平作为各国的产出数据。我们之所以采用 WDI 的数据而非 PWT（Penn World Tables），是因为 WDI 作为世界银行的重要数据库，其权威性应高于 PWT，而 PWT 由于后面所述的资本数据问题，不利于我们达到分析目的。之所以使用主要以官方汇率计算的 2005 年不变美元价格而非购买力平价（PPP）计算的 GDP，是因为以不变价格表示的购买力平价 GDP 与以不变美元价格计算的 GDP 之间是简单的倍数关系，增长趋势完全相同。同时，对于发展中国家而言（特别是亚洲国家），购买力平价往往容易夸大发展中国家的经济发展水平（Alba & Papell，2007），因而采用主要基于官方汇率计算的 GDP 分析发展中国家可能更具现实性。

由于在国际比较的时候人口数量少的国家与产油国具有与一般国家不同的行为特点，小国可能依靠旅游、侨汇等非生产性产业或收入来源就能达到较高的收入水平，产油国只需要出口石油就能获得较高收入水平，这些都是增长理论分析中的异常案例，需要剔除。本书采用 Mankiw、Romer 和 Weil（1992）的剔除规则，即剔除产油国和人口在一百万以下的国家。由于时间跨度较大，本书的做法是在每个五年期内计算石油租金（oil rent）占 GDP 的比例（WDI 包含这一变量）的平均值，从五年期样本中剔除该比例高于40%的国家。类似地，从各五年期样本中剔除第三年人口低于一百万人口的国家。

需要分类时，按照世界银行收入分类方法，将各国分为低收入国家、中低收入国家、中高收入国家和高收入国家，均采用当年国际美元价格表示的图表集法计算的人均国民净收入（GNI per capita，by atlas method），每年度标准参照世界银行的标准进行调整①。

2. 劳动

用于国际比较的劳动数据则从WDI提取劳动力（labor force）数据作为劳动投入变量，但WDI的劳动时间序列从1990年才开始有数据，为保证分析时间期限一致以便比较，采用1990年劳动力数据占劳动年龄人口（15—64岁）的比例前推至1980年。

在进行中国经济潜在增长分析时，劳动投入数据采用中国经济增长前沿课题组（2013）所计算的劳动数据，基础数据来自《中国统计年鉴》《中国人口和就业统计年鉴》提供的2012年以前全社会年末从业人员和劳动年龄人口数据序列，1990年以前的从业人员数据根据王小鲁与樊纲（2000）的估算进行了调整。

3. 资本

中国的数据主要来自中国国家统计局出版的各年度《中国统计年鉴》。中国经济中的资本存量采用中国经济增长前沿课题组（2013）所计算的资本数据。

进行国际比较时的资本数据主要基于Nehru和Dhareshwar（1993）的数据，采用该数据计算1960—1990年资本存量数据，并将原有的价格单位转换成2005年不变美元价格。在此基础上，根据该数据计算的折旧率和WDI中各国固定资本形成的数据，采用永续盘存法延长至2012年。

我们并未采用PWT 8.0的数据，是因为PWT的作者Inklaar和Timmer（2013）亦承认，PWT 8.0所提供的购买力平价的数据适用于各国截面时间比较，以2005年本地货币计算的数据适用于一国自身的时间

① https：//datahelpdesk. worldbank. org/knowledgebase/articles/378834 – how – does – the – world – bank – classify – countries.

趋势分析，因此这两个数据可能都不太适合跨国面板数据分析。基于WDI的数据计算得到的以2005年不变美元价格表示的各国资本存量，对于中国等发展中国家的扭曲相对较小，能更好地与GDP、劳动等经济变量结合起来进行面板分析。

三　长期增长中的要素动态及国际经验事实

分析长期增长要素动态对经济减速可能带来的三重冲击，是我们关注增长阶段性的主要原因。经济增长的国际和区域比较，有助于丰富新古典增长核算框架下要素和潜在增长变化的认识。本部分基于各国（或地区）工业化、城市化发展的纵向横向对比，对资本、劳动等要素的动态及其变化的底层诱因给出尽可能详细的说明，着重强调阶段性特征和结构因素在理解长期增长问题上的重要性。

长期增长过程中"结构性加速"向"结构性减速"的过渡，抑或经济追赶国家工业化时期高速增长向城市化时期低速高效增长的路径转换（袁富华，2012；中国经济增长前沿课题组，2012），为增长因素和增长绩效分析的深化提供了有益启示。由此，与资本、劳动等增长因素相关的一些具体问题被突显出来，这些问题往往更加贴近经济增长的现实。

就本章的目的——通过国际比较来认识中国未来增长趋势——而言，下述经验事实值得认真审视：（1）投资率与城市化率的倒U形统计关系，以及投资率与工业增加值比重的倒U形关系。投资率与工业化、城市化进程的相关性，实际上可以看作投资要素长期动态变化的结构性动因，这是被新古典增长核算框架所省略的因素联系之一[①]。（2）人口红利作为工业化阶段经济加速的重要促进因素，它的消失将会抑制城市化阶段的经济增长。从人口转型的长期动态看，劳动力供给受劳动年龄人口构成及劳动参与率的影响，人口结构变化与产业结构变化交织推动增长，这是被新古典增长核算框架所省略的因素联系之二。

---

① 投资增长速度是投资率变化与GDP增长率之和，这个算式连同文中有关投资率与增长阶段的联系的分析，使得我们有可能更加系统地认识增长核算框架中的投资因素。

(3) 要素弹性参数的变化，或者按照中国经济增长前沿课题组（2012）的定义——长期增长曲线上要素弹性参数逆转，这是被新古典增长核算框架所省略的因素联系之三。要素弹性逆转，即产出资本（劳动）弹性随着经济增长向发达阶段演进而出现的由大变小趋势，同样被看作导致结构性减速的重要诱因，对这种现象的分析具有较好的统计和经济意义。

（一）工业化、城市化过程中的投资率动态

我们首先为长期增长过程中投资率倒 U 形变动的趋势提供一些统计证据。图3－1（a）与图3－1（b）是1960—2011 年120 个国家投资率（固定资本形成率）动态变化的直观图示，对于隐含在散点图中的两个非线性趋势——投资率与城市化率的倒 U 形统计关系、投资率与工业增加值比重的倒 U 形统计关系，在表3－1 的计量分析中进行了明晰。总体印象是，若把投资率变动放在各国经济增长的历史背景下考察，经济追赶国家在向发达经济增长阶段演变过程中，工业化阶段及城市化阶段的发展完善，将牵引投资率发生从高水平向低水平的变动。因此，从长期动态角度看，随着发展阶段向发达的收敛，增长核算框架下的投资增长速度有可能逐步走低，关于这一点，接下来的分析中还有进一步的阐述。投资的这种变化趋势，是快速追赶工业化阶段向城市化阶段增长减速的第一重冲击，对于像中国这样的发展中国家经济增长预测而言，这种认识非常重要。

表3－1 的计量模型是对陈昌兵（2010）模型的扩展，完善之处在于增加了更加符合经济事实的工业增加值二次项，总体拟合效果比原模型优良[①]。为了验证投资率倒 U 形趋势的稳健性，我们不仅提供了较长时期的面板数据统计分析，包括 1960—2011 年、1970—2011 年、1980—2011 年的统计结果，而且提供了相对较短时期，包括 1990—2011 年、2000—2011 年的统计结果。当然，对于城市化这个相对漫长的过程而言，较短的样本期似乎很难提供重要的有说服力的信息，

---

① 我们仅对样本自身的回归关系进行观察，因此选择固定效应模型；且将注意力集中于自变量回归系数的显著性，固定效应没有列示。

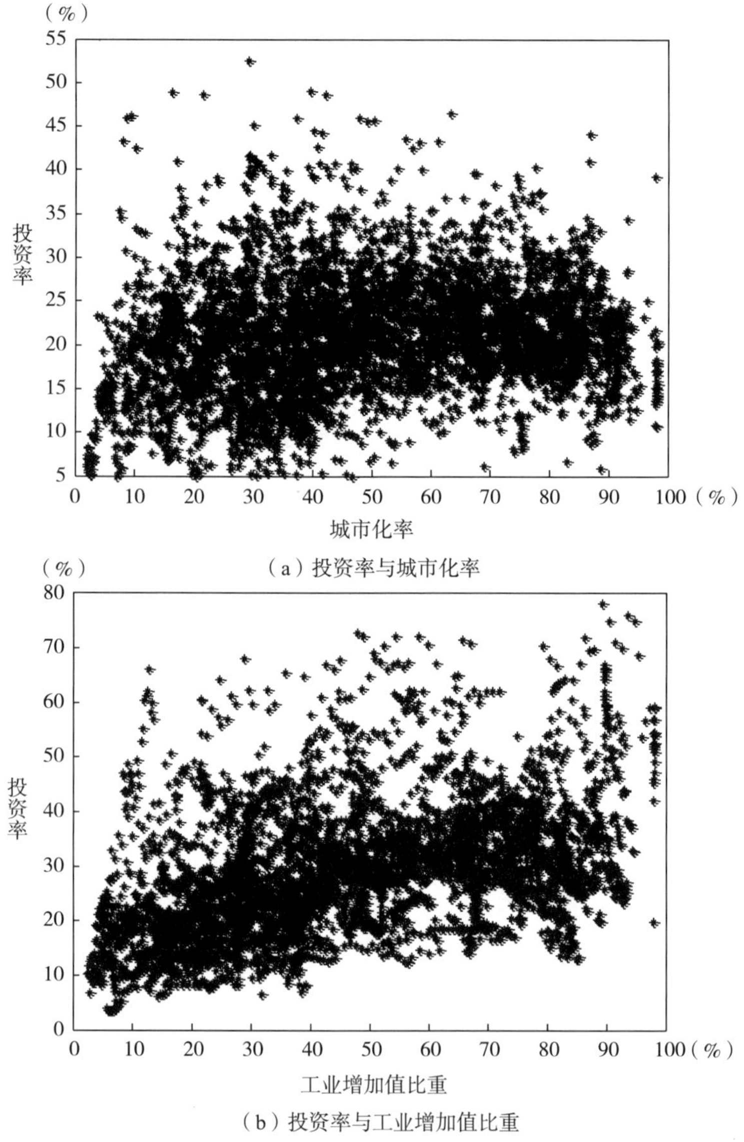

图 3-1　120 个国家 1960—2011 年投资率(固定资本形成率)与城市化率及工业增加值的散点关系

资料来源:WDI(2013)。

即使如此,正如表中城市化率二次项系数和工业增加值比重二次项系数所显示的那样,无论是相对较长时期还是相对较短时期,投资率与

表 3-1　120 个国家 1960—2011 年投资率与城市化率、工业增加值比重关系的统计分析

样本期：1960—2011				样本期：1970—2011				样本期：1980—2011			
因变量：固定资本形成率				因变量：固定资本形成率				因变量：固定资本形成率			
自变量	系数	t 值	Prob.	自变量	系数	t 值	Prob.	自变量	系数	t 值	Prob.
工业增加值份额一次项	0.7187	15.60	0.00	工业增加值份额一次项	0.7226	15.35	0.00	工业增加值份额一次项	0.6972	12.26	0.00
工业增加值份额二次项	-0.0085	-14.28	0.00	工业增加值份额二次项	-0.0086	-14.09	0.00	工业增加值份额二次项	-0.0084	-10.75	0.00
城市化率一次项	0.5054	5.46	0.00	城市化率一次项	0.4886	4.93	0.00	城市化率一次项	0.6442	6.01	0.00
城市化率二次项	-0.0043	-5.46	0.00	城市化率二次项	-0.0042	-4.96	0.00	城市化率二次项	-0.0044	-4.94	0.00
残差调整项 AR（1）	0.8341	98.44	0.00	残差调整项 AR（1）	0.8324	94.82	0.00	残差调整项 AR（1）	0.8032	81.67	0.00
固定效应	—	—	—	固定效应	—	—	—	固定效应	—	—	—
$AdjR^2=0.88$；S.E.=2.99				$AdjR^2=0.88$；S.E.=3.01				$AdjR^2=0.87$；S.E.=3.01			

样本期：1990—2011				样本期：2000—2011			
因变量：固定资本形成率				因变量：固定资本形成率			
自变量	系数	t 值	Prob.	自变量	系数	t 值	Prob.
工业增加值份额一次项	0.6805	9.53	0.00	工业增加值份额一次项	0.8664	12.16	0.00
工业增加值份额二次项	-0.0087	-8.44	0.00	工业增加值份额二次项	-0.0124	-13.88	0.00
城市化率一次项	0.8013	5.97	0.00	城市化率一次项	0.8214	4.54	0.00
城市化率二次项	-0.0049	-4.38	0.00	城市化率二次项	-0.0041	-2.39	0.02
残差调整项 AR（1）	0.7600	60.58	0.00	残差调整项 AR（1）	0.7092	34.94	0.00
固定效应	—	—	—	固定效应	—	—	—
$AdjR^2=0.88$；S.E.=3.06				$AdjR^2=0.94$；S.E.=2.77			

城市化率、投资率与工业增加值比重都存在显著的倒 U 形关系：如，1960—2011 年、1970—2011 年、1980—2011 年、1990—2011 年、2000—2011 年五个样本期中城市化率二次项系数和工业增加值比重二次项系数分别为：-0.0043 和 -0.0085，-0.0042 和 -0.0086，-0.0044 和 -0.0084，-0.0049 和 -0.0087，-0.0041 和 -0.0124。

进一步，对比一下表 3-1 城市化率二次项系数与一次项系数，可以发现，如果不考虑工业增加值比重变动，那么从城市化过程较长时期（如表中 1960—2011 年或 1970—2011 年）的增长经验看，投资率最大值或投资率倒 U 形趋势的拐点发生在城市化率 60% 左右，这个结果与中国经济增长前沿课题组（2012）的认识类似。但是，表 3-1 更加贴近实际应用的一个提示是，在将投资率趋势应用于长期增长分析时，不仅要关注到城市化率状况，而且工业化发展状况也不能忽视。基于计量结果，比较保险的推断和补充说明如下：第一，当大规模工业化追赶结束且经济步入成熟的城市化阶段，缺乏工业支撑的投资率拐点将会发生。如日本投资率在 20 世纪 60 年代末期和 70 年代初期达到 35% 的峰值后，在城市化步入成熟和工业规模收缩的挤压下持续下滑，2000 年以来维持在 20% 的水平；韩国在 90 年代前半期达到接近 40% 的投资率峰值，其后由于工业规模萎缩和城市化步入成熟，引致投资率显著下降。拉美国家如阿根廷、巴西等的投资率也出现了类似趋势。第二，当经济进入发达阶段，工业和城市化水平保持在均衡水平时，投资率不变，即卡尔多事实。

（二）人口转型及其增长影响

接下来，我们分析结构性减速的人口转型因素，这是诱发经济由高速增长向低速增长转换的第二重潜在冲击。根据式（3-2），我们可将人口红利具体化为 15—64 岁劳动年龄人口增长率，人口红利贡献率具体为 15—64 岁劳动年龄人口增长率与 GDP 增长率之比。根据 WDI 的数据，我们把 1960—2011 年各国 15—64 岁劳动年龄人口增长率或人口红利按照不同收入组别、不同地区组别分别列示在 1960—1970 年至 2000—2011 年的五个时间区间中，如图 3-2 所示。

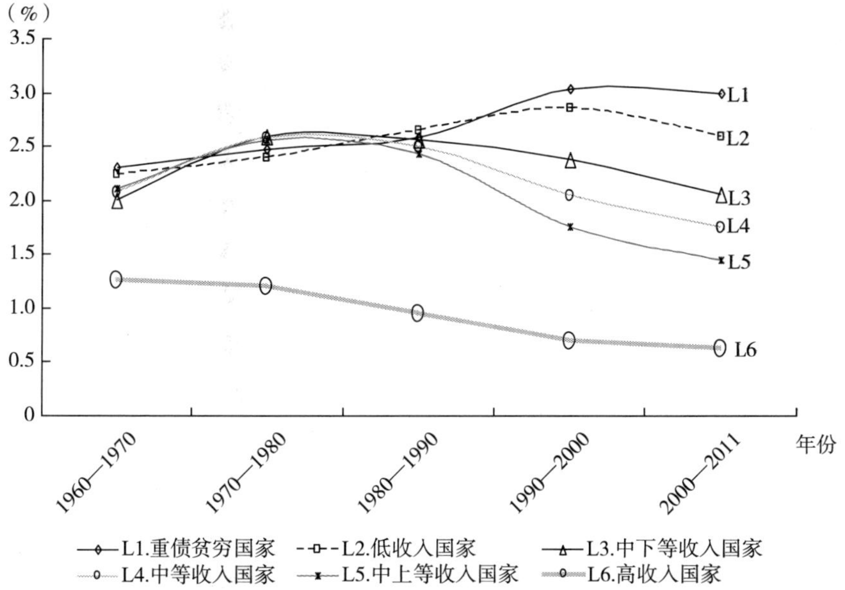

（a）不同收入组

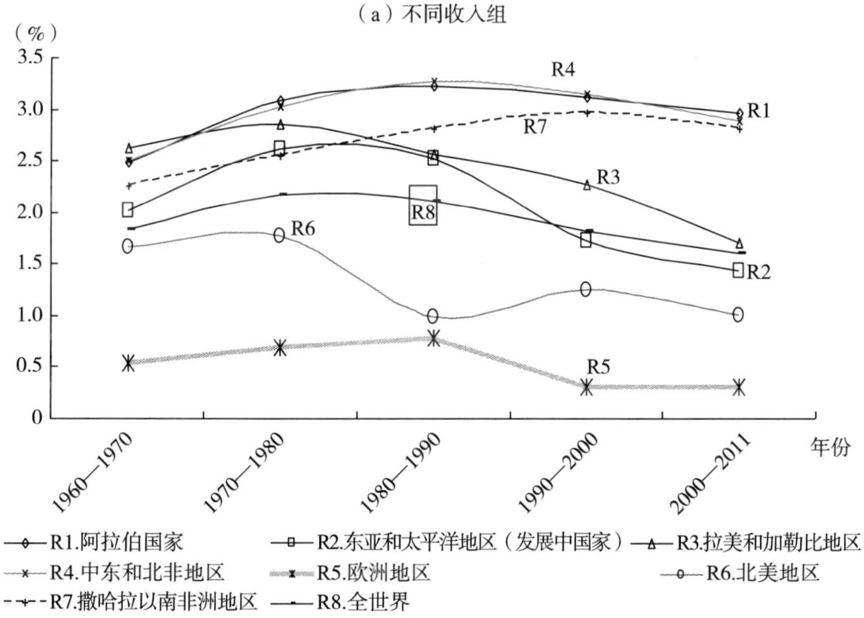

（b）不同地区

图 3－2　不同收入组和不同地区 1960—2011 年 15—64 岁人口增长率

注：纵轴为 15—64 岁劳动年龄人口增长率。

资料来源：WDI（2013）。

1. 人口转型的统计事实

如图3－2所示，随着时间的推进和观察视角由低收入组向高收入组的平移，劳动年龄人口增长率表现出显著的下降趋势：（1）如图3－2（a）所示，不同收入组别劳动年龄人口趋势表明，高收入国家（L6）劳动年龄人口增长率1980年以来发生持续下降，由1980年以前的年均增长1.2%下降到2000—2011年的0.6%。类似的趋势也发生在中下等收入、中等收入和中上等收入国家（L3、L4、L5），但是下降幅度明显低于高收入组，截至目前，中等收入组人口红利仍处于1.5%—2%的水平。重债贫穷国家和低收入国家（L1、L2）在1960—2000年经历了人口红利的加速上升，但2000年以来出现向S形曲线顶部趋近的态势，目前两个收入组劳动年龄人口增长率处于2.5%—3%。（2）如图3－2（b）所示，区域因素和国别特殊性对劳动年龄人口增长率的影响较大，但过去半个世纪里世界平均水平发生了由加速向减速的转换现象，拐点出现在1980—1990年，2000—2011年世界劳动年龄人口增长率（R8）平均为1.6%。除阿拉伯国家和撒哈拉以南非洲地区（R1、R7）这两个劳动年龄人口增长率最高的地区，20世纪80年代以后其他地区人口红利均出现显著下降：其中，东亚和太平洋地区（发展中国家）、拉美和加勒比地区以及北美地区（R2、R3、R6）下降最快，2000—2011年比峰值时期的1970—1980年分别下降1.2%、1.2%和0.8%。欧洲地区一直是劳动年龄人口增长率最低的地区，目前只有0.3%的水平。

2. 人口转型的增长冲击和增长贡献

根据GDP增长率恒等式，表3－2提供了与上述认识相吻合的一些事实和计算。主要结论是：（1）从世界平均水平看：1960—1990年，世界经济增长中人口红利的贡献呈现了大幅上升的趋势，1990年之后人口红利的贡献下降，这种趋势与劳动年龄人口变化趋势一致。（2）从收入组别看：高收入国家人口红利对GDP增长的贡献在半个世纪中比较稳定，约为30%，相应劳动生产率的贡献约为70%；而且，从各个时间区间看，随着收入由低向高递进，人口红利贡献呈现显著下降。重债贫穷国家和低收入国家的GDP增长，基本依靠人口红利支撑，相应劳动生产率对GDP增长的贡献很低甚至为负。（3）从地区组别看：1990年以来各地区人口红利贡献都经历了比较显著的下降，尤其值得关注的是东亚和太平洋地区（发展中国家），2000—2011 年人口红利贡献不到 20%，是各地区中最低的。东亚和太平洋地区（发展中国家）人口红利低下的主要原因，在于中国正经历快速的人口转型，进一步的测算显示，1960—1970 年、1970—1980 年、1980—1990 年、1990—2000 年、2000—2011 年中国人口红利对 GDP 增长的贡献分别为 -1.5%、22.1%、30.3%、17.8%和 14.0%①。

表 3-2　1960—2011 年不同收入组、不同地区 GDP 增长率及其人口红利贡献率

	GDP 增长率（%）					人口红利对 GDP 增长的贡献率（%）				
	1960—1970	1970—1980	1980—1990	1990—2000	2000—2011	1960—1970	1970—1980	1980—1990	1990—2000	2000—2011
按收入分：										
重债贫穷国家	3.6	3.0	1.5	2.3	4.7	63.3	81.1	170.9	133.8	64.0
低收入国家	4.8	2.3	2.7	2.5	5.3	46.9	101.7	98.2	112.5	49.3
中下等收入国家	4.5	4.9	4.1	3.3	5.7	44.6	53.2	61.9	71.4	35.8
中等收入国家	5.4	5.7	3.4	4.0	5.9	37.9	45.2	73.7	51.6	29.5
中上等收入国家	5.8	5.9	3.1	4.2	6.0	36.6	43.2	77.5	42.2	24.4
高收入国家	5.2	3.5	2.9	2.5	1.9	23.8	34.2	32.1	26.9	33.0
按地区分：										
阿拉伯国家		8.3	1.9	4.2	4.8	—	37.4	165.3	73.6	61.4
东亚和太平洋地区（发展中国家）	4.8	7.2	7.5	8.1	8.8	41.9	36.1	33.4	21.3	16.3
拉美和加勒比地区	5.7	6.1	2.0	3.0	3.2	46.0	47.0	128.2	76.5	52.5
中东和北非地区	9.4	8.8	1.9	4.5	4.7	26.7	34.3	174.0	70.6	60.9
欧洲地区	5.8	3.7	2.4	2.2	1.3	9.2	19.0	32.6	13.6	23.5
北美地区	4.3	3.1	2.9	3.2	1.9	38.6	57.4	33.6	38.4	53.9
撒哈拉以南非洲地区	5.0	4.1	2.0	2.2	4.7	45.4	61.6	138.4	134.1	59.7
平均：										
OECD 成员国	5.3	3.4	2.9	2.7	1.7	24.5	37.5	38.2	33.7	39.7
全世界	5.3	3.8	3.0	2.8	2.7	34.7	57.6	70.3	65.4	59.4

资料来源：WDI（2013）。

① 2005 年以来中国人口红利贡献迅速下降，2000—2005 年平均为 20%，2005—2011 年平均为 9%，2011 年为 4.7%。

3. 人口红利下降与投资下降对结构性减速带来的双重冲击

经济快速追赶路径自身蕴含了减速的结构矛盾：第一，大规模工业化导致的经济“结构性加速”，发生在工业主导增长的时期里，这也是大规模投资行为赖以存在的基础。但是，随着经济结构向服务业主导演进，投资高速增长的基础受到削弱，倒 U 形现象出现，投资增速的降低是导致发达经济阶段经济减速因素之一。第二，成本优势，尤其是劳动力优势是投资大规模展开的必要条件，此时，由投资推动的劳动生产率提高和人口红利形成高增长的双重推动，工业化顺利实施乃至最终完成。中国改革开放以来的工业化及日本 20 世纪 70 年代早期的高增长，是最典型的“结构性加速”的范例。第三，当人口红利消失导致劳动力成本上升，大规模工业化发生的基础消失，投资增长速度降低，并与人口红利减少形成“结构性减速”的双重压力。此时，维持经济适度增长的因素逐步转向劳动生产率的提高方面，内生增长的要求变得迫切。

（三）增长核算的参数结构

影响长期增长路径转型的另一个重要因素是增长核算框架的参数结构，产出资本弹性及相应弹性的变化构成经济减速的第三重冲击。如图 3－3 所示，我们征引了史俊男（2014）根据标准生产函数估算的 1960—2011 年 63 个中等收入及以上国家的资本弹性参数，为直观起见，分别计算了各国 1960—1970 年、1970—1980 年、1980—1990 年、1990—2000 年、2000—2011 年五个时间区间的算术平均值；相应地，1960—2011 年各国人均 GDP（2000 年不变价）也分为类似的五个时间区间，这样就形成了图 3－3 中的散点趋势。总体印象是，随着人均 GDP 从低向高爬升，资本弹性数值发生从高向低的下降，即图中散点由左上角向右下角的有序漂移①。

从增长核算框架看，随着增长阶段转换，资本弹性下降之于长期增长的影响是深远的。联系前文有关投资动态和人口结构动态的分析，可

---

① 散点趋势对应的拟合曲线为：$\theta=$（截面和时期）固定效应 $-\underset{(-6.32)}{0.00000652}\cdot gdp$ $\mathrm{Adj}R^2=0.65$，S. E. =0. 08。其中，θ 为资本弹性，gdp 为人均 GDP 水平。这一拟合曲线表明，随着 GDP 水平的提高，资本的产出弹性将逐渐下降。

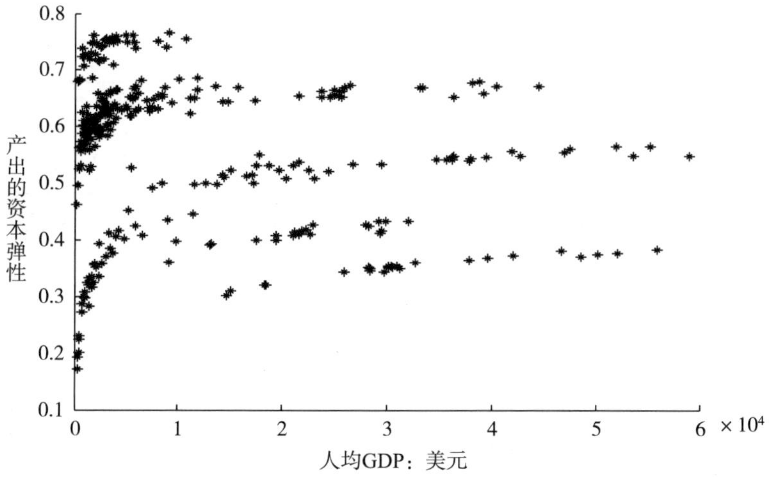

图 3－3　1960—1970 年至 2000—2011 年五个时间区间 63 个中等收入及以上国家资本弹性参数估计值

资料来源：史俊男（2014）。

以想见，当追赶经济体大规模工业化进程结束，进而面临人口红利消失和伴随高收入阶段发生的资本弹性下降，所谓结构性减速的发生是一种必然趋势。减速的这三重冲击，有助于理解中国未来增长转型的趋势。

（四）全要素生产率变化的增长关联

我们考虑发展中国家经济增长和结构变迁过程中的全要素生产率的变化过程，是为了得到中国经济在结构变迁过程中全要素生产率的可能变化趋势。基于这一目的并考虑到数据可得性，我们考虑一组与中国经济具有一定相似性特征的国家，主要是在 1960 年为较大的发展中国家，且在 1960—2012 年人均 GDP 有显著增长的国家，包括巴西、智利、哥斯达黎加、多美尼加、希腊、日本、韩国、马来西亚、墨西哥、新加坡、土耳其、乌拉圭。通过运用 DEA Malmquist 指数法计算这些国家的全要素生产率变化率及其分解项目，我们可以得到较为一般的全要素生产率在结构变迁过程中的动态变迁过程。为了更清晰地看到这一动态过程，我们计算这些国家在 1961—2010 年的变化率，并拟合出变化趋势线，以便过滤掉周期性波动，如图 3－4 所示。

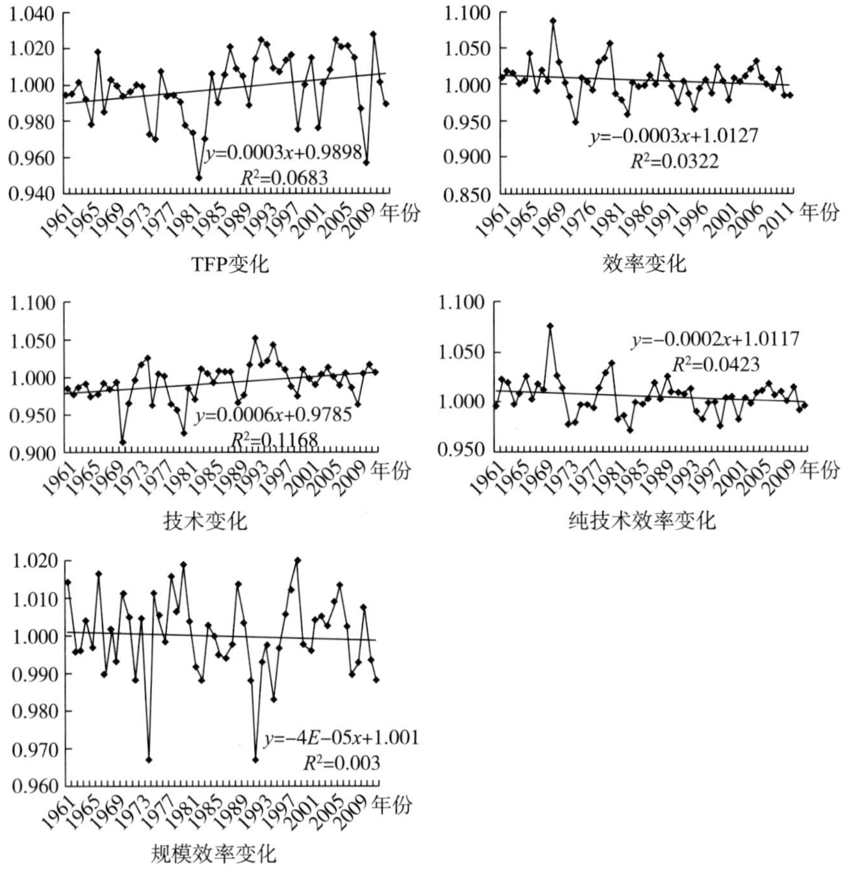

图 3－4　1961—2012 年结构变迁经济的全要素生产率及其分解的变化动态

注：样本国家包括：巴西、智利、哥斯达黎加、多美尼加、希腊、日本、韩国、马来西亚、墨西哥、新加坡、土耳其、乌拉圭。

资料来源：基于 WDI（2014）及其他数据测算。

图 3－4 表明，在经济增长的过程中，在发展中国家的经济增长和结构变迁过程中，全要素生产率总体上是不断提高的，在经济发展的早期阶段，全要素生产率水平可能会有所下降，但经济持续增长会逐渐带来全要素生产率的提高。究其原因，是在经济发展的早期，全要素生产率的提高主要是效率改进，纯技术效率和规模效率都会逐渐提高，但在这一阶段技术变化甚至可能会恶化。而随着经济的持续增长，纯技术效率变化和规模效率改进将逐渐收敛，效率变化的空间不断缩小，而技术进步率将逐渐提高，从而推动 TFP 增长率不断提高，实现经济由要素投

入扩大和结构变迁驱动的增长转型为技术进步驱动的增长。

四　长期增长的效率分析：中国经济增长趋势和增长效率问题

我们将上述国际比较得到的资本、劳动、要素弹性参数变化统计事实，用于中国增长趋势和问题的分析。分析重点有两个，一是考察中国“十二五”和“十三五”潜在增长率，二是与中国增长阶段及要素投入相关的效率问题。

（一）中国潜在增长和经济结构性减速趋势

1. 资本

我们运用前文表3－1中1970—2011年的统计回归模型，对中国2012—2013年投资率及相应资本存量变动趋势给出一个启发性模拟：第一，模拟中所用到的中国城市化率和工业比重变化趋势，直接征引中国经济增长前沿课题组（2013）的估计；第二，面板估计里中国的截距为9.41；第三，通过投资率变动估计资本存量变动的方法，依据中国经济增长前沿课题组（2012）。模拟结果如图3－5（a）。主要结论是：随着城市化率上升和工业增加值比重的下降，2011—2015年、2016—2020年、2021—2025年、2026—2030年资本存量增长率分别为：9.4%、8.0%、7.9%和7.7%。

2. 劳动年龄人口和劳动力供给

图3－5（b）征引了中国经济增长前沿课题组（2013）关于1993—2026年中国劳动年龄人口和劳动力供给变动的估计数据，两个时间序列的趋势表明，现阶段我国正经历劳动力供给由增加向减少过渡的拐点，分时期看：2011—2015年、2016—2020年、2021—2025年劳动年龄人口和劳动力供给增长率分别为：0.44%和0.24%，－1.00%和－1.33%，－0.48%和－0.82%。

3. 要素弹性

图3－5（c）提供了1994—2012年中国劳动份额和资本份额的变化情况。按照前文要素弹性参数逆转的预测，长期内我国资本、劳动弹

性将呈现向发达经济阶段收敛的趋势——资本弹性逐步下降、劳动弹性逐步提高。图中劳动份额（资本份额）2005 年以来表现出震荡中的上升（下降）趋势，可以预期，随着中国经济向发达阶段的持续跃升，这种要素弹性参数逆转趋势将变得越来越明朗。

（a）1979—2030年资本存量增长估计

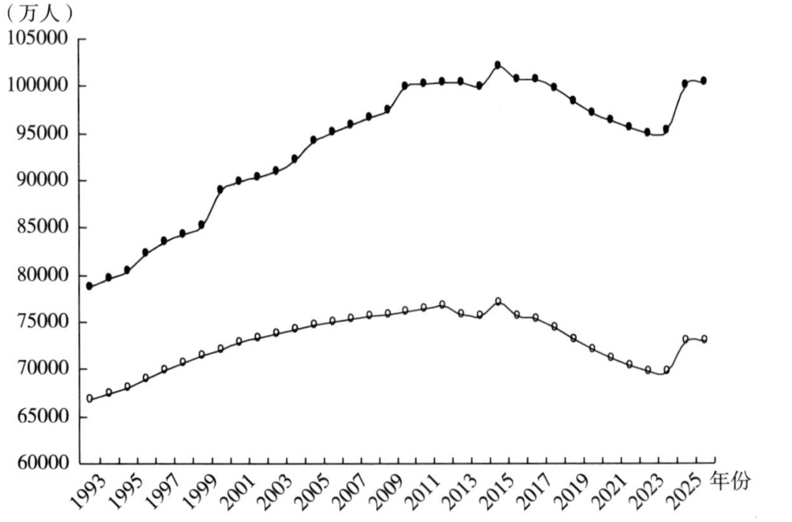

（b）1993—2026年劳动年龄人口与劳动力供给估计

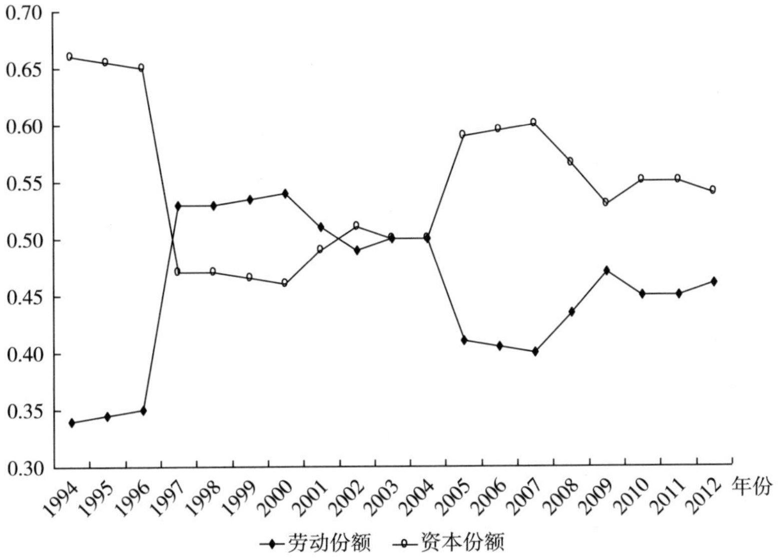

（c）1994—2012年劳动份额和资本份额

图 3－5　中国资本、劳动和收入份额估计

4. *核算*

根据资本、劳动、要素弹性变化趋势，并根据图 3－4 所示的全要素生产率的一般规律，假定技术进步对经济增长贡献率将逐渐增大，则我们对未来 15 年的增长趋势模拟如表 3－3 所示：

表 3－3　　中国未来 15 年经济增长趋势模拟

时期	资本份额	劳动份额	GDP 增长率（%）	资本增长率（%）	劳动增长率（%）	技术进步贡献（%）
2011—2015 年	0.55	0.45	8.4	10.44	0.238	30
2016—2020 年	0.5	0.5	5.0	8.29	－1.326	30
2021—2025 年	0.4	0.6	4.3	7.71	－0.816	40

根据上述分析可以看出，未来 15 年间由于投资率下降、劳动人口减少和资本份额降低所带来的三重冲击，中国经济增长速度将由 8.4% 下降到 4.3%，呈现出典型的结构性减速特征。

（二）中国经济增长过程中规模与效率的国际比较

从各国经济增长过程中的全要素生产率情况来看，效率变化是发展中国家结构变迁过程中提高全要素生产率的重要渠道。在中国经济生产要素面临严峻形势的当下，由于技术进步需要研发和人力资本的长期投入，在短期内难以迅速提高，因此通过挖掘效率改进的潜力，是目前保持较高经济增长率的关键所在。

为进一步分析中国经济面临的效率问题，我们采用基于 BCC 和 CCR 的数据包络分析方法分析中国的投入产出效率。从投入产出效率来看，由于发展中国家都存在各种无效率，因此我们选取加拿大、法国、日本、韩国、英国、美国等发达国家作为效率比较的参考。如表 3－4 所示，基于 CCR 模型的计算表明，美国、英国的产出效率一直保持非常高的水平，其他国家相对于英美两国而言都存在一定程度的无效。与其他国家相比，中国面临严重的劳动投入冗余问题，虽然这一冗余水平在进入 21 世纪以来有所降低，资本冗余在进入 21 世纪以来在不断提高。中国相对于这些发达国家而言严重的劳动冗余固然有人口规模基数大和城市化率较低两个重要原因，但如此高的冗余并没有随着城市化率的快速提升而迅速下降，这说明中国的劳动投入冗余有更为重要的其他原因，如阻碍劳动力流动的户籍制度、粗放的生产方式等。资本投入冗余在进入 21 世纪以来不断增大，与经济的粗放式增长特别是应对金融危机所产生的大量低效率投资相关。如此规模庞大的投入冗余也暗示，通过结构调整优化资源配置、提高资源配置效率和技术效率，也能对中长期中国经济带来一定程度的增长。

表 3－4　1980—2012 年中国与主要发达国家投入产出效率分析　单位：%

投入冗余		1980—1984	1985—1989	1990—1994	1995—1999	2000—2004	2005—2009	2010—2012
中国	资本	－7.49	－2.37	0.00	0.00	－11.08	－13.62	－15.87
	劳动	－95.71	－95.52	0.00	0.00	－96.75	－95.08	－92.73
加拿大	资本	0.00	0.00	－5.01	－8.31	－9.46	－13.80	－12.43
	劳动	0.00	0.00	－5.01	－8.31	－10.32	－13.80	－12.43
法国	资本	0.00	－11.00	－11.31	－11.36	－7.47	－8.59	－8.75
	劳动	0.00	－3.81	－2.59	－6.73	－7.47	－8.59	－8.75
日本	资本	－12.92	－16.92	－21.80	－30.51	－31.89	－27.25	－24.28
	劳动	－12.92	－11.82	－6.95	－13.45	－19.07	－19.45	－19.51

续表

投入冗余		1980—1984	1985—1989	1990—1994	1995—1999	2000—2004	2005—2009	2010—2012
韩国	资本	0.00	0.00	0.00	-21.71	-27.15	-29.07	-25.35
	劳动	0.00	0.00	0.00	-21.71	-52.00	-47.22	-39.28
英国	资本	-12.17	-4.30	-0.61	0.00	0.00	0.00	0.00
	劳动	-12.17	-4.30	-0.61	0.00	0.00	0.00	0.00
美国	资本	-1.10	0.00	0.00	0.00	0.00	0.00	0.00
	劳动	-1.10	0.00	0.00	0.00	0.00	0.00	0.00

注：总体技术效率及相应投入冗余基于 CCR 模型计算。

进一步将中国经济的纯技术效率和规模效率与其他国家进行比较(参见图 3 -6)。可以看出，相对前沿技术国家而言，中国的纯技术效率在 2000 年以前是不断上升的，这可能主要来自加入世界贸易组织之前的大量技术引进。而 2000 年以来，纯技术效率有较大幅度下降，这可能是由于中国参与世界贸易体系的全球分工，所承担的大都是技术含量低、附加值低的生产组装环节，粗放式生产方式降低了经济的纯技术效率，同时也使得经济的规模效率一路下滑。这体现了鲜明的“低价工业化”模式的特征（张平、刘霞辉，2007）。

（三）中国经济增长的规模与效率问题

中国 30 多年的工业化是循着“低价工业化”模式运行，其特征是通过大规模投资把过剩劳动力转化为经济持续增长，结构性加速主要源于要素投入推动而非效率改善的推动，总体来看，中国全要素生产率增长对于经济增长的贡献份额约在 20%—30%，这一点已经在 Wu (2011)、Chow 和 Li（2002）等诸多测算中得到证实。中国作为一个大国经济体，从区域结构入手，通过提高技术效率最低和要素冗余最严重的区域，是提高全要素生产率对经济增长贡献最便捷的途径。我们将通过 CCR 和 BCC 方法计算得到的各个时期各个区域技术效率和要素冗余状况列示于表 3 -5，参考集是上海、江苏和广东，所有省市均按地理位置加总为东、中、西三个大的地理区域。

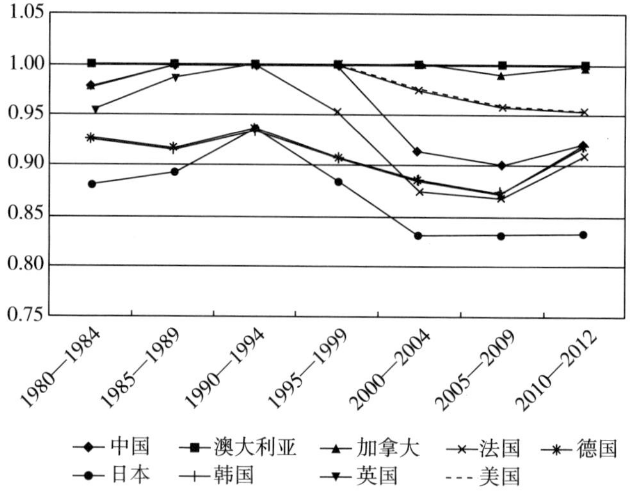

（a）纯技术效率（PTE）

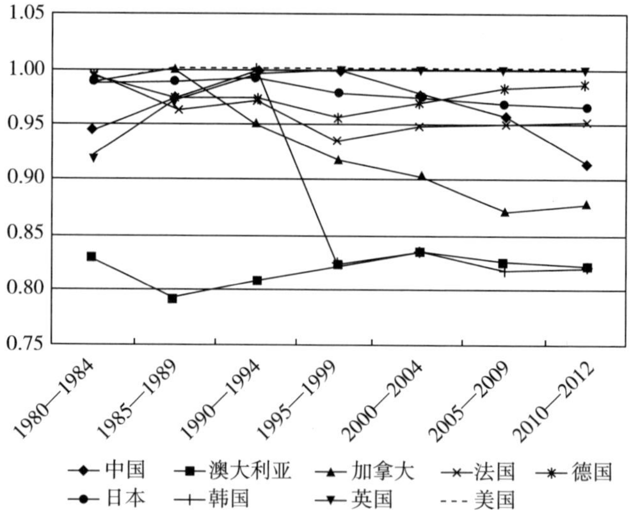

（b）规模效率（SE）

图 3-6　1980—2012 年中国与主要发达国家投入产出效率比较

注：1. 总技术效率（TE）＝纯技术效率（PTE）×规模效率（SE）。

2.（a）中澳大利亚、美国、英国趋势线重合；（b）中英国和美国趋势线重合。

从结果来看，2000 年以来全国投入产出效率的平均水平出现较大幅度的下滑。与有效率的生产单元如上海、江苏和广东比较起来，2005 年以来中国总体投入产出效率只相当于其 50%。东、中、西部地区技术效率均出现下降趋势，中、西部尤其明显。

1. 总技术效率下滑的原因

三个区域总技术效率（TE）的下降，主要来源于纯技术效率（PTE）的较快下降。如表 3 - 5 所示，从全国平均水平看，2000—2005 年、2005—2010 年、2010—2013 年三个时期中 TE 分别降低 0.07、0.05、0.05，PTE 分别降低 0.06、0.07、0.05。分区域看，中部地区 PTE 下降最为显著，西部地区规模效率（SE）下降最为显著（见图 3 - 6）。

2. 要素投入冗余

伴随效率下降的是资本、劳动投入冗余。如表 3 - 5 所示，1985 年以来的各个时期中，无论是全国平均水平，还是分区域情况，资本、劳动冗余随着时间的推移呈现加剧趋势，反过来印证了中国经济增长中物质投入要素的使用效率不足。分区域看，要素投入冗余从东部到西部呈现加剧态势。

效率和要素使用的区域状况，揭示了中国长期增长过程中的结构问题。对于中国而言，以中、西部为突破口，通过推行市场化改革，减少政府对市场的干预，优化资源配置，通过提高纯技术效率和规模效率来提高中、西部地区的全要素生产率，从而保持全国经济增长率的稳定可持续。

表 3 - 5　　1985—2013 年各个时期中国区域投入产出效率分析

总技术效率	1985—1990	1990—1995	1995—2000	2000—2005	2005—2010	2010—2013
东部平均	0.76	0.78	0.74	0.68	0.69	0.62
中部平均	0.73	0.68	0.65	0.57	0.48	0.43
西部平均	0.66	0.62	0.57	0.48	0.42	0.38
全国平均	0.72	0.69	0.65	0.58	0.53	0.48
投入冗余	1985—1990	1990—1995	1995—2000	2000—2005	2005—2010	2010—2013
东部平均	-24%	-22%	-19%	-21%	-32%	-31%
中部平均	-29%	-27%	-32%	-35%	-43%	-52%
西部平均	-35%	-34%	-38%	-43%	-52%	-58%
全国平均	-29%	-28%	-30%	-33%	-42%	-47%

注：总技术效率及相应投入冗余基于 CCR 模型计算。

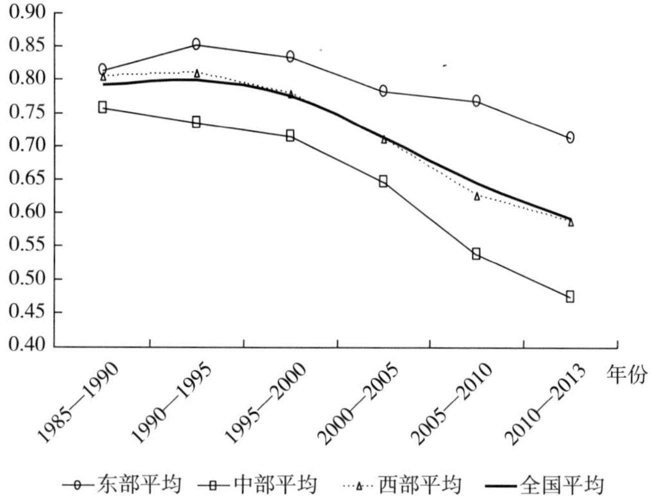

（a）纯技术效率（PTE）

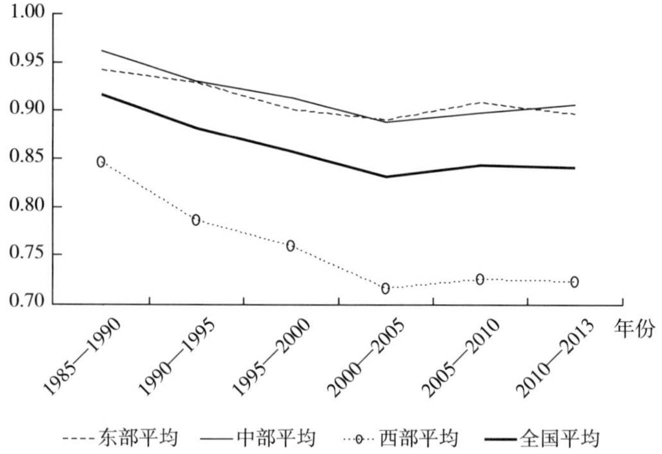

（b）规模效率（SE）

图 3－7　1985—2013 年中国各区域投入产出效率比较

注：总技术效率（TE）＝纯技术效率（PTE）×规模效率（SE）。

五　结论

在投资率随城市化提高而下降、人口结构变迁和要素弹性逆转的三重冲击下，中国经济正逐渐经历结构性减速的过程。增长速度随着增长阶段的提升而逐渐下降早已成为经济学家们的基本共识，美国、日本、韩国等经济体的成功经验也充分展示了这一典型事实。但是，对于中国现阶段而言，过快的经济减速可能带来严重的经济后果，因此如何认识和应对中国的结构性减速，成为富有理论和现实意义的研究课题。

首先，由于结构性减速的原因是长期增长要素的三重冲击，而这三重冲击是不可能避免或逆转的，因而如何合理应对三重冲击，并依此调整各项经济政策与方针以适应新的增长形势，是长期结构调整所应当认识和做好准备的。由于城市化率已超过50%，城市化率对投资的推动作用变得日益有限，这表明在新的经济增长阶段，用于城市化基础设施等物质资本的投资变得不那么紧迫，经济中对物质资本的需求已经逐渐下降，同时，由于资本产出弹性的下降，单位资本对经济增长的推动力也大幅降低，因此这一阶段已经不能再通过大规模物质资本投资来促进经济增长，圈地造城的城镇化模式对经济增长的推动作用也日益有限，反而只会造成资本无效积累和冗余。因此，需要将经济发展战略由物质资本转向其他方面，如推动技术进步、人力资本积累等。这意味着财政体制和政策框架都需要有针对性的变化。

其次，由于受劳动大量投入冗余影响，我国经济投入产出效率多年来都保持低位。这表明我国经济中存在不合理的资源配置机制，特别是劳动资源的配置不合理，这包括近年来的民工荒与大学生就业难并存，户籍制度和流动人口管理制度仍然阻碍了劳动的乡城迁徙、由低效率部门向高效率部门迁徙、由低效率地区向高效率地区迁徙。政府对吸引高人力资本就业的服务业部门的过多管制和干预，造成了人力资本定价低和大学生就业难的问题。而户籍限制和大城市规模控制政策，往往使得劳动力难以迁移到有更高劳动生产率的大城市中去。资本配置方面，国有企业和国有金融部门对资本和金融渠道的垄断，使得高效率的民营企业难以获得融资，从而造成国有企业和国有银行利率低、项目少，从而资本投资回报率低，民营企业只能通过高利贷获得融资，但由于资本成本高无法进行实体经济投资而只能投资房地产，从而推高房价制造经济泡沫。政府要实现经济在结构性减速过程中平稳转型，就需要通过结构化改革破除要素流动壁垒，促进要素和技术发挥促进经济的作用，通过提高生产效率来提高中短期经济增长率。

最后，由于全要素生产率和人力资本需要较长时间的积累才能得到较快提高，政府一方面要迅速适应结构性减速的“新常态”，建立在经济适度放缓条件下的财政和行政工作体制，以减少经济减速对政府公共职能履行的负面影响；另一方面，从较短的时期来看，为了应对中长期结构性减速带来的挑战，政府需要迅速采取的行动是继续加强社会保障建设、加强在公共服务方面的投入与制度建设，尽快建立生产要素得到合理配置、技术效率得到充分发挥、人力资本得到合理回报的市场机制。

第四章 生产率增长：实体与非实体经济均衡问题分析

每一次金融危机时都要提及生产率问题，1997 年亚洲金融危机前，克鲁格曼—杨对亚洲新兴市场国家提出了全要素生产率增长缓慢质疑。1997 年亚洲金融危机后很多学者都从全要素生产率增长来讨论金融危机。2001 年互联网泡沫前，人们倾向于“新经济”，《美国总统经济报告 2001》给出新的计算机、通信、互联网等投资和创新对劳动生产率产生了积极贡献；美国互联网泡沫后麦肯锡（戴安娜·法雷尔主编，2010）测算认为 ICT 行业对劳动生产率带动不强，认为“竞争比 IT 更重要”，没有特殊新经济带动，最终是互联网泡沫高估导致互联网泡沫破裂。2008 年国际金融危机以来，又出现了“戈登之谜”（R. Gordon，2016），即信息、通信带来的互联网等技术革命比工业化时期的技术革命对劳动生产率带动弱。1970 年后，劳动生产率明显放缓，没有带来劳动生产率的持续改善，全要素生产率增长也是持续放缓，引致经济持续增长低迷。很多人解释 2008 年国际金融危机是由于技术进步没有带动经济的持续改善，只能利用低利率等刺激手段来扩大需求，最后导致金融、房地产等非实体经济部门发展过快，金融杠杆率和房地产负债率过高爆发了美国金融危机和而后的欧债危机。生产率增长放缓一定会导致实体经济增长乏力，从而很多公司进行借贷行为，政府进行需求刺激以平稳经济。资源也会向金融、房地产等非实体部门配置，如果不能维持好实体和非实体经济的均衡，危机风险逐步累积，直到经济体系无法承受。中国当前提出的大力发展实体经济、积极防范金融风险的“稳中求进”政策指引是前瞻性的战略思维。

生产效率一般是指劳动生产率和全要素生产率两类：一是劳动生产率增长率指单位劳动人数（时间）的产出增长率，是一个最容易和最明确的度量数值，影响它的因素可分解为资本深化、人力资本、全要素生产率；二是全要素生产率（TFP）增长率，TFP 的测量是总产出减去要素（劳动、资本）投入的余值做度量，TFP 增长率受总产出波动影响较大，稳定度差，但作为非要素投入的"配置和技术进步"效果测量当前仍然是最好的指标。文中的生产效率分别用这两个指标度量。

一般而言生产率增长基本决定了微观经济主体竞争能力和发展空间，当劳动生产率高，就可以降低成本，扩大规模。技术进步快可以保持高价格，同时推动成本下降，企业竞争力加强，可见劳动生产率决定了企业收入能力。放到宏观层面，国家的竞争力也来源于劳动和全要素生产率增长的能力。实体经济定义很多，传统定义为工业，后来扩张到了服务业，相关定义和争论很多。笔者定义为，收入主要靠生产率提高的经济体或部门属于实体经济。非实体经济定义也很简单，即它的收入来源主要取决于价格，而非劳动生产率的增长。房地产行业最为典型，如果房子只是为住的，其行业特征是实体经济，但它的收入增长更多来自房地产价格上涨，而不是取决于该行业的服务差异，相对价格波动而言其技术进步贡献非常少了，则该行业就符号化了。金融行业也是如此，如能够通过更好的服务手段获得"配置金融资源"的收益，它的收入来自息差，背后是由服务水平的高低决定，可视为实体经济。当金融进入服务收入低于金融市场间交易收入后，其劳动生产率决定的服务收入让位于依靠市场套利获取价格波动收入时，其实体经济特性转成符号经济了。实体经济是可以符号经济化的。可见，实体和非实体经济并非严格区分的，而是由两种收入机制在微观过程中此消彼长来决定经济特性的，有的部门收入更多来自生产率增长，如工业部门，有的部门很容易在价格波动中获益，如房地产和金融。实体经济收入来自生产效率提高，非实体经济收入来自价格波动。在中国有很多公司注册为工业企业，但其收入主要来自工业土地变性后的土地收入，则该企业不是实体企业，实体经济向非实体经济的转换过程，我们称为符号化。从大的分类看工业和生产性服务业、一般性服务业更接近于实体经济，而金融、房地产部门更容易倾向于非实体经济部门，我们也简单地沿用此种划分进行大类的宏观比较。

由于技术进步导致的生产率提高是一个非连续过程，生产率放缓或下降必然导致经济放缓或下滑，为了保持经济稳定，企业一般增加负债，而国家依靠需求激励，货币、财政等政策激励特征同样具有借贷特性，用来平滑经济的波动性。宏观财政与货币政策经常在实体生产率大幅度放缓或下降后被引入，需求激励的积极作用是保持经济总需求的平稳。需求激励的特性是加大货币供给，导致金融、房地产部门的兴旺，人们更多地转向金融和地产投机，获取收益。过度需求激励一方面会导致实体经济符号化；另一方面也可能破坏经济波动中蕴含的“清洁机制”，即淘汰弱者，强化竞争和技术进步的机制。新一轮的实体经济的技术进步就会被延迟，反而推动进一步的非实体经济的投机。需求激励政策看似为“大稳定”的政策，如果没有实体技术进步，则非实体化过度发展和实体部门的不断负债，会累积出金融风险，而导致金融危机，金融危机反过来会进一步伤害实体经济。可见实体经济生产效率增长放缓或下降是金融风险累积的一个根本性原因。实体与非实体的不均衡甚至到危机取决于很多因素，但实体经济生产率放缓或下降依然是重要的危机解释变量。

本章不仅仅对2008年国际金融危机做了梳理和理论解释，更希望对发达国家未来和中国的转型做出方向性讨论，并给出相应的政策建议。本章安排为：（1）发达国家生产率下降的经验事实。发达国家经济增长率持续低迷导致了发达国家非实体化发展迅速，爆发了金融危机，而危机又反过来损害了劳动生产率改善，未来是否孕育新的增长动力？有无新机制？（2）关于生产率下降导致的实体和非实体的理论解释，其均衡条件是什么？（3）中国的生产率计算与迈向高质量发展的转型，结构转型过程中的劳动生产率放缓与房地产金融过度发展已经被政府高度认知，未来培育新动力在哪里？（4）若干政策思考与建议：实体创新与降低金融风险。

一　发达国家生产率下降的经验事实

戈登2016年写的《美国经济增长的兴与衰1890—2014》认为，

1890—1920 年每小时劳动生产率年增长率为 1.5%，其中来自资本深化贡献近一半，TFP 贡献占 30%，而教育贡献占 20%，是典型的资本推动阶段；1920—1970 年劳动生产率增长率为 2.82%，为 1890—2014 年区间最高的阶段，其中 TFP 贡献了 60% 强，而资本深化贡献只占了 20% 多，人力资本贡献不到 20%，是典型的技术进步推动阶段；1970—2014 年劳动生产率增长率又回落到 1.62%，其中资本深化贡献占 41%，TFP 贡献占 44%，教育贡献占 15%，这一期间劳动生产率靠技术进步和资本深化双推动。纵观美国 1890—2014 年，劳动生产率和全要素生产率增长率最快的时代来自工业化，而信息产业对美国的劳动生产率提高没有像工业化那样有着超预期的增长效果，信息化现在看仍主要靠增加了资本支出推动（如图 4－1 所示）。

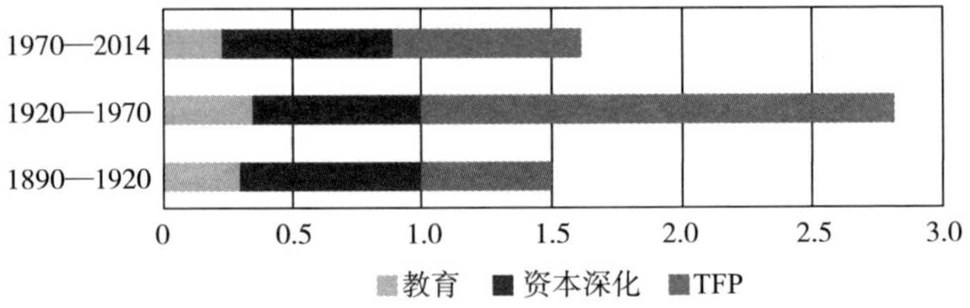

图 4－1　美国劳动生产率及分解因素的增长率（1890—2014）

资料来源：戈登（R. Gordon，2016）。

从 1970—2014 年分三个阶段看，依据《美国总统经济报告 2001》计算 1973—1995 年劳动生产率增长率为 1.39%，1995—2000 年美国劳动生产率增长率为 3.01%，美国发展受益于新经济带动，到了 2001 年互联网泡沫后增速再次下降。而麦肯锡计算得出 1995—1999 年，美国劳动生产率提高来自批发和零售（包括餐饮），占 53.4%，证券经济占 25%，而半导体、计算机、信息与通信产业（ICT）占 27%，因此认为没有特殊新经济，主要是靠传统劳动密集型产业发展，当然 ICT 和相关证券投资也提升和带动了劳动生产率增长率，他们得出了“竞争的作用比 IT 投资更大”的结论（麦肯锡，2010）。

根据美国大企业联合会的资料计算：1995—2002 年确实是一个劳

动生产率增长期，2002 年互联网泡沫破灭，2002 年美国劳动生产率继续低迷，2006 年低于 1%，之后 2008 年金融危机，2010 年欧债危机，持续下滑，到2017 年均值才恢复到1%。（如图4 -2 所示）OECD 发达国家也出现如此趋势，不过时间不一致而已，但可以看出引发欧债危机的欧洲五国劳动生产率是率先下降的，意大利在 1995 年就开始了持续下降。

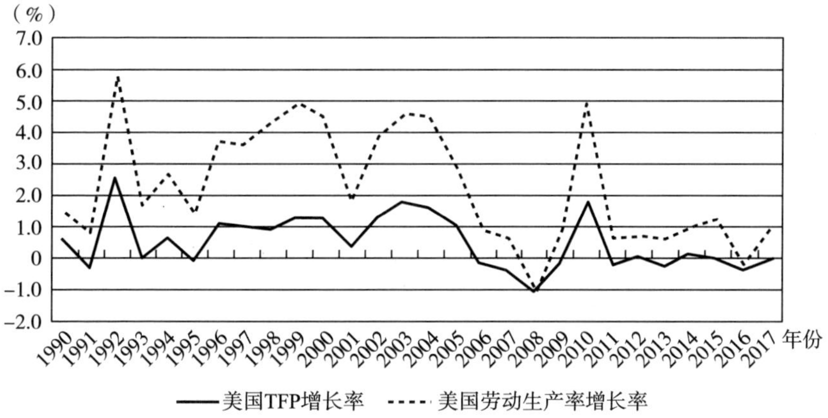

图 4 -2 美国劳动生产率增长波动

资料来源：大企业联合会（The Conference Board）。

是什么导致劳动生产率持续下降，从传统的劳动生产率框架计算看，劳动生产率主要来自三个方面，一是人力资本，二是资本深化，三是全要素生产率。戈登进行了三者的分解。依据美国大企业联合会的数据看，全球劳动生产率放缓的直接原因是 TFP 增长速度放缓，2008 年后进入负增长，拖累了劳动生产率提高和经济增长的低迷。

简单归因法不足以讨论该问题，学者们提出了更为广泛的议题。第一个议题是技术创新与扩散的关系，任何经济体的技术创新是不连续的，而且创新技术一般要获得创新租金，获取技术垄断租金期间内对社会劳动生产率提高的贡献有限，只有到技术模仿和技术扩散阶段，才具有稳定的社会劳动生产率提高。创新到扩散（模仿）才能完成劳动生产率的大幅度提高。第二个议题是结构性因素，结构服务化必然导致劳动生产率下降，因为服务业劳动生产率增长低于工业这类可贸易部门的劳动生产率，现在增加了互联网技术能否改变服务业的可贸易程度，更好地提高劳动生产率？第三个议题是劳动生产率与金融危机的关系，IMF 测算表明发达经济体全要素生产率增速下滑可以解释发达经济体金融危机后 40% 的产出损失（IMF，2017）。美国布鲁金斯学会的研究也显示，即便将周期性因素很好地控制住，金融危机后仍出现了全要素生产率增速的下滑。第四个议题是分配问题。第五个议题是新经济的测量。

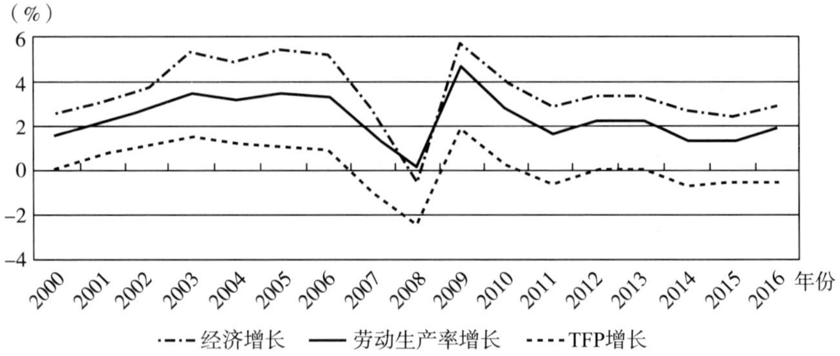

图 4－3　全球经济增长与劳动生产率、TFP 增长率的关系

资料来源：大企业联合会（The Conference Board）。

这些问题都从不同的角度对劳动生产率下降做出了探讨。第一个议题讨论了技术从创新到扩散，最大的特征是不连续，而且达到扩散的点是不确定的，这就是所谓的技术进步的非连续性和不确定。1995 年 ICT 投资带动了经济的繁荣，2001 年互联网泡沫，2008 年移动互联网快速兴起，2017 年 AI 成为技术进步的焦点，信息技术已经迭代了 20 年，而且技术革命似乎愈来愈接近全面爆发的临界点。一旦 AI 等进入大规模应用，劳动生产率成为一个不必要的衡量，因为劳动者的劳动转换物质效率变成能源转换物质的效率的能效比了，因此具有革命性特征，但这一爆发点或时间区间仍是不确定的。

与技术进步高度相关的另一议题就是如何对现有的技术进行测量，即索罗当年的疑问“到处都在用计算机了，但没有反映到效率中来”。

当前这一命题有了更广泛的解释了，认为ICT等互联网技术推动了消费者剩余提高，但未能反映在价格中，而且共享的交易方式，优化了存量资源，并没有额外推动更大的增加值，却促进了人们的普遍使用和资源节约（Charles Hulten，Leonard Nakamura，2017）。从统计上看，工业品和一般服务品按标准品进行价格平减，而知识密集型的服务品定价本身是按知识服务质量定价，不是标准品可平减的，这些都属于对新的技术进步和现代服务进行测量上的困难。

更为重要的命题是结构性特征，即服务业占优后，普遍存在减速的特征，实证表明（袁复华，2012），一国经济结构服务化后，经济增长出现了“结构性减速”特征，服务业的劳动生产率和全要素生产率的增速普遍慢于工业生产部门。经济结构服务化转变的“结构”特征，导致了劳动生产率和全要素生产率的普遍放缓，而且是后发国家，包括中国在内结构转型的一大挑战，而且具有非连续特征（经济增长前沿课题组，2012—2016）。产业结构服务化后效率放缓是明显的，特别是服务业的规模效率与工业品无法相提并论。服务业往往被称为不可贸易部门，当然，基于互联网，服务业的可贸易程度大为提高，但从贸易角度看，服务业的可贸易程度依然较低，规模带来的效率提升仍然较弱。

服务业的发展所需要的投资的特征也是不同的，工业化的物质投资非常清晰，其投资期限与产出高度相关，而且投资多带有非体现（embodied）的技术进步，即投资先进设备，通过干中学就能推动技术进步。而服务业多依托于公共基础设施，其回报迂回且长期（常为跨代），因此资本形成速度和物质折旧速度也慢且低。服务业所需的公共基础设施折旧要慢于工业化的设备投资，这就导致资本深化效率低，但更依赖于资本深化，而且基础设施隐含的技术进步并不多，因此伴随资本深化导致的技术进步效率也低，如美国1970—2014年资本深化占比贡献41%，相对而言人力资本贡献小，全要素生产率增长反而放慢。

第三个议题，依据IMF的测算，金融危机对经济效率的停滞有着重要的作用。国际金融危机是由资产价格泡沫引发的，它直接中断了很多的企业发展，造成企业技术进步停滞。由于企业资产负债表薄弱、金融部门资产负债表恶化导致信贷环境收紧，企业投资受到抑制。由于技术进步往往包含在企业资本支出中，资本支出减缓不利于生产率提高。

从行业层面研究金融危机期间各行业信贷约束与技术进步的关系，可发现，其一，信贷条件较差的行业，其生产率提高更容易受阻；其二，经济和政策的不确定性加大，在一定程度上导致投资远离高风险、高收益项目，这可能进一步损害了技术进步和全要素生产率的提高；其三，降低企业的资本长期投资，而更多地进行资本操作，以稳定财务，放缓资本性支出于创新活动。

技术进步的不确定性和结构特征导致全要素生产率的提高放缓，需要宏观激励政策推动房地产、金融等领域的发展稳定经济；但金融危机又导致技术进步的放缓。因此宏观政策平衡是一个最为重要的协调机制，如果激励政策过度就会导致金融风险积累过度，但如果经济不稳定，则技术进步依然是不可能推动的。

展望未来，2017 年发达经济体进入经济全面复苏阶段，2018—2020 年有望延续这一复苏，资本支出也将大幅度提高，按照 IMF 的估计，劳动生产率恢复正常，依然不到 1% 的增长水平，但其对经济增长的贡献率达到 45%，后发经济体的全要素生产率增长明显高于发达国家，是全球生产效率改善的带动者，这也源于后发经济体正在经历工业化过程，符合生产效率加速阶段的特征。按戈登 2016 年的预测，1920—2014 年劳动生产率（小时产出）增长率为 2.26%，2015—2040 年增长率将下降到 1.2%，人均产出增长的变化趋势相同，可见劳动生产率增长具有长期降低的趋势。当 ICT 进步推动了人工智能发展和基于互联网的全球服务贸易发展会从结构上根本改变工业化以来的生产效率改进的模式，新的效率定义、技术进步测量方式仍有待观察，但长期劳动生产率的变动趋势笔者并不悲观。

二　劳动生产率下降背后的实体与非实体部门的均衡理解

从劳动生产率的一般核算看，按 CD 生产函数展开，两边同除劳动 L，即取对数做偏导后，劳动生产率的增长等于全要素生产率（TFP）增长率与资本深化增长率之和。如果分解劳动力为一般劳动力与人力资本，则多分解出人力资本的作用。这里包括了劳动产出弹性，即劳动在要素分配中的份额，一般该值比较稳定。因此劳动生产率的增长就取决于人的素质提高、全要素生产率和资本深化。劳动生产率指标非常稳定，比全要素生产率更容易计算，而且直接与劳动报酬相比，是一个宏微观最为重要的观察指标。

$$Y = AK^{a}L^{1-a} \tag{4-1}$$

其中，Y 为全要素生产率。由式（4－1）可得：

$$y = Y/L = A(K/L)^{a} = AK^{a} \tag{4-2}$$

式中的 y 就是劳动生产率，对式（4－2）两边对数求导可得：

$$\dot{y}/y = \dot{A}/A + a\dot{k}/k \tag{4-3}$$

由式（4－3）可知，劳动生产率增长率受技术进步率和资本深化的影响。

全要素生产率（TFP）的分解方式很多，国际货币基金组织（IMF）将其分解为，TFP＝企业内技术进步＋要素（跨企业）的配置，企业内部技术进步＝创新＋适应性技术进步；而技术进步来自研发（无形资本）＋人力资本＋资本支出。

从宏观核算看，一国劳动生产率比企业级别的劳动生产率更为复杂，它的核算涉及人口供给、劳动参与率：

$$GDP \equiv Y = \frac{Y}{L} \cdot \frac{L}{POP_L} \cdot \frac{POP_L}{POP} \cdot POP \tag{4-4}$$

式（4－4）意味着：

GDP 增长率＝劳动生产率增长率＋劳动参与率增长率＋劳动年龄人口占总人口比例增长率＋总人口增长率

中国劳动生产率可被分解为 GDP 增长－劳动参与率－人口红利－总人口增长。

保持经济高增长，特别是人口快速增长，就会提高 GDP 增长，即使劳动生产率增长并不快。如中国从原有的农业非意愿失业人口转变为工业化部门就业人口，一方面劳动生产率提高，另一方面是提高了劳动参与率，劳动参与率会快速上升，这也推动了经济增长。对发达国家而言，劳动参与率、人口红利和人口增长缓慢，人均 GDP 增速完全靠劳动生产率提高，而劳动生产率则靠技术进步＋资本深化。

宏观上看劳动生产率，会发现有很多与微观有不一样的变量，对发达国家与发展中国家而言，其核算意义差距很大，发达国家二者接近，而后发国家劳动参与率、人口红利、产业结构变革因素，要素分配产出弹性因素，这些外生性因素对一国经济增长影响和劳动生产率提高的影响意义很大。一国经济发展到成熟阶段，宏微观的劳动生产率影响因素是收敛的，后发国家差异很大，除了劳动生产率提高外，利用好人口红利、劳动力转移带来的比较优势等都很重要，因此后发国家资源市场配置体制改革、对外开放引进技术、结构变革等对劳动生产率和 GDP 增长的影响是巨大的，市场竞争、结构性改革、对外开放的意义高于技术创新，但当进入相对成熟阶段，创新则成为增长的主导。

全要素生产率作为技术进步的度量，其变化是不稳定的，而且涉及国际贸易状况，当一国技术水平与全球技术水平差距大时，主要是靠引进设备进行“干中学”，属于技术扩散效应或适应性改进的技术进步，这是比较稳定的创新和发展阶段。当技术水平与国际水平接近时，自主创新的水平大幅度提高，则技术进步表现为不稳定，技术进步的风险加大。

与技术进步冲击对应的真实周期理论（RBC）强调了技术进步（TFP）对经济体冲击引起的周期波动。然而金融危机不断，学者们将金融部门纳入均衡模型中，伯南克等（Ben S. Bernanke，et al.，1999）将金融加速器理论纳入模型中，但金融加速器本质上是讲市场摩擦导致的金融自我强化（扩张和收缩）必然导致市场失去均衡。类似这样的问题在投资与储蓄的“刀锋效应”中也已经提及，即储蓄和投资并不能自动均衡，出现刀锋效应，导致储蓄和投资的冲突，这能很好地解释中国传统计划经济体系下的波动。在探讨金融周期新特征中，作者发现 1973 年后负债/GDP 超过了广义货币，住房抵押贷款与住房价格上涨成为推动经济增长的引擎，而这一事实存在于所有发达国家，包括德国的资产价格快速上涨。货币扩张、资产价格上涨、抵押融资杠杆、信用扩张逐步成为发达国家的新周期特征，周期波动可能主要是房地产和信用周期波动的产物（Òscar Jordà，et al.，2016）。如果结合戈登的研究可以看出美国和其他发达经济体的基于不动产和信用杠杆作为经济驱动的新周期来自 1970 年后，即工业化带来的持续的技术进步增长下降，其间信息与通信技术进步有过几年的驱动时间，发达国家转向了双驱动的增长路径，即技术进步与信用扩张推动资产价格增长的双驱动路径。但20世纪70年代开始，新兴市场国家、后发经济体逐步享受到技术扩散的价值，全球经济增长进入繁荣期。

从经济系统的角度看，不论是技术进步引起的实体周期，还是货币（信用）—房地产引起的金融周期都有着自身的运行规律，而且内生具有不稳定特征，二者的组合呈现不连续、不均衡性和时间不一致状态，这种状态的极端就是金融危机。

具体机制是：（1）不连续的冲突：劳动生产率的提高是技术进步和资本深化的产物，但技术进步不是一个连续的变量，因此当技术进步放缓时，劳动生产率下降，经济放缓，需求政策刺激以弥补生产率下降；（2）不均衡资源配置的冲突，实体经济资本收益下降，导致资本流向其他非实体，如房地产、金融等部门，资源偏离实体经济，进入非实体部门，主要包括房地产和金融行业，显现为不动产资产价格上涨，金融杠杆提高，房地产和金融部门投资回报明显高于实体部门，实体经济与非实体经济的资源配置失调，实体经济符号化开始，资金转向非实体经济；（3）时间不一致，由于技术进步与房地产、金融贴现的时间是不一致的，前者时间长，风险度高，但房地产与金融则贴现时间短，而且又具有自我强化特性，导致非实体部门过高杠杆和高负债率。这三个状态的摩擦会一步一步推动金融危机，而金融危机会打断实体经济的运行，阻碍技术创新。

各国政府为保持经济平衡，一直寻求实体经济技术进步的不连续与需求刺激间的平衡，金融与实体经济的均衡机制确实是一个最为重要的均衡条件。现在公认的实体与金融均衡条件包括：（1）M2/GDP、负债/GDP 仍然是货币与实体关系的重要衡量指标，如果劳动生产率放缓，GDP 增长乏力，需要通过高杠杆模式激励经济体，货币激励周期启动，M2/GDP 比例上升，经济杠杆提高，风险开始累积，一直到二者稳定或下降，货币与实体关系逐步均衡；（2）金融 + 房地产部门投资收益率明显高于实体经济的资本回报率，资金配置逐步从实体部门转向金融与房地产，地产价格进一步上升，住房和金融部门逐步符号化，收入取决于价格上涨，实体经济的资金继续流向金融和房地产，符号化进一步打击实体经济的技术进步资本支出，技术进步投入下降延缓创新进程；

(3)“金融加速器”机制启动，当实体经济的净资产回报率低于融资成本，开始出现流动性风险，当市场意识到负债风险后，融资溢价，导致“资产负债表收缩”，直到市场流动性出现危机，最终导致金融危机。当然引起 2008 年国际金融危机的更多来自房贷，核心是抵押贷款机制出现系统性风险。学者们引入了两大机制来探讨均衡条件：一是金融市场交易是否不断放大，即金融杠杆快速上升，大量金融机构自己相互交易获取收益；二是分配机制，探讨了金融风险出现后的短板效应，即穷人还不起贷款引发的金融危机。金融危机直接又打击了实体经济，因此危机需要国家救助，进行流动性救助和稳定资产价格，以利于微观主体不会出现逆向选择，并通过降低利率，让微观主体修复资产负债表，随着经济稳定，资本支出增加，技术进步提升效率逐步见效，经济体收益率超过负债利息水平，经济开始复苏。

当前各国一方面紧紧盯住技术进步能否推动产出效率提高，另一方面紧盯资产价格、金融杠杆和信贷风险，尽力避免金融危机对实体经济的冲击，保持经济的平稳性。后发国家更需要盯住资本的国际流动性来维持自身的流动性和金融稳定管理。金融配置模式也导致了金融危机类型的不同，风险最大的一般是债权危机，如美国 2007 年的次贷危机，2010 年的欧债危机，相应的股权金融危机往往比债权金融危机更局部化和短期，如 2001 年的美国互联网泡沫是另一种金融危机类型。股权危机往往是技术进步不确定性与股权投机预期回报过高和过短导致的股权异常起落传递到实体经济，导致市场剧烈波动引起的金融风险。新经济泡沫直接打击了实体经济，但也在短期内加快了技术进步的迭代，对于经济体来讲是良性的。随着技术进步在金融的不断激励下，迭代速度提升，创新推动经济向前发展，因此金融风险更多地关注债权危机。

三　中国的生产率的计算

经验和逻辑的分析很清晰地表明，实体经济的劳动生产率放缓是一个重要的开关变量，但在一国技术进步水平与国际技术水平相当接近时，技术进步的“干中学”效应逐步消失，技术进步扩散带来的社会效率稳定提高阶段就慢慢结束了，取而代之的是自主创新的不稳定性和结构服务化转变同时来临，因此效率放缓经常会出现，一方面强化竞争，获得更为强劲的技术进步，恢复实体经济生产率增长；另一方面要稳定经济，不稳定经济，技术进步进程会更弱，但均衡是很难的。

中国经济的技术进步和结构服务化直接降低了生产率，实体经济非实体化特征已经很明显，金融风险累积已经开始，要重视劳动生产率和全要素生产率放缓这一风险的挑战。

（一）金融危机后中国生产率增长出现下滑趋势

从1990—2016年的中国劳动生产率增长状况（见表4－1），可以明显看出：（1）1990—2007年劳动生产率持续上升，2006年、2007年劳动生产率增长率超过10%，达到了顶峰；（2）2008年受到国际金融危机的影响，劳动生产率增长率放缓，这与发达国家和世界经济体的劳动生产率增长率放缓具有同步性特征，2016年劳动生产率增长率放缓到6.445%，说明金融危机对劳动生产率的影响是明显的，具有全球性的破坏性质，中国受到的伤害比较小，仅仅是增长放缓。

表4－1　　中国劳动生产率及增长率变化

单位：元/人（1978年不变价）

年份	劳动生产率	劳动生产率增长率	劳动生产率增长率（平稳化）
1990	2899.55	－11.1988	6.5055
1991	3133.02	8.0518	6.8941
1992	3544.33	13.1282	7.3570
1993	3998.75	12.8212	7.7740
1994	4479.21	12.0152	8.0829
1995	4926.48	9.9854	8.2716
1996	5345.68	8.5091	8.3674
1997	5766.33	7.8689	8.4150
1998	6147.05	6.6026	8.4601
1999	6545.31	6.4789	8.5433
2000	7029.05	7.3906	8.6865
2001	7538.01	7.2408	8.8909
2002	8168.26	8.3610	9.1448

续表

年份	劳动生产率	劳动生产率增长率	劳动生产率增长率（平稳化）
2003	8931.15	9.3396	9.4199
2004	9761.51	9.2974	9.6803
2005	10813.67	10.7787	9.8890
2006	12132.13	12.1925	10.0054
2007	13791.80	13.6800	9.9976
2008	15069.95	9.2675	9.8558
2009	16405.10	8.8597	9.6068
2010	18082.91	10.2273	9.2717
2011	19717.36	9.0387	8.8641
2012	21166.80	7.3511	8.4069
2013	22713.68	7.3081	7.9252
2014	24277.92	6.8868	7.4331
2015	25886.75	6.6267	6.9388
2016	27567.06	6.4910	6.4450

注：劳动生产率增长率的平稳化是通过 H－P 滤波法得到的（中国社会科学院经济研究所陈昌兵计算）。

资料来源：国家统计局：《中国统计年鉴 2017》，中国统计出版社 2017 年版。

（二）中国“结构服务化”放缓了劳动生产率增长

发达国家的经验证明，当一国经济结构服务化后劳动生产率增速放缓非常明显。中国 2012 年服务业超过制造业，2015 年服务业占 GDP 比重超过 50%，中国经济结构服务化快速发展，劳动生产率增长率放缓不仅仅来自国际金融危机的冲击，还来自产业结构服务化。我们可以从产业间生产率和产业内生产率提升的角度看，结构服务化对劳动生产率放缓的影响。

产业间的效率对比。中国第二产业和第三产业劳动生产率的估算结果（如图 4－4 所示）表明：服务业劳动生产率增长上升较快，但低于第二产业劳动生产率，更低于制造业。不管是从名义劳动生产率，还是从实际劳动生产率来看，服务业劳动生产率均低于第二产业的水平，特别是制造业。

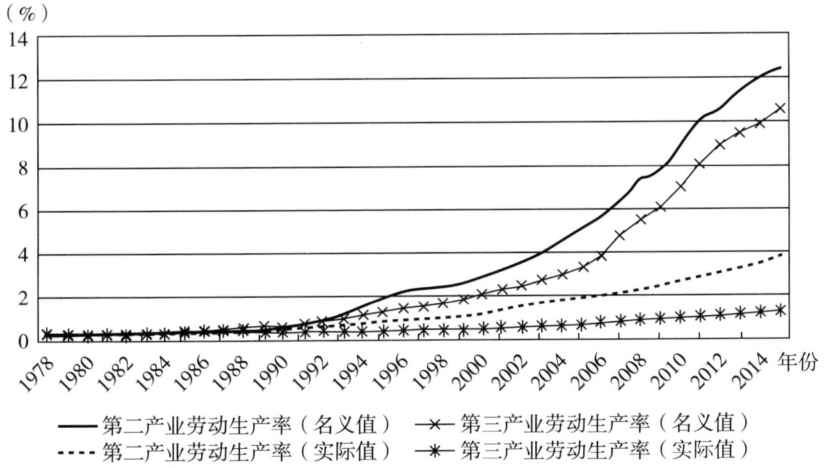

图 4 – 4　第二产业和第三产业劳动生产率

资料来源：各年《中国统计年鉴》及国家统计局网站（楠玉计算）。

第二产业内部效率差异。（1）第二产业中建筑业劳动生产率几乎处于停滞状态；（2）第二产业中制造业的劳动生产率增长率持续上升；（3）制造业比重在第二产业中比重下降，建筑业比重持续上升，直接拉低了第二产业劳动生产率的上升（张平，2017）。

工业化时期中国最主要的劳动生产率推动来自工业化，特别是制造业的快速发展，但随着金融危机的冲击，出口下降，制造业增长放缓，而国家的宏观激励政策稳定了经济，但极大地刺激了第二产业中劳动生产率增长缓慢的建筑业和三大行业的发展，特别是金融业和房地产业，中国金融业占 2016 年 GDP 的比重为 8.3%，是 G20 中最高的；二是房地产增加值上升很快，占 GDP 的比重为 6%。房地产业收入主要来自价格上涨，属于非实体部门，而金融部门看似劳动生产率提高，但很多收入来自套利，而不是服务质量提升，而且金融行业比重也已经不能再提高了。中国劳动生产率增长速度放缓有建筑业和服务业占比提升导致的结构性问题，这是典型政策激励推动的结构扭曲问题，降低了劳动生产率增长和累积了风险。

（三）TFP 增长减缓导致了劳动生产率下降

1978—2008 年中国持续劳动生产率增长得益于资本深化，也得益于全要素生产率的提高，中国是全要素生产率全球增长最快的国家。2008 年以来的短期刺激政策，加速了资本深化，但资本—产出效果越来越弱，TFP 增长放缓，劳动生产率下降。更为严重的是其贡献率下降更多，1978—2007 年是中国经济增长的高峰时期，该阶段 TFP 增长对总产出的贡献率为 23.33%，其中，1993—2007 年有过 35% 的较高水平。但 2008 年之后，伴随中国经济增长放缓，全要素生产率的贡献份额下降较大，贡献率为 5%，增长率也放缓 0.3%。

中国全要素生产率提升所面临的困境之一是：资本驱动的工业化发展模式，不具有 TFP 持续改进的内生机制。1978 年至今 40 年的增长中，资本要素对增长的贡献份额一直维持在 65%—90% 的水平，进一步扣除劳动投入对增长的贡献，全要素生产率对增长的贡献份额大概在 20% 左右。中国资本驱动增长模式的典型现象：（1）资本存量持续加速增长。资本存量在 1978—2007 年经济持续超高速增长期间，平均增速达到 11%，与发展阶段相似的任何国家相比，资本积累的平均速度都是较高的。而 2008 年之后，尽管中国经济增速出现连续减缓，但资本存量增速仍然维持在较高水平增长。（2）资本边际收益水平持续递减。资本边际报酬递减主要源于中国经济长期的投资依赖，同时资本收益递减和低增长的不良循环越来越明显，中国资本驱动模式的路径依赖造成的低效率问题越来越明显。资本效率（*Y/K*，即 GDP/投资）在 1978—2007 年平均为 0.302，而 2008—2016 年，资本效率仅为 0.084。

表 4－2　　生产函数分解及趋势预测

	1978—2007 年	2008—2016 年
[1]［潜在增长（生产函数拟合）三因素］	10.03%	8.4%
[2] 资本投入（*K*）：弹性	0.636	0.629
[3] 资本贡献份额 =（[2] × [8]）/ [1]	64.83%	93.67%
[4] 劳动投入（*L*）：弹性	0.364	0.371
[5] 劳动贡献份额 =（[4] × [11]）/ [1]	11.84%	1.70%

续表

	1978—2007 年	2008—2016 年
［6］TFP：增长率	2.34%	0.30%
［7］TFP 贡献份额 = 100% － ［3］ － ［5］	23.33%	4.63%

注：产出（Y）变量是依据以 1978 年为基期的不变价国内生产总值；劳动投入（L）变量为就业人数；资本存量（K）水平为依据 Nehru 和 Dhareshwar（1993）永续盘存法计算的以 1978 年为基期的固定资产存量水平；资本产出弹性的估算则选用包含时间固定效应的面板模型。

资料来源：《新中国六十年统计资料汇编》；《中国统计年鉴》各年份的统计年鉴，时间跨度为：1978—2016 年。

随着劳动供给要素增长速度放缓，而且转负，劳动参与率下降，劳动要素弹性提高，都会极大地降低要素投入。如果不能有效地提高创新和人力资本的效率，未来持续的实体经济生产率下降是可以预见的。

（四）实体与非实体经济均衡条件逐步被破坏

2008 年国际金融危机后，中国劳动生产率和全要素生产率放缓，同时 M2/GDP 开始持续攀升，劳动生产率提高带来的高速增长已经让位于宏观激励维持的增长。从图 4－5 中可以看出劳动生产率与货币激励的相互关系，在中国经济市场化改革加速的 20 世纪 90 年代，劳动生产率与货币化进程一致，21 世纪是劳动生产率快速上升期，M2/GDP 比重稳定且有所下降；2007 年、2008 年劳动生产率增长率达到顶峰后开始放缓，2009 年货币激励启动，M2/GDP 开始快速上升，用信用或债务指标与 GDP 相比都是一致的，劳动生产率增长率持续放缓，激励持续加强，直到 2017 年中国经济增长速度有所复苏，货币激励因素放缓，但正如前面研究所表明的 TFP 改善仍然不易，需要进一步的供给侧结构性改革才能真实地改善效率。

从微观看，实体与金融的均衡条件在被逐步破坏：（1）上市公司中 2011 年金融业上市公司的净利润为 1.03 万亿元，占全部上市公司的比重为 52.6%，占据半壁江山，已经是相当高的比重了。2015 年、2016 年金融业上市公司实现净利润占全部上市公司的比重已经达到了 2/3，2011 年“房地产上市公司”占“非金融上市公司”净利润的比重是 8.28%，2015 年达到 12% 的水平，2016 年利润占比超过 20%，金

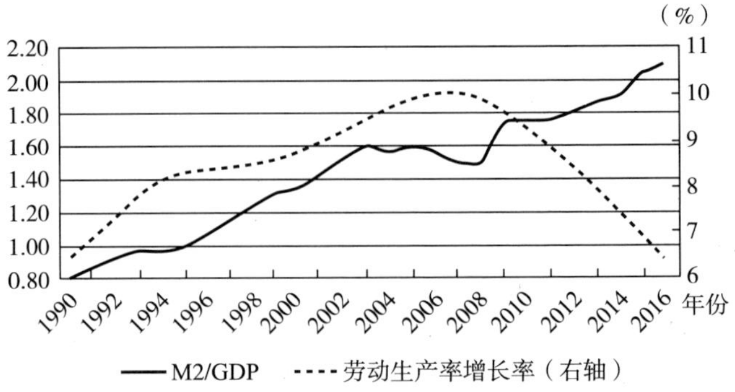

图 4 – 5　中国劳动生产率增长率与 M2/GDP 的关系

注：中国劳动生产率增长率通过 H – P 滤波法得到。

融、房地产成为中国公司 2015—2016 年盈利的主要来源，2017 年依然如此，产业结构明显开始偏向金融、房地产行业，比重大幅度提高。(2) ROE 和 ROA 都持续下降，2015 年、2016 年 ROE 低于了资金成本，负债只能靠负债来维持，而中国外部融资成本升高和融资可获得性变差。近来美国持续加息已经推动了中国十年期国债到期收益率持续上升，意味着外部升水，而我国 M2 增长内生性收缩（张平，2017），金融监管当局竞争性监管，金融波动性加大。金融加速机制已经开始破坏实体经济的资产负债表，特别是民营经济开始了负债收缩，银行坏账率持续上升，金融市场监管加大金融不稳定性。按理论逻辑看，金融风险在金融杠杆、金融加速、脱实向虚的配置方面都已经开始累积金融风险了。未来必须在调整政策激励微观创新和劳动生产率提高上下功夫，否则需求激励政策只会导致风险的进一步积累，但按全球经验看，不稳定的金融条件同样会破坏实体经济的效率持续提升，谨慎处置激励效率提高和降低金融风险，减低企业税赋负担、营商成本和强化市场竞争机制、产权保护、国企改革及宏观货币和财政制度改革都是激励微观的供给侧结构性改革的重要选择。

四　实体创新与降低金融风险

1. 实体创新驱动效率提高。从国际比较看，中国仍处于大力发展实体经济阶段，特别是制造业保持较高的比例仍然是很重要的。发达国家经济成熟后，服务业比重逐步上升，但相对比较稳定，偏于制造业的德国、日本服务业比重稳定在70%，其保持着制造业的比重。东亚制造业国家服务业比重也较低，韩国一直稳定在60%，中国经济增长还没有达到成熟，即进入高收入组，服务业不必追求过快发展，更不必通过金融和房地产比重的提高提升服务业比重，中国金融和服务业比重居全球最高，已经脱离当前中国的发展阶段。保持制造业比重的核心是增加中国制造业全球竞争优势和创新能力提升，只有制造业的转型升级才能在国际上具有竞争力，才能稳定中国制造业的比重，也才能保证中国劳动生产率的增长水平。同时中国增长速度最快的“其他服务业”中包含了太多的行政化的服务体系，如科教文卫体等非市场化部分很大，服务业发展是被压抑了，服务业自身结构调整是下一阶段重要的改革部分。

2. 逐步恢复实体和非实体经济的均衡条件。第一，稳定杠杆，保持M2/GDP的比率稳定，保持政府、企业、居民负债率稳定，适当降低金融杠杆；第二，降低房地产和金融行业的收益率，从而降低社会总体成本；第三，大力实施减税政策，特别是降低企业在社会中的税务负担过重的问题，推进基于城市化的税制体制改革（付敏杰等，2017），降低企业的税赋和企业的营商成本，积极推进供给侧结构性改革，提高实体经济的生存与拓展空间，保持实体经济有序发展，遏制实体符号化趋势；第四，尽量保持市场流动性，改革货币供给模式，当前国内利率跟随美国生息周期会导致外部融资升水过快，“金融加速器”的加速，因此一方面要改革汇率和货币供给模式，增加市场流动性安排，另一方面改革债券市场，支持实体经济和地方政府债券融资的可续性，防止外部金融冲击，化解金融风险和改革债券、股票市场融资体制；第五，降低居民过度借贷购买住房，稳定房价；第六，金融监管走向法制化，不要父爱主义的监管，也不要竞争性监管导致的过度抑制金融发展，过度监管和不稳定性金融政策会导致更大的金融风险。

3. 出现经济复苏，2018年预计继续与世界同步复苏，货币和财政政策逐步应该从数量激励转向体制改革，真正意义上实现稳中求进的宏观政策目标，推动经济迈向高质量发展阶段。

第五章　规模效率模式向租金抽取模式的退化：经济演化低效率的原因

中国大规模工业化阶段的结束，意味着规模效率时代的结束。然而，在经济增长由要素驱动转向创新驱动的增长过渡时期，规模效率模式退化为租金抽取模式的趋势却日益显著，表现为：政府主导工业化阶段所形成的经济分割，将导致城市化时期结构非均衡对低效率的锁定；依赖资本驱动的增长模式，在结构非均衡锁定下将退化为“内向债务主导的增长路径”和“强制储蓄主导的增长路径”，其叠加效应会导致静态租金抽取模式的生成及城市化阶段的高成本不能被效率改善覆盖；租金抽取模式的本质，在于有效率的生产系统退化为低效率的静态分配机制。中国经济转型时期减速治理的重心，应着重于效率激励模式的完善，预防演化低效率局面的发生。

一　问题的提出

大规模资本和劳动投入所驱动的劳动生产率提高，是中国工业化进程持续快速推进的主要动力。这种规模效率模式的典型特征是，通过对要素市场的干预和扭曲，最大限度地动员要素投入，利用“干中学”提高生产效率；通过选择性融资和部门及区域分割集中资源，实现工业化大推进的目的。但是，这种严重依赖要素投入的增长模式，在提高劳动生产率的同时也抑制了技术进步，中国经济增长的全要素生产率（total factor productivity，TFP）贡献率长期处于30%左右的较低水平

（中国经济增长前沿课题组，2014）。当前，随着工业化阶段向城市化阶段的演进，中国规模效率增长阶段基本结束，在内生性增长动力缺失的情况下，增长路径正在发生向演化低效率路径的倾斜。

新兴工业化经济体长期增长的经验和教训表明，追赶经济从工业化阶段向城市化阶段的演进过程中，如果不能因时制宜，对一度有利于经济增长的工业化策略进行调整，原有的体制、模式惯性将有可能导致城市化阶段的经济低效率无法覆盖高成本。换言之，工业化时期政府干预所制造的经济分割和市场扭曲，旨在汲取结构非均衡中蕴含的经济活力和效率，但是当快速工业化阶段结束而竞争性领域不能得到充分的资源和效率补偿时，分割导致的市场弱势竞争性部门将沦为强势垄断性部门汲取资源的工具，有效率的增长模式也将因此丧失活力。

长期增长过程中经济低效率发生的可能性，在演化经济理论中得到了初步证明，即当现有增长策略在特定社会经济条件下逐渐成为“惯例”时，演化稳定性本身蕴含了策略的低效率①。沿着这样的思路，我们尝试着回答的一个问题是，对于发展中国家的长期经济增长而言，演化低效率存在于一种什么样的经济状态之中？对此，本章的基本看法是：发展中国家一旦发生规模效率模式向静态租金抽取模式的退化，经济增长路径就会被演化低效率锁定。

二　演化低效率及其成因的一些事实

（一）演化低效率的广泛性

由于主要依赖要素推动，新兴工业化国家技术进步对经济增长的贡献，长期被压制在较低水平，演化低效率的问题广泛存在。为了说明这种广泛存在性，这里提供一些必要的国际比较。拉美六国（阿根廷、巴西、智利、哥伦比亚、墨西哥、委内瑞拉）和东南亚四国（印度尼西亚、马来西亚、菲律宾、泰国）可以作为新兴工业化国家由“结构

① 关于这一点，威布尔（2006）在其文献中曾给出过提示性说明，参见［瑞士］乔根·W. 威布尔《演化博弈论》，王永钦译，上海三联书店2006年版，第41、47页。

性加速”向“结构性减速”演化的典型（袁富华，2012），图 5－1 显示了拉美六国六个十年期间（1951—2011 年）和东南亚四国五个十年期间（1961—2011 年）的平均劳动生产率增长率。从图中可以看出，拉美六国、东南亚四国的持续高增长分别大致在 1971—1980 年、1981—1990 年结束，其后均进入漫长的调整阶段。在经济层面上，这个调整主要表现为：要素驱动的工业化规模效率模式遇到阻滞，创新驱动模式没有建立起来，最终导致演化低效率问题固化。

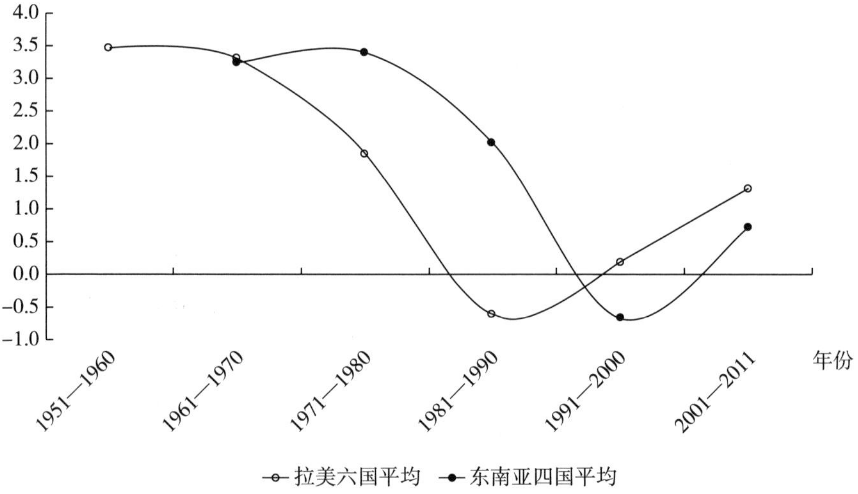

图 5－1　拉美六国和东南亚四国平均劳动生产率增长率

注：为表述方便起见，拉美六国六个十年期间的大致划分如下：1951—1960、1961—1970、1971—1980、1981—1990、1991—2000、2001—2011 年；东南亚四国五个十年期间的大致划分如下：1961—1970、1971—1980、1981—1990、1991—2000、2001—2011 年。

资料来源：Penn World Table（version 8.0）。

新兴工业化国家经济普遍存在的增长演化低效率，可以用表 5－1 数据进行佐证：首先，从平均水平看，1951—2011 年，拉美六国 TFP 增长率占 GDP 增长率的份额，只是在 1951—1970 年较高（30% 左右），这个时期也是劳动生产率提高速度较快的时期；20 世纪 70 年代和 80 年代 TFP 增长率呈现出急速下降的趋势；尽管 1990 年以来有所上升，但是一直没有超过较早时期的水平。其次，东南亚四国的趋势与拉美六国类似，只是 GDP 增长率中 TFP 的贡献率相对稍高一些。60 年代和 70 年代，它们的 TFP 增长率对 GDP 增长率的贡献份额为 30%—40%，80 年代和 90 年代持续降低，最近十年以来有所恢复。最后，与发达国家 GDP 增长率中 60%—70% 的 TFP 贡献份额相比较，拉美六国和东南亚四国的 TFP 贡献率始终处于较低水平，演化低效率似乎成为后发国家经济追赶的典型特征。

表 5－1　　全要素生产率增长率在 GDP 增长率中所占份额　　单位：%

	1951—1960	1961—1970	1971—1980	1981—1990	1991—2000	2001—2011
拉美六国平均	27.5	33.1	2.2	na	22.0	17.4
东南亚四国平均	—	42.2	29.8	9.4	nan	31.3

注：na 是 GDP 增长率为负值时的剔除值；nan 是 TFP 增长率为负值时的剔除值；TFP 的算法参见中国经济增长前沿课题组（2014）。

资料来源：Penn World Table（version 8.0）。

（二）经济分割与非均衡锁定

以拉美国家为例，经济高增长时期，政府通过选择性融资支持国有或垄断部门的规模化扩张，这在促进经济增长的同时，也造成了部门间的增长极化和技术进步成果的分配不均（Kay，1989），最终导致以垄断部门为核心、竞争性部门被边缘化的经济分割，土地、矿产、资本等资源被国有或垄断，技术精英向垄断企业集中。正如布尔默－托马斯（2000）所指出的那样，拉美国家工业化时期虽然国有部门对 GDP 贡献不大，但是多集中于中间产品和原材料等资本密集产业，干预和垄断所导致的低效率随处可见，没有带来技术进步或全要素生产率的提高。经济自由化以后，拉美国家市场化的公共资源向私人部门集中，新的垄断集团随之形成并削弱了市场竞争，内生性增长动力仍然难以形成。

（三）压低劳动报酬抽取经济租金

为便于比较分析，图 5－2 中除了列示 1951—2011 年拉美六国和东南亚四国劳动报酬占 GDP 的平均比重外，还给出了同时期美国、日本的劳动报酬占 GDP 的比重。作为第二次世界大战后相继迅速完成工业化、城市化的增长"活化石"，日本常被看作追赶成功的典范。经历了初级工业品进出口替代、复杂工业品进出口替代的产业升级后①，20 世纪 90 年代以来，日本转入自主创新模式的建立和调整阶段（Ozawa，2005），但通往成功的道路困难重重。在这个过程中，特别是 1990 年以后，日本劳动报酬占 GDP 的比重发生了轻微但持续的下降，近二十年的平均值为 0.55，与之相比，美国在这六十年里的劳动报酬份额波动很小，基本维持在 0.65 的水平。尽管如此，日本经济增长仍主要依赖全要素生产率支撑，这与其他新兴工业化经济体的增长模式显著不同。

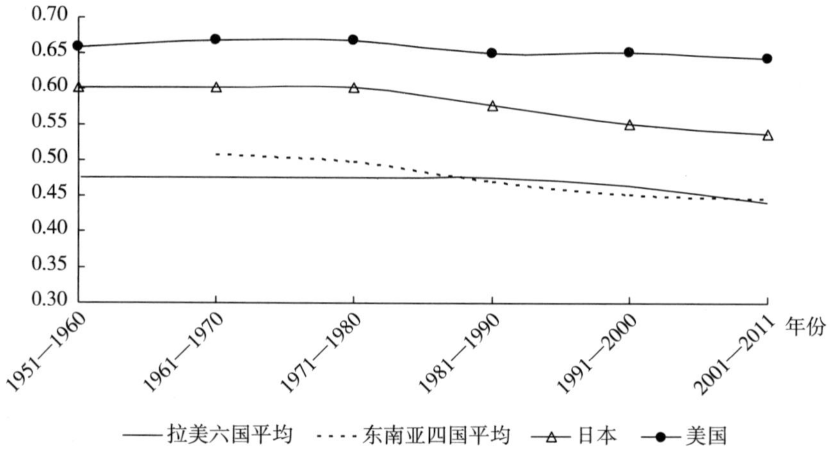

图 5－2　拉美六国、东南亚四国、日本和美国劳动报酬占 GDP 比重

注：原始数据来源和时期划分同图 5－1。

与发达国家比较起来，拉美和东南亚样本国家劳动报酬占 GDP 比重偏低的情景似乎被固化。并且，伴随着经济减速，这些国家近二十年来也发生了劳动报酬占比下降的态势。虑及这些国家要素驱动型增长模

① 关于从初级工业品进口替代到复杂工业品进出口替代的产业升级路径的系统分析，参见 G. Ranis，Challenges and Opportunities Posed by Asia's Superexporters：Implications for Manufactured Exports from Latin America. Export Diversification & the New Protectionism the Experience of Latin America，1981，21（2）：204－226。

式的特征，较低的劳动报酬比重意味着生产成本长期被压低，这种并非依靠效率改进降低成本的做法，迫使经济进入一种低成本—低效率的锁定状态。当效率改进的规模扩张基础消失后，如果内生增长动力无法及时形成，经济容易陷入以压低劳动力成本维持增长的局面，导致租金抽取的低效率增长模式产生。

三　规模效率模式向租金抽取模式的退化

本部分将使用“三部门、两市场”的分析框架，对经济转型时期抽租效应的发生及其后果进行分析。三个部门即垄断性生产部门、竞争性生产和服务部门、非生产性部门；两个市场分别为：低素质劳动力与高人力资本劳动力分割的劳动力市场、政府主导的资本市场。通过将政府作用内生于增长过程，我们认为抽租效应可通过两条路径产生：一是纵向水平上规模效率模式向“强制储蓄主导的增长路径”退化，即垄断性部门对竞争性部门的租金抽取，以及竞争性生产部门对劳动力的租金抽取；二是横向水平上规模效率模式向“内向债务主导的增长路径”退化，即非生产部门对生产性部门的租金抽取。抽租效应之所以会发生，是因为：一方面，垄断性生产部门通过相对价格优势抽取竞争性生产部门的利润，但是不能提供显著的效率联系；另一方面，非生产性部门参与对生产性部门的分配，但是不能提供显著的效率补偿。这两重抽租压力最终导致分割经济下的规模效率模式发生退化，当效率改善无法覆盖城市化的高成本时，静态的分配和抽租模式形成。

（一）工业化阶段的规模效率模式

发展中国家工业化普遍呈现的事实可以概括为：第一，以政府主导的几个部门的“大推进”动员经济潜力，政府作用内生于经济增长过程，典型如 Rosenstein – Rodan（1976）的大推动理论（the theory of the big – push）；第二，通过选择性融资支持主导产业或主导部门（Shinohara，1970），利用结构非均衡制造增长动力和发现规模经济机会，以实现快速的资本积累；第三，压低劳动力成本支持市场竞争性部门的扩大，生产性垄断性部门、非生产性部门与竞争性部门效率关联不密切；

第四，工业化的直接目标是劳动生产率的快速提高，而非纵向水平和横向水平的全要素生产率增长。

正如发展经验所呈现的那样，无论是拉美国家还是亚洲新兴经济体，在要素推动工业化的容易阶段，均出现过不俗的增长实绩。其间，主导产业（或部门）的规模扩张所提供的劳动生产率增长，足以覆盖经济分割、市场扭曲以及非生产部门扩大带来的成本上升，劳动生产率提高成为工业化时期生产—分配循环的润滑剂。

（二）城市化阶段的经济分割与规模效率模式的退化

原则上，在城市化阶段，非生产性部门参与分配和扩张的前提是，能够为竞争性生产和服务部门提供外部效率——包括降低生产成本、保障人力资本有效供给等。因此，理想的城市化阶段的生产—分配格局是：部门间纵向和横向联系紧密，通过这种紧密联系产生的外部性促进全要素生产率提升，并实现增长的规模效率模式向内生的创新驱动模式转型。但是，发展中国家的普遍事实是，资本和劳动要素投入驱动的大规模工业化阶段结束后，原有规模效率模式的“惯例”也被带入了城市化阶段，无论在纵向水平还是在横向水平上，内生性政府的作用都嵌入各个经济环节，增长过程被垄断而非有活力的市场竞争所主导，最终导致被非均衡锁定的分割低效率。具体来看：

1. 纵向水平上的分割与非均衡

延续政府主导的工业化时期的“惯例”，纵向水平上政府力量的介入，使原有的结构非均衡得以维持。凭借选择性融资支持，政府管制的垄断生产性部门能够快速实现资本深化，作为一种普遍现象，其高劳动生产率往往伴随着低资本效率，以及因创新能力低下导致的高成本和利润亏损；资本和技术均居于弱势地位的竞争性部门，在城市化快速发展阶段日益成为就业吸纳的主阵地，其规模扩大的同时伴随着缓慢的劳动生产率增长，且缺乏自主创新的充分推动力。这两个部门的联系基本局限于，竞争性部门以其需求被动地适应垄断性部门的物品供给，抑或垄断性部门使用竞争性部门低价格的消费品或服务。因此，在大规模资本积累阶段结束后，一方面依赖投资驱动的垄断性强势经济部门失去了自身劳动生产率和全要素生产率改进的活力；另一方面分割导致的资本和技术资源分布不均衡，挤压了竞争性部门生产和服务效率的提升潜力。

2. 横向水平上的分割与非均衡

一方面，当横向经济联系中嵌入不适当的政府干预时，处于政府管制下的非生产性部门，有能力依托其垄断地位参与社会分配，但却无法给生产性部门带来足够的效率促进。就像中国庞大的科教文卫体部门所表现出来的那样，“政府隐性担保”下的收入和福利预期，把大部分高层次人力资本吸引过来，导致竞争性部门创新所必需的高层次人力资本缺失，形成横向水平上人力资本的错配（中国经济增长前沿课题组，2014）。加之政府干预下信贷和技术资源向垄断性部门的集中，竞争性生产性部门在城市化阶段日益孤立。

另一方面，城市化快速推进时期经济和社会基础设施规模的扩大，也会加剧横向水平上的非均衡。与非生产性部门的分配参与不同，基础设施建设部门直接分流经济循环中的资本形成。作为政府干预的主要领域，基础设施建设投资一部分来自其他部门的利润和税收，一部分来自政府债务性融资。由于基础设施投资回报周期长且投资效率低下，短期内的大规模扩张不仅会对竞争性生产部门的投资造成“挤出”效应，削弱其技术进步动力，而且会拉低社会平均效率。

至此，可以说规模效率模式向静态租金抽取模式退化的趋势已经形成。在经济的纵向和横向水平上，由于政府干预的内生性嵌入，市场均衡格局被打破，垄断性部门与竞争性部门、生产性部门与非生产性部门均被分割开来。资本、人力资本要素在垄断和管制部门中集聚，低素质劳动力在弱势竞争性部门中集聚，前者依赖垄断和管制力量获得收益，挤占后者的资本和内生增长要素，从而使经济呈现结构非均衡锁定。

（三）叠加的租金抽取机制

1. 纵向水平上“强制储蓄主导的增长路径”与租金抽取

规模效率模式在纵向水平上的退化通常发生在产业链条上的垄断性部门和竞争性部门之间。理解强制储蓄的关键是把握两个“压低”。第一，强势垄断部门以其价格垄断力和有利的交换条件，抽取竞争性部门的利益，形成竞争性生产部门对垄断性部门的强制储蓄。强势垄断部门的特征是资本密集，并把大量初级劳动力驱逐到竞争性生产和服务部门。竞争性部门以其产品和服务的低价格，维持产业链高端的垄断部门的生存和发展，这种结构性非均衡源于工业化阶段的政府干预，并在城市化阶段逐渐成为“惯例”。第二，通过压低劳动力工资，创造劳动力要素对竞争性部门的强制储蓄。正如发展理论文献普遍认同的那样，发展中国家由于劳动力讨价还价能力的缺失，分配偏向于资本的趋势短期内难以扭转，初次分配中劳动报酬比重低下隐含了企业储蓄对家庭储蓄的替代。

实际上，发生在垄断性部门的强制储蓄与发生在竞争性部门的强制储蓄，是一个问题的两面。一方面，居于强势地位的垄断部门，资本深化和结构升级主要依赖政府干预和国外技术，内生动力的缺失迫使其陷入资本驱动而非效率驱动的增长循环，一旦缺乏竞争性部门低成本产品和服务的支撑，将难以有效运转。另一方面，竞争性部门在技术配置和人力资源配置方面均处于劣势，也将日益陷入低效率循环。在这种情况下，一旦劳动力成本上升，将先影响竞争性生产部门再波及垄断性生产部门，进而使整个经济面临“突然停止”的风险。

2. 横向水平上“内向债务主导的增长路径”与租金抽取

城市化阶段，政府干预在横向水平上制造的分割，赋予了非生产性部门更为强大的垄断力，这个部门以其垄断地位执行对垄断性和竞争性生产部门的租金抽取，其约束比垄断性生产部门施加于竞争性生产部门的压力要严厉得多，并导致内向债务导向的增长路径形成。需要强调的一点是，在城市化快速发展时期，尤其是当非生产性部门规模扩张及经济社会基础设施建设需求激增的条件下，即使发展中国家避免了因为对外过度举债导致的增长萧条，也有陷入“内向债务主导的增长路径”的可能。

理解“内向债务”主导增长的关键，在于认识政府干预和经济分割的影响。首先，正如前文述及的那样，发展中国家劳动力市场的分割，表现为竞争性部门初级劳动力与非生产性部门和垄断部门人力资本集聚的分割。非生产性部门的人力资本集聚，主要是受到较高且稳定的收入预期吸引。但是，如果这个部门扩张速度过快，将会导致城市化阶段的高成本，并给财政带来较大压力。其次，如果说基础设施投资在工业化阶段能够对私人部门产生投资拉动或“挤入”效应的话，城市化阶段的大规模基础设施建设则有可能导致“挤出”效应。原因是，城市化阶段较低的经济增长速度不足以提供大规模融资。最终当来自生产性部门的税收不能满足非生产性部门和基础设施建设的扩张需求时，内向的负债倾向就会发生。而且由政府主导的资本市场会放大这种内向债务倾向。如，中国工业化阶段向城市化阶段转型时期发生的基于房地产市场的政府负债，就是这种放大效应的典型案例。

本质上，结构非均衡锁定所导致的人力资本在非生产性部门的集聚，以及基础设施建设对资本的分流，都会削弱甚至损害生产性部门的效率，并导致演化低效率问题的恶化。

3. 有效率的生产转化为静态的不公平分配

通过上面的分析，我们得到了租金抽取的两重经济循环：垄断性生产部门对竞争性生产部门的租金抽取，但是不能提供显著的效率联系（否则，就不会导致效率的非均衡）；非生产性部门（连同基础设施建设投资）对生产性部门的租金抽取，但是不能提供显著的效率补偿（否则，经济就不会陷入内向债务主导的增长路径）。在分割经济情形下，这将导致城市化阶段的双重收缩：一是生产性部门不足以支持非生产性部门和基础设施建设部门的租金抽取，在总体经济中的比重和效率不断下降；二是竞争性部门因为内生动力缺失，规模不断缩小，最终，当经济效率无法覆盖城市化的高成本时，有效率的经济增长模式将发生退化，经济进入静态的分配和租金抽租模式。

四 中国经济分割及规模效率模式向租金抽取模式退化的迹象

（一）中国经济的演化低效率

在以劳动生产率迅速提高为目标的工业化阶段向以创新驱动为目标的城市化阶段的演替过程中，中国呈现出结构非均衡锁定的演化低效率倾向，相关事实如：纵向水平上国有经济依然保持信贷、技术的绝对优势，市场竞争性部门的劳动生产率和资本深化水平相对较低；横向水平上科教文卫体、社会管理等非生产性部门的扩张和高人力资本集聚，没有给生产性部门提供足够的效率补偿；增长策略的重心依然囿于传统工业化阶段的技术性理论（或者主要把增长的本质看作资本积累而非其他），没有转向更为综合的路径依赖治理和制度治理上去。

现阶段中国经济的演化低效率，主要表现为工业——尤其是国有工业部门——资本报酬率的显著下降，以及由于投资向城市基础设施分流而导致的社会总体资本报酬率的下降。20 世纪 90 年代以来，中国全要素生产率出现持续下降，2008 年以来更是转为较大的负值（中国经济增长前沿课题组，2012、2013、2014）。

（二）中国的结构非均衡锁定与规模效率模式的退化

1. 中国的结构非均衡锁定现象

劳动力市场分割对工资的压低，为中国竞争性部门的低成本工业化提供了国际竞争力（张平、刘霞辉，2006），从而为进口替代和出口导向的大规模工业化铺平了道路；政府通过选择性融资对国有垄断部门提供资金支持，旨在实现工业化的迅速推进；同时竞争性部门的边际存在，也为垄断部门提供了低成本竞争条件，有利于在国内实现对资本品的进口替代。但是，这种立足于资本积累的传统发展策略，在中国的经济转型过程中却遇到了困难，分割和结构非均衡锁定低效率的倾向开始出现，城市化阶段的经济调整正面临巨大的困难。

第一，选择性融资政策下扶植起来的垄断性生产部门，在城市化阶段依然保持着强大的资本和资源集聚能力。如，1995—1997 年工业部门全部资本支出中，国有经济占比平均为 51%，1999—2001 年国有控股企业平均资本支出比重为 58%，2002 年以后，国有控股企业平均资本支出比重虽然明显下降，但是 2002—2011 年仍维持在 30%—40% 的水平（袁富华，2014）。强势经济部门依赖资本深化提高劳动生产率，但由于这种劳动生产率改进并非以内生的创新为基础，其后果就是挤出弱势竞争性部门的资本和效率。另外，垄断性生产部门的持续大规模资本积累，也会导致其资本回报率和全要素生产率持续下降。

第二，总体上看，由于缺乏资本和人力的有效支持，中国竞争性生产和服务部门效率低下的问题没有得到扭转。2003 年以来中国农村剩余劳动力发生持续的净流出，意味着城市化加速过程中，竞争性部门尤其是竞争性服务部门，日益发挥了就业蓄水池的作用。竞争性部门被动吸收大量初级劳动力，源于资本密集型强势经济部门对初级劳动力的排斥，从结构非均衡锁定视角来看，这不是什么好消息，因为缺乏效率内生性的竞争性部门以低价格吸收就业的同时，反而导致自身效率低下的困境更加难以扭转。

第三，非生产性部门和基础设施建设扩张所产生的效率补偿能力低下。受特定文化环境的影响以及收入隐性担保的吸引，中国非生产性部门集中了很大部分的高层次人力资本。根据我们的观察，无论是相对于国内其他行业还是国外同类行业，中国行政型、事业型单位或行业——特别是行政管制行业（典型如文化体育娱乐行业等），都有着极高的人力资本强度，导致了非生产性部门对生产性部门的人力资本挤出。同时，1998 年以来，全社会固定资产投资向公共基础设施的分流加速。根据我们的研究，非生产性部门的扩张和基础设施投资的扩大，是近年来中国全要素生产率持续下滑的主要原因（中国经济增长前沿课题组，2014）。

2. 租金抽取的一些事实

中国正在呈现的转型中的问题表明，原有劳动生产率快速提高的增长模式，开始朝内向债务主导和强制储蓄主导的路径退化，竞争性部门活力难以有效提升，静态的租金抽取迹象发生，表现如下：

第一，中国经济开始呈现强制储蓄主导增长的迹象。在资本、资源向强势国有经济集聚和初级劳动力向城市竞争性部门涌入的条件下，垄断力量施加于竞争经济部门的租金抽取，以及竞争性部门施加于劳动力之上的租金抽取，广泛存在于中国现阶段的转型经济中。纵向水平上两重租金抽取的压力，一方面把处于劳动生产率弱势地位的竞争性部门向边际上压迫，致使其日益暴露在成本上升冲击之下；另一方面对劳动收入提升空间的严重挤压，造成短期的消费需求动力不足和长期的人力资本投资不足，最终表现为 20 世纪 90 年代中期以来中国消费率的持续下降。

第二，中国内向债务主导增长的迹象。现阶段国内企业税负过重的呼声高涨，以及众多文献中关于地方债务问题的广泛关注，均表明中国经济已经发生内向债务主导增长的风险。“吃饭财政”“土地财政”问题，表面上看是源于中国城市化快速增长时期非生产性部门及基础设施建设的扩大，但其本质是非生产性部门扩张过程中的效率补偿不充分问题。如果该部门的扩张不以提高全社会全要素生产率为目的，那么生产性部门和非生产性部门的有机联系将随着城市化发展被日益阻断，有效率的增长将退化为静态的分配，抽租效应只会进一步迫使经济步入低效率锁定路径之中。

五　结论

规模效率模式向静态租金抽取模式的退化，一般发生在政府主导的工业化阶段向城市化阶段的过渡时期，其实质是干预和分割所导致的经济低效率。这种认识，对于转型时期的减速治理具有现实意义。为了保持经济增长的可持续性，以下几方面值得重视：

第一，政府作用与市场作用的平衡。内生性政府干预对于工业化过程的重要作用，不仅为发展理论所认同，而且被新兴工业化国家的工业化增长实践所肯定。但是，随着经济发展阶段的转换，政府的干预性角色需要因时调整，须在政府作用和市场作用之间寻找平衡。中国转型时期的重要任务之一，就是对工业化快速发展时期政府干预所导致的经济分割进行治理，减弱政府在生产环节的干预——主要是打破国有经济对资本、资源的垄断，加强对竞争性部门的信贷和政策支持。而非生产性部门调整的主要任务是抑制或缩小规模，注重该部门对于竞争性部门的效率补偿能力。

第二，人力资本政策。相对于工业化时期而言，城市化时期有效率增长的源泉不仅是显性的技术知识，更重要的是默认或隐性知识的积累，这就需要国家提高人力资本积累和人力资本配置效率。现阶段我国人力资本方面的两个问题是：相对于新兴工业化国家尤其是东南亚国家而言人均受教育年限提高速度过慢，以及政府干预经济下存在人力资本向非生产性部门的错配。为了避免抽取效应的发生，政府应着力于长远而系统的人力资本政策的制定，在已经基本完善的普通教育的基础上，着力加强技能教育，鼓励在岗培训。未来比较可行的一种方案是，加大对偏向于生产技能的高等院校的投资，同时建立政府—企业—院校人才培养对话机制。

第三，收入分配的调整。大量研究证实，收入分配的过度不公平会影响经济持续增长。这种情况很容易发生在一国工业化转型的关键时期，典型案例是，与拉美国家相比，收入相对公平的东亚经济体的增长绩效更好。其中的原因是，城市化时期的全要素生产率提高，要求有相应的人力资本的支持，人力资本的积累要求收入向广大家庭倾斜。20世纪90年代以来，随着工业化进程的提速，中国收入分配状况持续恶化，现阶段已经到了阻碍人力资本积累和效率提升的地步。政府应当坚持最低工资指导线，在收入税制和转移支付上加大对80%的家庭的支持。

第六章　长期增长过程中的人力资本结构：兼论中国人力资本梯度升级问题

经济追赶的本质是人力资本追赶和人力资本结构升级。大规模工业化，推动了一国初级人力资本（小学教育）、第二级人力资本（中等教育）和第三级人力资本（高等教育）的结构变化。本章分析揭示的规律是：人力资本深化轨迹包括两个层面，即劳动力平均教育年限增长的S形曲线与逐级饱和、人力资本分布变化的倒U形趋势与逐级替换。

经济追赶国家人力资本结构的演化，呈现出三种模式：一种是以日本和韩国为代表的模式，特征是高等教育比重大，第二级人力资本向第三级人力资本的梯度升级较为迅速，且各层次教育质量的提高与数量的普及同步。第二种是中国模式，特征是大规模工业化基本处于第二级人力资本的主导之下，中等教育占人力资本分布的绝大部分。第三种模式以拉美国家为代表，特征是初级人力资本的比重较大，中等教育程度的劳动力比重过低。由之，本章分析揭示的问题是：（1）追赶成功国家大学教育年限的迅速提高和普及，一般都是在15年时间里快速完成，人力资本结构高级化过程中存在“跃迁现象”；人力资本跃迁是为推动未来15年的产业结构快速升级，避免转型迟滞的潜在风险。（2）发展中国家小学教育和中等教育比重相继发生的倒U形趋势变化过程中，第二级人力资本比重先上升后下降的倒U形拐点迟迟不能出现，经济被大量中低层次人力资本充斥，无法实现向第三级人力资本主导增长的路径跃迁。人力资本梯度升级的临界现象和“壅塞”问题突出。

一国经济是被低层次人力资本主导还是被高层次人力资本主导，其增长绩效有着显著不同。从作用于经济效率改善的效果看，不同形式的人力资本结构有着不同的外部性，梯度较高的人力资本结构与经济高效率之间存在因果累积。鉴于中国人力资本结构中存在的问题及可持续增长要求，寻求适当的人力资本深化路径是重要的政策目标。

一　人力资本深化过程中的结构变化

经济追赶过程本质上是人力资本深化过程，该过程包括两方面：一是劳动力平均教育年限的提高，二是高层次文化水平劳动力在总体劳动力中的比重提高。立足于长期增长过程中小学教育、中等教育和高等教育的结构变化状况，我们对人力资本深化轨迹给出如下描述：

（1）劳动力平均教育年限增长的S形曲线与逐级饱和。这种情景下人力资本梯度升级的轨迹是：大规模工业化阶段，劳动力小学教育年限逐步提高并达到小学6年的饱和点，以此为基础，中等教育发展加速，劳动力平均教育年限进一步提高并达到中学6年的饱和点。其后，以较高人均收入为支撑，劳动力的高等教育年限增加并向饱和点逼近。（2）人力资本分布变化的倒U形趋势与逐级替换。初级、第二级、第三级人力资本在总体劳动力中的分布，长期内呈现出如下情景：大规模工业化阶段，初级人力资本在总体劳动力中的比重先上升后下降，初级人力资本比重的下降被第二级人力资本比重的上升替换，而且，随着工业化进程推进，第二级人力资本占比先升后降；同时，第三级人力资本占比上升，直至高层次人力资本广泛分布于经济社会之中。本部分着重于初级和第二级人力资本深化过程的分析。

（一）劳动力平均教育年限增长的S形曲线与逐级饱和

小学教育年限的S形曲线，以及相应的劳动力文化程度向小学教育最高年限的饱和，普遍发生在新兴工业化经济体中。中等教育年限S形曲线向最高教育年限的饱和，发生在日本、韩国等追赶成功的国家；拉美、东南亚样本国家和中国等发展中国家的第二级人力资本，现阶段正处于迫近S形曲线饱和点的进程中。

1. 数据说明①

为便于刻画和分析人力资本结构及其变化趋势，以图 6 - 1 为例，必要的说明如下：第一，图示中从左到右顺次显示的国家和地区为——Ⅰ. 拉美六国（阿根廷、巴西、智利、哥伦比亚、墨西哥、委内瑞拉）；Ⅱ. 东南亚四国（印度尼西亚、马来西亚、泰国、菲律宾）；Ⅲ. 中国；Ⅳ. 日本；Ⅴ. 韩国。第二，每个国家或地区 20—34 岁、35—49 岁、50—64 岁三个年龄组的平均受教育程度，由图中从上到下顺次显示的三根曲线表示。第三，对应于每个年龄组的每一根曲线，由 9 个时间点构成，即 1970 年、1975 年、1980 年、1985 年、1990 年、1995 年、2000 年、2005 年和 2010 年，每个时间点对应一个教育年限数据。第四，从上到下顺次显示的三根曲线蕴含着人力资本更新或替代的经济含义：由于我们使用的是间隔 15 年的年龄分组，因此，下面一根曲线是相邻上面一根曲线的更新，滞后期是 15 年。也正是因为这样，20—34 岁年龄组人力资本在某一时点的表现，可以大体视为 15 年后 35—49 岁年龄组人力资本趋势，因此本章的这种图示方法具有 15 年的外推预测效力。类似地，以 35—49 岁年龄组、50—64 岁年龄组为基准，可以逆推 15 年或 30 年之前的人力资本状况。

2. 人力资本追赶和小学、中等教育年限的饱和

图 6 - 1 和图 6 - 2 显示了 1970—2010 年间各个国家和地区人力资本的追赶，以及小学、中等教育梯度的建立过程。作为两层次教育年限逐级饱和的典型，首先看看日本的情景。20 世纪 90 年代，日本 20—34 岁、35—49 岁、50—64 岁三个年龄组的小学教育年限均达到 6 年。实际上，早在 1970 年，日本 50—64 岁劳动力的小学教育年限就达到 5 年，如果向前逆推 15—30 年，即在 20 世纪 50 年代左右，日本已经具备了较好的小学教育基础，并成为经济增长的重要推动因素（World

---

① 截至目前，EDStats 数据库中 Barro - Lee 中国数据估算序列，是基于中国 1982 年、1990 年、2000 年的人口普查数据（Barro and Lee，2010），中等教育的口径包括初中、高中、中专，高等教育口径为专科、大学本科、研究生；2005 年、2010 年的分年龄组教育数据估算序列，采用年龄移算方法外推得到。2005 年以来的中国年鉴教育口径发生了变化，中等教育口径包括初中和高中，高等教育口径为专科、大学本科、研究生，Barro - Lee 发布的 BL2013_ MF_ V1. 3（Barro - Lee. com），运用 2010 年中国人口普查资料对中国数据进行了更新，本章图表数据系根据 EDStats 数据库和 BL2013_ MF_ V1. 3 计算。

Bank，1993）。相对于其他工业化追赶国家而言，日本具有较好的中等教育基础，1970 年 20—34 岁、35—49 岁年龄组劳动力中等教育年限平均为 3. 4 年、1. 5 年，2000 年以来两个年龄组均发生向中等教育年限的饱和。与日本情景类似，韩国 20—34 岁、35—49 岁年龄组的小学平均教育年限也达到了 6 年。

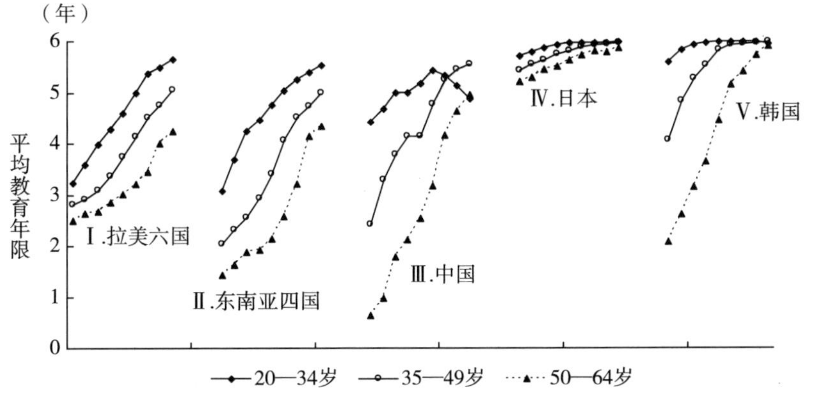

图 6－1　各地区初级人力资本深化（小学教育平均年限）和追赶趋势

资料来源：EDStats，BL2013_ MF_ V1. 3（Barro－Lee. com）。

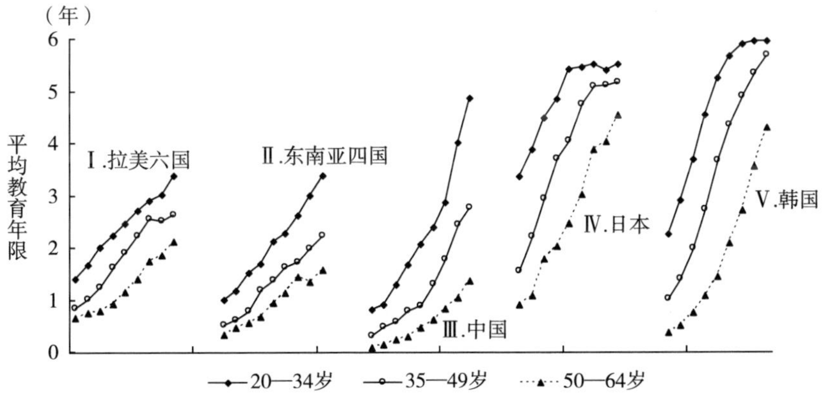

图 6－2　各地区第二级人力资本深化（中等教育平均年限）和追赶趋势

资料来源：EDStats，BL2013_ MF_ V1. 3（Barro－Lee. com）。

1970 年，拉美六国 20—34 岁、35—49 岁、50—64 岁三个年龄组小学教育年限分别为 3.2 年、2.8 年、2.5 年，其中，20—34 岁、35—49 岁年龄组在 2010 年开始向本层次最高教育年限饱和。东南亚四国小学教育水平的初始条件和深化路径与拉美六国类似，居于最上面的两条曲线也是在 2010 年开始向小学教育年限 6 年饱和。尽管拉美和东南亚样本国家表现出了较快的人力资本追赶势头，但在中等教育梯度的构建上，它们与日本、韩国的差距开始显现：如，2010 年拉美六国、东南亚四国前两个年龄组劳动力小学教育平均年限在 3—4 年，而日本、韩国基本达到了 6 年。

进一步的数据分析显示，在所观察的样本期中，每隔 10 年，拉美六国、东南亚四国小学教育平均年限提高约 0.7 年，而韩国小学教育年限提高约 1 年；每隔 10 年，拉美六国、东南亚四国中等教育平均年限提高约 0.7 年，而韩国、日本中等教育年限可以提高约 1 年。因此，人力资本的积累能力在经济追赶国家之间存在显著差别。

3. 中国的初级、第二级人力资本变化趋势

总体上看，中国初级人力资本的初始条件和深化路径与拉美、东南亚样本国家相似。2010 年 35—49 岁年龄组的小学教育年限接近 6 年，50—64 岁三个年龄组小学教育年限也达到 5 年。但是，20—34 岁年龄组的小学教育年限，2000—2010 年却发生下降——1995 年、2000 年、2005 年、2010 年分别为 5.4 年、5.3 年、5.1 年、4.9 年，通过年龄组逆推可以发现，这种现象与 15 年前 15—19 岁小学教育的萎缩有关①。第二级人力资本方面：2000 年以来，中国中等教育年限的增长幅度比拉美、东南亚样本国家快，20—34 岁年龄组的小学教育平均年限在 2010 年达到 5 年。

---

① 2000 年以来中国 20—34 岁年龄组小学教育平均年限的下降，起因于 20 世纪 80 年代至 90 年代早期中国小学教育质量问题，根据 Barro 和 Lee（1993）和 Fredriksen（1991）的研究，该时期中国小学教育的较高辍学率，可能是平均教育年限的下降诱因（参见桂萍，2013）。20 世纪 80 年代中期以来中等职业教育和普通中学教育的发展，推动了中国 15 岁以上劳动力中等教育平均年限的持续提高。最近十多年里，中国（15 岁以上年龄组）初级人力资本比重迅速缩小，第二级人力资本比重迅速上升，因此本书将把分析重心集中于第二级和第三级人力资本问题。

（二）人力资本分布变化的倒 U 形趋势与逐级替换

人力资本分布的含义是，在各个年龄组的劳动力中，受过小学、中等和高等教育的劳动力所占比重。如图 6－3 和图 6－4 所示，2010 年，中国 20—34 岁年龄组里，小学教学程度劳动力占比 11%，中等教育程度劳动力占比 73%，加上（图中未列出的）大学文化程度劳动力比重 15% 和未受过教育劳动力比重 1%，总计为 100%。图 6－3 依次显示了拉美六国、东南亚四国、中国、日本和韩国 20—34 岁、35—49 岁、50—64 岁三个年龄组初级人力资本分布变化趋势；图 6－4 依次显示了上述国家和地区 20—34 岁、35—49 岁、50—64 岁三个年龄组第二级人力资本分布变化趋势。

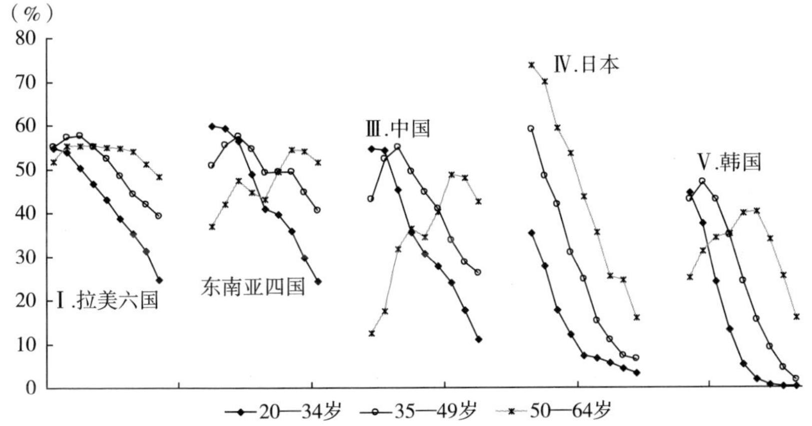

图 6－3　各地区初级人力资本分布（小学教育程度劳动力占比）变化趋势

资料来源：EDStats，BL2013_ MF_ V1. 3（Barro－Lee. com）。

初级人力资本占比先上升后下降的倒 U 形变化趋势，普遍发生在新兴工业化经济体中。第二级人力资本占比先上升后下降的倒 U 形变化趋势，发生在日本、韩国等追赶成功的国家；拉美六国、东南亚四国和中国等发展中国家的第二级人力资本占比，现阶段正处于倒 U 形趋势的上升阶段，向下的弯拐没有发生。

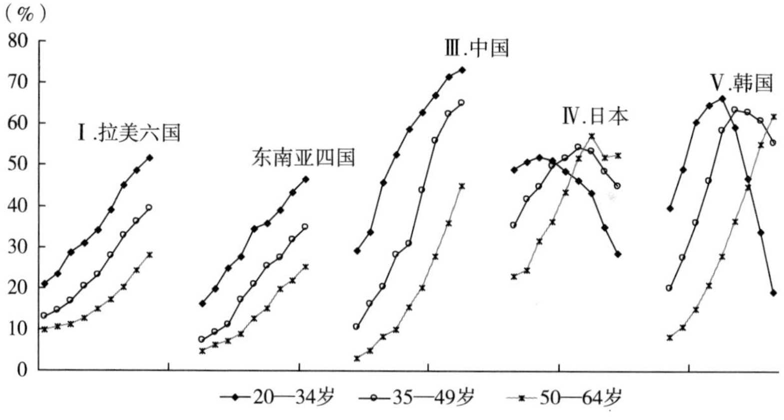

图6-4　各地区第二级人力资本分布（中等教育程度劳动力占比）变化趋势

资料来源：EDStats，BL2013_ MF_ V1.3（Barro - Lee. com）。

就经济追赶成功的韩国、日本而言，人力资本深化的上述趋势，具体表现为较高层次的人力资本对较低层次人力资本的替换，进而演化为较高层次人力资本主导增长的局面。以日本为例，1970—2010年，该国20—34岁、35—49岁两个年龄组初级人力资本占比分别从35%、59%降至3%、6%；两个年龄组的第二级、第三级人力资本占比合计都在90%以上。同时，当第二级人力资本占比达到较高水平的时候，也发生第三级人力资本对第二级人力资本的替换。相对于日本和韩国，拉美六国、东南亚四国和中国的人力资本分布，只是表现出第二级人力资本对初级人力资本的替换，更高级的人力资本梯度升级不太显著。

二　人力资本结构变化过程中的跃迁现象与临界现象

（一）人力资本结构的三种演化模式

基于样本国家人力资深化状况，在所考察的样本期中，人力资本结构的演化呈现出三种模式：第一种是以日本和韩国为代表的模式，特征是高等教育程度劳动力占比大，第二级人力资本向第三级人力资本的梯度升级较为迅速，且各层次教育质量的提高与数量的普及同步。第二种是中国模式，特征是基本处于第二级人力资本的主导之下，中等教育程度的劳动力占人力资本的绝大部分。第三种模式以拉美国家为代表，特征是小学教育程度的劳动力比重较大，中等教育程度的劳动力比重过低。马来西亚倾向于中国模式，泰国、印度尼西亚、菲律宾三国倾向于拉美模式。

日本和韩国小学教育、中等教育年限达到了较为充分的饱和，继初级人力资本比重发生倒U形趋势后，第二级人力资本比重也发生了倒U形变化趋势，现阶段正处于第三级人力资本的快速深化进程中，在高等教育年限提高和高等教育普及过程中呈现跃迁现象。相对于日本、韩国而言，拉美国家、中国等发展中国家在第二级人力资本追赶时期开始出现问题，中等教育数量扩张先于质量提升（Hofman，2000），并导致中低层次人力资本过度膨胀；同时，这些人力资本追赶国家的高层次教育升级也遇到了严重阻滞，似乎面临着难以跨越的门槛。

（二）人力资本梯度升级的跃迁现象

日本、韩国人力资本演化模式的典型特征，在于小、中、高三个层级教育梯度升级的连续性，尤其是在高等教育年限提升和普及方面，更是呈现出了短期跃迁现象。就像图 6－5 和图 6－6 显示的那样，具体为：

1. 第三级人力资本升级的 15 年跃迁现象[①]

追赶成功国家高等教育年限的迅速提高和高等教育普及，一般都是用 15 年时间快速完成，以直接预示着未来 15 年人力资本高级化的20—34 岁年龄组为例，韩国用了 15 年时间，日本用了 15 年时间。具体为：（1）1985—2000 年，韩国 20—34 岁年龄组高等教育年限从 0. 6 年提高至 1. 1 年，该年龄组高等教育程度劳动力比重从 21% 提高到 52%；（2）作为较早追赶成功的国家，日本在 1975—1990 年实现了高等教育普及，

---

① 高等教育 15 年跃迁现象，是基于日本和韩国经验，可以宽泛一些表述为较短时期里完成高级人力资本升级。由于产业结构升级与高级人力资本积累关联密切，快速的人力资本梯度高级化有利于缓冲经济转型迟滞的潜在风险。

20—34 岁年龄组高等教育年限从 0.7 年提高至 1.4 年，高等教育程度劳动力比重从 21% 提高到 44%。

2. 15 年跃迁现象中蕴含的人力资本升级规律

20—34 岁年龄组高等教育年限及高等教育程度劳动力的比重状况，基本预示了 15 年后 35—49 岁年龄组以及 30 年后 50—64 岁年龄组劳动力的人力资本升级状况。从分年龄组第三级人力资本的升级角度来看，15 年之前做的事情，为 15 年之后的结果提供了基础，人力资本梯度高级化即发生于这种 15 年跃迁的排浪式推动中。

3. 15 年跃迁现象是为滞后 15 年的产业结构升级进行教育储备

值得关注的一点是，追赶成功国家高等教育跃迁的起点，都是发生在产业升级见成效的 15 年之前，即先有 15 年的高层次人力资本储备，后有产业效率的持续提高和创新机制的形成。韩国是这方面的典型例子，在 20 世纪 80 年代早期以后，随着人口红利的消失，韩国在廉价技能劳动力方面也丧失了比较优势，亟须发展自身的技术能力（中国经济增长前沿课题组，2014），80 年代中期以后对高级人力资本培育的重视，无疑成为 21 世纪以来韩国经济转型的重要推动因素。

与拉美六国、东南亚四国和中国第三级人力资本深化状况相比，日本、韩国高等教育发展过程中的跃迁现象更加显著。如图 6－5 和图 6－6所示，日本、韩国高等教育年限和高等教育程度劳动力比重曲线，比其他三个发展中国家和地区陡峭很多，这种情况在图 6－1、图 6－2和图 6－3、图 6－4 没有出现过。以劳动力平均高等教育年限为例，拉美六国 20—34 岁、35—49 岁年龄组在 40 年里分别提高了 0.41 年和 0.40 年；东南亚四国分别提高了 0.60 年和 0.33 年。与之形成鲜明对比的是，日本分别提高了 1.7 年、1.5 年；韩国分别提高了 1.6 年、0.9 年。这种差距之所以引人注目，原因在于，如果拉美、东南亚样本国家的高等教育按照既往路径进行深化，那么，至少还需要另一个 40 年的时间才可能赶上日本和韩国。

与初级和第二级人力资本不同的是，第三级人力资本梯度的打造，需要更大的成本和政策推动。少数追赶成功的国家如日本、韩国和新加坡，其高等教育的普及，无不是建立在工业化时期形成的创新环境、较高的人均收入、相对公平的收入分配以及政府强力支持上。对于大多数发展中国家来说，发达国家第三级人力资本呈现出来的15年跃迁现象，无疑是一道“15年门槛”，一旦突破就拥有了“人力资本升级—产业结构升级—发展可持续性”的良性经济循环，突破不了将会面临增长不稳定和增长不可持续的风险。

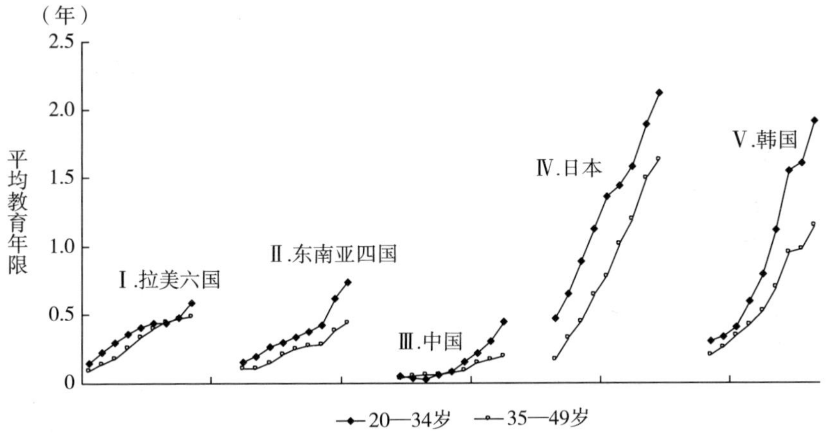

图6-5　各地区第三级人力资本（高等教育平均年限）深化和追赶趋势

资料来源：EDStats，BL2013_ MF_ V1.3（Barro-Lee.com）。

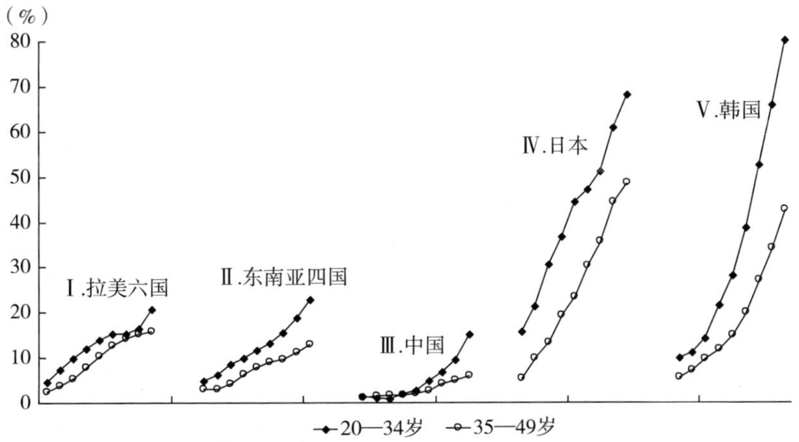

图6-6　各地区第三级人力资本分布（高等教育程度劳动力比重）变化趋势

资料来源：EDStats，BL2013_ MF_ V1.3（Barro-Lee.com）。

（三）发展中国家人力资本高级化的临界现象和低层次人力资本“壅塞”问题

1. 发展中国家人力资本梯度升级的临界现象

为分析方便起见，我们对长期增长过程中人力资本深化的临界现象给出如下定义，即小学教育和中等教育相继发生的倒 U 形趋势变化过程中，第二级人力资本比重先上升后下降的倒 U 形拐点迟迟不能出现，经济被大量中低层次人力资本充斥，无法实现向第三级人力资本主导增长的路径跃迁。临界现象的克服意味着人力资本结构发生了质的飞跃。这种质的变化一般不会自动发生，它以前瞻性的产业结构目标为前提，并推动未来经济效率的提高。

从完整的初级、第二级和第三级人力资本梯度升级路径看，第二级人力资本池子实际上发挥了疏导和缓冲的作用：一方面，小学教育普及之后，中等教育的发展促使中等教育程度的劳动者比重上升；另一方面，高等教育的发展会降低中等教育程度劳动者比重。作为联系小学和高等教育的中间环节，中等教育发挥着人力资本持续升级的疏导缓冲及结构整合作用。因此，合理的假设是，一旦第三级人力资本的跃迁出现困难，高层次人力资本普及的路径被阻断，那么，中低层次人力资本就会过度膨胀，经济被大量初级和第二级人力资本“壅塞”，迟滞经济创新机制的形成。

为简洁起见，表 6－1 列出了各国各地区小学、中等和高等教育在主要储蓄者（即 35—54 岁年龄组的劳动力）中的分布，这个指标基本代表了总体劳动力的人力资本现状。以日本、韩国作为比较基准，可以看出人力资本升级过程中跨越临界现象前后的情景——中等教育程度的主要储蓄者比重的倒 U 形趋势拐点，大致发生在 50%—60% 的水平上，此时，伴随着初级教育程度劳动力比重的快速下降和高等教育程度劳动力比重的快速上升。运用这把便利的尺子，我们能够对人力资本结构演化的中国模式和拉美模式给出区分。

2. 壅塞：拉美国家人力资本结构演化模式

拉美样本国家仍处于初级和第二级人力资本主导增长的阶段，人力资本结构呈现两头高中间低的态势。亦即，初级教育程度劳动者比重过高，2010 年为 41%，高出中国 13 个百分点，高出日本、韩国 30% 以上；拉美六国高等教育程度劳动者比重在发展中国家显得稍高，但是远低于日本、韩国的水平；中等教育程度劳动者比重过低，表明这些国家的经济结构不利于中等教育发展。总体来看，拉美六国表现出初级和第二级人力资本主导经济增长的局面，尤其表现出初级人力资本的壅塞。

表 6-1　主要储蓄者各级教育比重　单位:%

小学教育（包括完成和未完成）									
年份	1970	1975	1980	1985	1990	1995	2000	2005	2010
拉美六国	55	57	57	56	53	50	46	43	41
东南亚四国	49	53	56	53	49	50	50	46	42
中国	38	46	54	48	44	41	37	34	28
日本	61	52	44	35	27	19	13	10	7
韩国	41	46	43	36	28	19	12	7	3
中等教育（包括完成和未完成）									
年份	1970	1975	1980	1985	1990	1995	2000	2005	2010
拉美六国	13	14	16	19	22	26	31	35	38
东南亚四国	7	9	10	16	20	24	27	30	33
中国	9	14	18	25	29	41	52	56	63
日本	34	39	44	48	51	54	55	50	46
韩国	19	26	34	44	54	60	62	61	58
高等教育（包括完成和未完成）									
年份	1970	1975	1980	1985	1990	1995	2000	2005	2010
拉美六国	2	4	5	7	10	12	14	15	16
东南亚四国	3	3	4	6	8	9	9	11	12
中国	1	1	2	2	2	3	4	5	5
日本	5	9	13	17	22	26	32	40	47
韩国	5	7	9	11	14	18	25	31	38

资料来源：EDStats，BL2013_ MF_ V1.3（Barro-Lee.com）。

3. 壅塞：中国人力资本结构演化模式

中国的人力资本结构似乎正在走向另一个极端，第二级人力资本的“壅塞问题”值得关注。1970—2010年，中国大规模工业化引致了初级和第二级人力资本的快速积累，2000年以来，尽管初级教育程度的劳动力比重显著降低，但是却伴随着第二级人力资本比重的持续快速上升。2010年，主要储蓄者中初级、第二级人力资本比重合计为95%，其中第二级人力资本比重达到63%（20—34岁、35—49岁这两个年龄组第二级人力资本分别为73%和65%，而日本分别为28%和45%，韩国为19%和55%）。无论以日本、韩国人力资本结构为比较基准，还是与拉美、东南亚样本国家作比较，中国均表现出显著的“第二级人力资本壅塞”——或者，通往第三级人力资本梯度的路径似乎完全被阻断了。

三　人力资本结构的外部性及因果累积

（一）人力资本结构的外部性

一国经济是被低层次人力资本主导还是被高层次人力资本主导，其增长绩效有着显著不同，亦即，从施于经济效率改善的效果看，不同形式的人力资本结构有着不同的外部性，梯度较高的人力资本结构与经济高效率之间存在因果累积。

1. TFP水平的差距与人力资本梯度的高低相关

表6－2提供了以美国TFP绝对量水平为基准的国际比较①。作为当今教育最发达的国家，美国在20世纪70年代就基本实现了大学教育的普及，2010年美国主要储蓄者中受过大学教育的比重超过60%。美国雄厚的人力资本储备，是其技术水平一直处于领先地位的主要原因。表6－2的数据比较，直接显示了拉美六国、中国、韩国三种人力资本模式的外部性：第一，作为经济追赶成功的国家，韩国人力资本的快速升级，导致其TFP水平快速提升，与美国差距显著缩小；第二，作为

① TFP绝对量水平的国际比较，是研究国家间TFP水平的差距，与TFP增长率的国际比较不同。详细的解释与分析参见郑海涛、任若恩、柏满迎（2009）。

小学教育比重较大且中低层次人力资本主导增长的地区，拉美六国 TFP 水平与美国的差距不断拉大，显示了人力资本结构低端化对于技术追赶能力的抑制；第三，与美国的对比表明，以中等教育为主导的中国大规模工业化，第二级人力资本的外部性较小，TFP 水平提高缓慢。

表 6-2　　各国（地区）各年 TFP 水平（美国 TFP 水平 =1）

年份	拉美六国平均	东南亚四国平均	中国	韩国
1970	0.82	0.43	0.30	0.35
1975	0.82	0.56	0.29	0.54
1980	0.85	0.60	0.28	0.52
1985	0.70	0.55	0.36	0.62
1990	0.63	0.54	0.28	0.73
1995	0.64	0.55	0.32	0.75
2000	0.57	0.39	0.27	0.75
2005	0.58	0.40	0.34	0.73
2010	0.59	0.41	0.37	0.69

资料来源：Penn World Table（version 8.0）。

2. 高人力资本水平与产业高效率的因果累积

关于发展中国家产业结构升级与人力资本因果累积之间的联系，Ranis（1981）进行过系统分析，认为东亚国家和地区（如韩国、新加坡、中国台湾、中国香港）效率导向的工业发展，得益于其系统的人力资本积累，高人力资本水平与高产业效率之间存在因果累积。

表 6-3 列示了韩国 35—54 岁主要储蓄者的第三级人力资本升级过程，及其对日本的效率追赶成果。20 世纪 80 年代中期以来韩国对第三级人力资本积累的重视，在 15 年之后见到成效。2000 年，韩国主要储蓄者的高等教育年限达到 0.88 年，接近日本 1.08 年的水平，2010 年超过 1 年。值得注意的是，韩国主要储蓄者高等教育普及率的提升速度，由 90 年代的不足 20%，提升至目前 40% 的水平。与之对应的是，韩国工业劳动生产率在 2000 年逼近日本工业劳动生产率，2010 年超过日本；同时，韩国现代部门综合劳动生产率（即劳动力比重加权的工业和服务业平均劳动生产率）与日本的差距不断缩小。

令人印象深刻的是，差距较大的发展中国家的效率追赶，通常需要在第三级人力资本积累中付出更大努力。如，20 世纪 80 年代中期，韩国工业劳动生产率只有日本的 1/4，现代部门综合劳动生产率只有日本的 1/3，在其后的追赶中，韩国对于年轻劳动力大学教育的提升力度也相对更大，1985—2010 年，20—34 岁年龄组大学教育年限从 0.6 年跃升至 1.9 年，教育普及率从 21% 提升至 80%。

表 6－3　韩国产业劳动生产率与三级人力资本对日本的追赶

年份		1970	1975	1980	1985	1990	1995	2000	2005	2010
现代部门综合劳动生产率*：日本（为比较基准）=1	日本	1.00	1.00	1.00	1.00	1.00	1.00	1.00	1.00	1.00
	韩国	0.36	0.34	0.28	0.30	0.32	0.38	0.43	0.46	0.52
工业劳动生产率：日本（为比较基准）=1	日本	1.00	1.00	1.00	1.00	1.00	1.00	1.00	1.00	1.00
	韩国	0.18	0.20	0.21	0.26	0.28	0.41	0.55	0.64	1.07
主要储蓄者平均高等教育年限（年）	日本	0.15	0.29	0.42	0.58	0.72	0.88	1.08	1.34	1.58
	韩国	0.18	0.23	0.33	0.40	0.49	0.65	0.88	0.89	1.05
主要储蓄者高等教育普及率（%）	日本	5	9	13	17	22	26	32	40	47
	韩国	5	7	9	11	14	18	25	31	38

注：* 现代部门劳动生产率为劳动力比重加权的工业和服务业部门劳动生产率平均值。

资料来源：EDStats、BL2013_ MF_ V1.3（Barro－Lee.com）、UNdata。

（二）人均 GDP 与人力资本的因果累积

1. 高收入水平是人力资本跃迁现象发生的基础

图 6－7 描述了高收入促进第三级人力资本提升的趋势。实际上，高收入对于第三级人力资本积累的作用非常直接，即以高收入作为强力推动人力资本升级的基础，在需要的时候短期内就可以实现高等教育的普及。高等教育年限的提高和高等教育的普及，在韩国用了 15 年，在新加坡用了 15 年：1985—2000 年，韩国人均 GDP 从 5800 美元提高至 14000 美元，20—34 岁年龄组高等教育年限从 0.6 年提高至 1.1 年，该年龄组高等教育普及率达到 52%，2010 年人均 GDP 超过 20000 美元，该年龄组高等教育年限进一步提高至 1.9 年、高等教育普及率达到

80%。作为较早追赶成功的国家，日本在1975—1995年实现了高等教育普及，20—34岁年龄组高等教育年限从0.7年提高至1.4年。上述均是传统上重视教育且政府和社会对教育大力支持的国家，与之形成鲜明对比的是，拉美六国如智利、墨西哥2010年人均GDP分别为8600美元、7800美元，在经济基础上初步具备了向第三级人力资本梯度升级的条件，但是近年来其高等教育普及率徘徊在20%左右，加之政府作用在经济社会领域的弱化，很难产生像日本、韩国那样的人力资本跃迁动力。

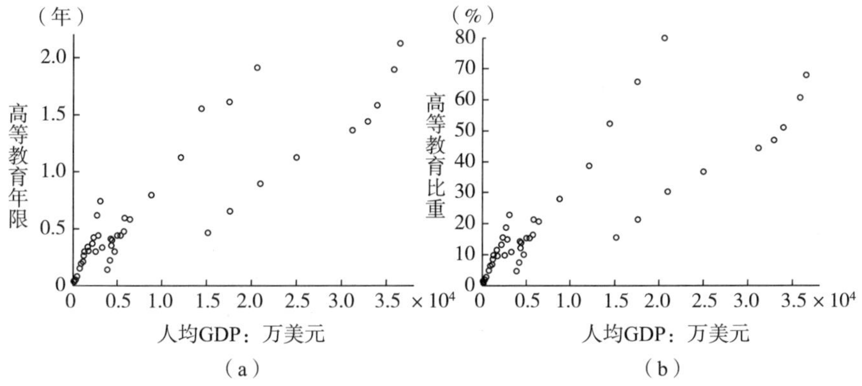

图6-7　各地区高等教育平均年限和高等教育在三个层次教育总人数中的占比示意（20—34岁年龄组）

注：（1）（a）、（b）中的国家为拉美六国、东南亚四国、中国、韩国、日本。基期为2005年。

资料来源：EDStats，BL2013_ MF_ V1.3（Barro-Lee.com）。

（2）因数据缺失，图中样本点仅作示意。

2. 因果累积

人力资本积累既是较高人均收入的结果，也是人均收入持续提高的条件，两者之间的因果累积可以从日本的成功追赶中得到印证。把1980年35—49岁年龄组的受教育程度回溯15年，可以大致了解20世纪60年代中期日本经济高速增长时期的教育状况，其20—34岁年龄组劳动力中，中等教育普及程度约为45%，中国在80年代达到了这个水平，而拉美六国2000年才达到；60年代中期日本20—34岁年龄组劳动力的高等教育年限约为0.4年，拉美六国在90年代中期达到，而中国在 2010 年才达到。

上述 15—19 岁、20—34 岁两个年龄组劳动力受教育程度，也为我们观察未来 15 年的人力资本态势提供了基准。后推 15 年，即在 2025 年左右，日本、韩国等追赶成功的国家顺利迈入第三级人力资本主导的增长时代，包括中国在内的发展中国家，将继续在初级和第二级人力资本"壅塞"中苦苦支撑，与发达国家的人均 GDP 差距也会因此不断拉大。

四 中国的人力资本问题与升级对策

（一）中国人力资本积累面临的问题和困难

中国人力资本结构和未来人力资本趋势存在的主要问题是：初级人力资本的深化，在近年出现萎缩趋势，这是其他发展中国家在经济追赶时期不曾有过的现象；第二级人力资本发展过程中重数量轻质量、"壅塞"问题突出；第三级人力资本积累严重不足。具体表现为：（1）相比于拉美样本国家，中国大规模工业化更多具有第二级人力资本主导的特征；但是相比于日本和韩国等人力资本结构高级化的国家，中国 70% 以上的中等教育普及率似乎成为产业结构升级的阻碍。事实是，充斥了大量初级和第二级人力资本的中国经济，只是提供了相当于日本 1/10 的现代部门综合生产率。因此，中国第二级人力资本的壅塞，将成为效率持续提升的阻碍。（2）中国第三级人力资本快速深化的经济基础，在现阶段基本不存在，短期内依靠普及高等教育促进效率改进的可能性较小。总体来看，中国大规模工业时期基本结束，由于人口结构、产业结构服务化等因素变化而导致的结构性减速正在发生，改变现有粗放型增长模式，改善经济效率是未来增长可持续性的前提（中国经济增长前沿课题组，2014）。相对于日本、韩国等转型成功的国家，中国在人均 GDP 较低阶段提出了效率提升和产业升级的迫切要求，突破人力资本瓶颈，探索自己的人力资本梯度升级路径成为不可回避的问题。

（二）人力资源的二次开发与第二次大推动：政府作用的再审视

中国过去 30 年的大规模工业化，得益于政府在资本积累和劳动力资源开发上的大力推动。随着大规模工业化阶段接近尾声，中国人力资本的第一次开发阶段也相应结束。同时，随着国际低端产业链向其他追赶国家的延伸和转移，中国原有低成本工业化优势逐步消失，初级和第二级人力资本主导增长的动力也日趋枯竭。中国经济转型的核心环节，是继续推进复杂进口替代和复杂出口替代的工业化进程，要求更高层次的人力资本与之匹配。因此，第二次人力资源开发具有战略意义（中国经济增长前沿课题组，2007）。由于后发国家在知识储备和知识创造方面的滞后性，为建立更高层次的人力资本梯度，国家的作用必不可少。从其他国家的经验教训看，为了避免转型迟滞的经济社会风险，转型时期不能拖得太长。成功的追赶经验是，从对第三级人力资本大力培育，到运用这些人力资本完成产业升级，周期一般是 15 年。而且，在这个较短周期里，必须要有持续强大的力量，推动高层次人力资本深化和广化。对于面临转型的中国来说，政府作用的关键体现在高层次人力资本体系建立，以实现效率和结构升级的第二次大推动。

（三）经济政策的核心是打造切合中国实际的人力资本梯度

根据人力资本培育和产业结构的相继发生规律，即使从眼下着手，中国也需要至少 15 年的人力资本调整时期，而后才能谈及切实的效率改进问题。也就是说，未来 15 年中国经济转型成功与否，关键是看现阶段人力资本梯度的打造成功与否。但是，一个值得关注的事实是，中国人口众多，短时期内不能像韩国、新加坡那样实现第三级人力资本的深化和广化。可行的路径在于对于关键环节的把握，即 R&D 精英的绝对数量扩大，熟练技术工人规模的扩张，以及熟练工人职级晋升的激励系统的建立。按照 Cypher 和 James（2009）的理解，与人力资本关系密切的技术，不仅包括科研和设备，而且包括专业技能，后者是前者创造性结合的载体。因此，创新功能包含在两种技术环节中，即（1）R&D 人力资本方面：中国具有庞大的人口规模，即使小的高等教育百分比上也可能对应数量巨大的第三级人力资本，鉴于中国的实际情况，现阶段在第三级人力资本深化和广化上要做的重要事情，就是在尽量保持高等教育规模的同时，注重科研精英层人力资本的构建，建立与国际接轨的科研能力认证体系。（2）借鉴德国、英国等发达国家经验，完善教育体系，建立职教与普教、职教内部各层次间的衔接机制，使学习者能根据自己的意愿和社会需求，构建学习途径和成长道路。如，德国运用补习学校沟通职业教育走向普通教育的渠道，或者通过双元制职业教育和企业继续教育，使得普通教育的中学毕业生成为职业人。英国职教体系与普教体系的沟通以课程为连接点，如，接受过第三阶段技工培训的技工，通过过渡课程学习进入高级国家证书或文凭课程学习，两年后可以再进入普通高等学位教育学习等（吕鑫祥，2003）。（3）借鉴发达国家经验，建立熟练工人职级晋升的激励系统。如法国通过资质通道的建设，使得资质认证人员与从下级上升到本层的自学雇员相互竞争，职业竞争削弱各层次人力资本的身份特征，增强职业能力在就业评价中的权重（Dirks，1999）。

（四）重视制度与人力资本升级梯度的匹配

现阶段，中国收入分配不公平已经成为人力资本梯度升级的阻碍，日益扩大的收入分配差距，通过对人力资本深化的抑制，形成对产业结构梯度升级的阻隔，在这方面，中国应该认真吸取拉美国家的教训（江时学，1996）。占劳动力绝大多数比例的劳动力阶层的收入上不去，就谈不上高等教育的深化，甚至作为高等教育跃迁替代路径的工人职级晋升和终身教育，也不能快速实现。为此，扭转依赖低层次、低成本劳动力的增长观念，探索有利于促进收入公平分配的方式，关系到未来一二十年的转型成败。

制度与人力资本梯度匹配的另一个重要问题，是纠正日益凸显的人力资本错配问题（中国经济增长前沿课题组，2014）。这种错配现象表现为第三级人力资本向非生产性部门的过度集中，在决定高层次人力资本的流向上，政府垄断力量似乎比市场力量更强大。如果这种问题不解决，第三级人力资本即使有较大规模的提高，也会因为错配局限其生产效率和外部性——即所谓人力资本的无效使用。为此，加快政府和事业单位的用工、社会保障制度改革，打破人力资本市场分割和垄断，成为制度存量调整的关键。

第七章　中国经济大转型：传统结构主义终结与经济结构服务化的组织取向

中国经济结构性减速的发生，标志着依赖初级要素的传统工业化模式的结束。在城市化逐渐成为增长主导力量，且全球化影响日益加深的历史背景下，增强中国制度弹性以保证效率改善和应对外部冲击，是大转型顺利推进的关键。国际经验对比显示，工业化向城市化的大转型，本质上受到创新能力和经济组织两种门槛效应的制约，重塑经济组织弹性以实现增长的内生性和效益的内部化，是应对各种困难的根本支点。

一　引言

两大增长背景预示着中国传统结构主义工业化路径的终结：一是国内城市化的稳步发展，使其接替工业化成为增长主导力量；二是面对全球化制度组织和技术力量的冲击，中国必须塑造经济组织弹性以应对冲击风险。对于发展阶段向发达阶段跃迁的转型过程而言，以资源动员组织方式变革为主线的效率模式重塑，是实现增长跨越的垫脚石，“全有全无法则”成为转型成败的试金石，亦即，转型存在制度和效率门槛。

本章从下述意义理解中国传统结构主义工业化方式：第一，非典型的古典增长模式：直接的政府干预和市场协调形成混合经济，推动生产供给主导的工业化规模扩张，快速的资本积累以消费压抑为代价。第二，非典型的凯恩斯主义：凯恩斯主义理论运作需要满足两个条件——较高的消费倾向和公共支出增加，它们共同决定了较大的投资乘数，但在消费受到抑制的条件下，中国不得不通过增加外向依赖运作经济。作为诸多工业化模式中更加具有外生性、外向性和干预性的一种，中国把剩余劳动力这种潜在储蓄顺利转换成快速资本积累，工业化绩效引人注目。

但是，鉴于中国传统结构主义自身的组织局限，工业化仅仅是工业化。就像工业化结束时期其他追赶国家发生的"制度硬化症"那样，中国转型时期同样面临着工业化组织自身无法克服的困难：第一，政府干预所形成的资本组织方式及其分割，扭曲了资本资源配置，国有经济资本效率低下、民营经济资本效率潜力压抑的态势扭转缓慢。第二，国外资本日益偏离效率改进路径，外资在制造业的资本深化和劳动生产率提高缓慢，且日益倾向于房地产投资。对严重依赖外资出口拉动和经济绩效提高的中国经济来说，这无疑扭曲了国内经济结构。第三，工业化时期的内部劳动力市场和外围劳动力市场的分割，与城市化阶段人力资本积累提高和内生动力建设的要求相悖。

本章强调经济组织弹性和适应性在转型成败中的作用。作为经济组织弹性增强的突破口，加大对民营企业的支持力度是合适的选择。就像工业化时期动员剩余劳动力这种潜在储蓄那样，城市化时期的经济组织弹性是另一种有待动员的潜在储蓄。把潜在变现的可行途径是建立政府—企业—教育一体化协同，这是一种强调以知识过程构造保证转型成功的视角。

二　要素、组织与转型的一般分析

围绕欠发达经济体工业化推进和贫困陷阱突破，传统发展理论把关注重心放在国家计划下的经济要素动员方面，基本假设是，政府干预对于快速资本积累及相应规模效率的实现是有效的，这种经济绩效的积极追求导致工业化阶段的结构性加速。然而，当大规模工业化过程临近尾声，以下两个趋势的叠加将导致结构性减速——工业化向城市化的演替以及中等收入水平向高收入水平的提升，此时，工业化主导的增长逐渐朝消费和服务业主导的增长转换。因此，经济结构服务化下，转型理论的关注重心也逐渐转变为合意的增长速度（产出和就业的增长）与福利国家建设（人的质量和增长质量的改进）的权衡，资本深化能否持续成为关键。

但是，城市化路径的国际比较显示，欠发达经济体工业化阶段以政府干预促进增长的策略，在城市化阶段可能面临着困难。新的假设是，围绕增长质量提高、消费结构升级的城市化和经济结构服务化过程，是根本不同于工业化阶段那种围绕资本积累建立起来的效率模式。基本推论是，原有工业化组织内部的增量调整，已经不适用于城市化；特别地，必要的经济组织环节变革的缺失，可能导致效率持续改进动力的缺失，诱发转型风险和转型困难。因此，转型的关键在于重建适应于结构服务化条件的制度组织和行为。

（一）资本积累和规模经济效率：传统发展理论的组织与绩效

经由工业化突破贫困陷阱的命题，在传统发展理论那里已经得到了很好的理解。作为一种结构化过程，工业化本质上是一种经济组织形式。结构化的途径是通过标准化、规模化生产组织的实施，把分散的劳动力资源转化为资本积累，以突破低劳动生产率的传统约束，形成供给创造自身需求的工业化增长路径。经济进步不是自发的，真正需要的是真实资本大推动的自我增强过程（Bass，2009）。

传统发展理论注重“一般经济因素”的分析（Partrick & Rosovsky，1976），强调基于国内劳动力要素禀赋和国外技术的经济组织的建立。认识主线是：在过剩劳动力存在和外部技术可获得的前提下，生产技术和产业联系的建立不成问题；欠发达经济体进入工业化轨道的主要困难，在于缺乏协调和制度效率（Hoff，2000；Datta - Chaudhuri，1990）。这种认识导致了国家计划作用的思考，国家协调抑或市场协调的争论延续至今。Nurkse（1958）的比较分析认为，工业化采取“计划”协调推动还是企业家精神协调推动，取决于特定经济社会的人的质量和其他初始条件；在西欧工业发达国家，人的质量的主要源泉是中产阶级，但是，这个重要条件往往不存在于欠发达国家，因此其早期工业化过程中，国家扮演了创新者和拓荒者的角色，并逐渐过渡到计划协调和市场协调的混合经济。

这种（偏重于宏观层面的）经济组织的有效性的衡量，有一个基本的指标——资本积累增长速度，它决定着工业化路径下规模经济效率状况，并体现为持续的结构性加速机制的形成，包括三个方面（Nurkse，1958）：（1）国家在资本积累和工业化扩张过程中扮演着重要角色，在这种情况下，积累率不再反映加总的个体消费倾向和消费偏好，只是由政府政策决定。政府通过计划加速资本积累。（2）资本形成呈现波浪式的“跳跃”，无论是工业生产投资还是先行资本，积累的关键门槛突破至关重要。此时，增长路径不是边际的或增量的，而是综合的和结构的。用我们的话来说，这是工业化过程中的增长非连续，这个非连续过程以“物质资本”为载体展开。（3）欠发达国家工业化大规模推进本质上属于“古典”增长——资本形成以消费减少为代价，生产与物质品的消费模式相适应，生产创造自身的需求。工业化成功的标志，是物质品大众消费的普遍满足。

值得一提的是，至少在20世纪80年代以前，传统发展理论和经济（成功）追赶给人的印象是，工业化生产组织的建立仿佛是一劳永逸的。无论是直接的政府干预还是间接的政策协调，工业化规模经济效率和持续增长绩效，很难让人怀疑资本积累的工业化组织的有效性——包括投融资体制、劳动组织以及技术进步组织，直到这些机制被经济演化力量裹挟到转型时期，并在结构性减速压力下暴露出来多种弊端和局限。

（二）转型理论

长期增长过程的经济转型，可以从绩效和组织两个角度进行理解：（1）转型的绩效含义是工业化向城市化的演替以及中等收入水平向高收入水平的提升，也就是增长的阶段性变化。根据经济追赶的普遍经验，大规模工业化可以为贫困陷阱突破进而上升到中等收入水平提供充分动力，当大规模工业化过程结束、增长动力交由城市化接替的时候，大多数国家由于经济结构服务化不能像工业化那样提供足够的效率改进能力，在向高收入阶段提升时发生困难。（2）经济结构服务化下的经济结构、增长目标与资源动员方式，与工业化具有本质上的不同，相应的制度组织也会不同，这种意义的转型含义主要指经济组织变革。如果说工业化组织制度是长期增长第一次跨越的保证的话，那么，城市化时期效率模式的重塑，是实现第二次跨越直至福利国家达成的保障。（3）服务业结构升级、消费结构升级以及人力资本积累状况，成为衡量经济转型的综合性指标，最终体现为劳动生产率和全要素生产率的共同提高和真实国家竞争力的增强。

1. 转型理论

传统发展理论把转型看作两种经济状态之间的转换（Hicks，1965；Kriesler，1999），这种基本认识从绩效和组织方面得到拓展。Kaldor - Dixon 和 Thirlwall 有关增长的历史性、因果累积和转型的分析①，在把技术进步、报酬递增和长期增长联系起来的同时，意识到因果累积在突破门槛效应中的重要性，这是转型与增长跨越的理论要点，并且，这种认识因为增长比较中呈现的事实进一步得到强化。第一，与前文关于资本形成呈现波浪式“跳跃”的表述类似，Ozawa（2005）的产业升级雁阵理论认为，（日本的）产业转型和阶段性序贯升级，不仅是加总生产函数 TFP 的增进，而且是新产业结构不断更新旧产业结构的过程，是创新累积而非初级生产要素的增量累积，导致产业结构转换的创造性破坏。第二，影响广泛的中心—外围理论，是针对拉美国家大规模工业化结束后无法完成有效率的城市化转型的反思。尤其是面对诸如发展中国家经过一系列阶段性演化可以达到发达水平的线性发展观，拉美学者认为这不符合经济实际，因为欠发达国家（城市化）缺乏根本的效率改进能力（ECLA，1951；Furtado，1974）。

基于传统理论和国际增长比较，中国经济增长前沿课题组（2016）、袁富华和张平（2016a）对转型过程中的非连续和增长跨越问题，进行了系统化梳理和阐释。基本认识是：作为工业化向城市化演替以及中等收入阶段向高收入阶段提升的叠加，经济转型实质上是一个效率模式的重塑过程，即经济结构服务化是根本不同于工业化的增长模式。换言之，服务业结构升级和消费结构升级主导的发达城市化经济，是以“高劳动生产率、高资本深化能力和高消费能力”这个“稳定的效率三角”为特征，这个特征不存在于通常的工业化“古典增长”模式中。

① 参见 Setterfield（1997）的精彩综述。

实际上，在向发达城市化阶段的高效率正反馈增长路径演进中，转型的非连续性暴露了工业化制度组织的深层次问题。（在增长条件变化的假设下）既然结构服务化和消费主导之下的城市化是不同于工业化的效率模式，那么，中观和微观层次上的经济组织问题，自然成为我们关注的焦点。尤其是涉及宏观绩效改进的投融资制度、劳动力组织以及创新激励等问题，在转型时期更应该引起重视。

2. 工业化向城市化转型的分析框架

传统工业化理论对于“一般经济因素”的重视，使得宏观层面上的政府干预成为顺理成章的事情。但是，具体到经济转型的问题，还需要考虑特定的制度因素和约束条件。基于中国经济增长前沿课题组（2015）的研究，包含制度组织的分析框架由四个相互作用和反馈的层面构成——若用结构和组织变量替代标准核算方程中的变量 $Y=Af(K, L)$，新的增长分析框架变为：K：投融资结构和组织；L：劳动力结构和组织；A：技术结构和组织；Y：产业结构（规模或质量）。为便于分析，本书考察转型的两种情形，如图 7－1 所示：（1）顺利实现增长跨越（顺时针）的正反馈。即，从工业化阶段注重规模效率的模式转型到经济结构服务化阶段“稳定的效率三角”模式。（2）转型失败（逆时针）的负反馈。当然，这两种转型模式只是一种简化分析，目的是突出长期增长过程中转型非连续及转型风险①。

3. 转型、组织与增长门槛

立足于图 7－1 的模型，国家协调和市场协调的混合经济的演化，可以这样进行观察：首先，从追赶经济体的工业化过程看，政府干预将导致 K 和 L 的“双重性”或分割，两种分割将直接影响甚至决定经济绩效表现——A 和 Y，它们反过来又形成对 K 和 L 的反馈。因此，从组织和绩效综合分析的角度看，K 和 L 始终是转型问题的分析核心。这样说的理由是，K 和 L 由经济追赶国家特定时期政府干预的不同形式——直接的或间接的——所决定，而转型和城市化阶段效率模式重塑，又直接与制度组织的模式及其变化直接联系。

---

① 关于转型非连续与转型风险的系统分析，参见中国经济增长前沿课题组（2016）。

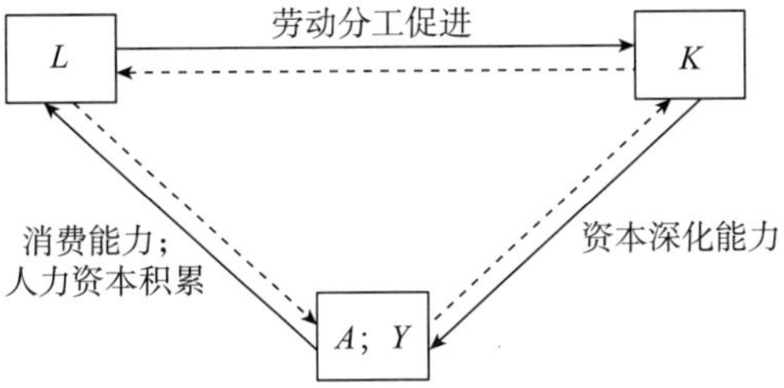

图 7-1　转型分析框架

注：顺时针的正反馈（增长跨越），逆时针的负反馈（转型失败）。

一些相关分析案例——如 Parini（2011）的东亚版资本主义的持续高速增长，是基于间接政府干预和混合经济制度的建立。围绕工业增长优先战略，政府提供适当的政策框架和指导措施，促使私人部门繁荣，这种工业化制度组织的典型特征，在于父爱的政府对工业化的引领作用。相应地，转型的关键是通过组织制度变化适应城市化新环境，包括理念、行动和经济运作方式的整体变化。正如 Lechevalier（2014）所指出的那样，日本转型中所遇到的最大困难，在于原有工业化制度组织的改革滞后和反应迟钝，需要更新组织协调方式应对内外部问题的挑战。这种理论思路实际上暗含了增长非连续和门槛跨越的逻辑，也与前文所谓工业化组织并非“一劳永逸”的发展观点不谋而合。转型过程中资本和劳动组织的问题，在直接的政府干预的混合经济制度下表现得更加突出，并最终导致资源的行政垄断和部门分割，以及生产/消费诸环节正反馈受阻。

总之，在工业化阶段，直接或间接的政府干预的形式似乎不是那么重要，只要有利于资源动员和规模效率的实现。但是，在以追求增长质量和福利国家建设的转型过程中，直接的政府干预可能构成增长门槛跨越的直接障碍。由此引出下文关于中国经济转型问题和转型方向的具体分析。

三　中国工业化：传统结构主义的经济组织及其终结

（一）传统结构主义增长模式的绩效及其问题

从绩效表现看，至少在2012—2016年结构性减速出现之前的30多年中，中国工业化比较倾向于传统发展理论的设想，这个阶段的结构主义增长方式是非典型的古典增长模式和非典型的凯恩斯主义的混合。袁富华和张平（2016b）关于中国二次转型的理论分析，把这种混合的特征具体化为：（1）外向性，即出口导向的增长；（2）外生性和（负）外部性，即依赖初级要素驱动的增长。这种以生产供给主导的工业化规模经济，是中国高增长的主要源泉。

1. 非典型的古典增长模式呈现于中国工业化。对于存在大量过剩劳动力且运用工业化制度组织将其转换为快速资本积累的欠发达国家而言，古典模型的两个假设通常暗含在增长实践和政策措施当中（汉森，1963）：第一，（在真实收入和消费水平较低的情况下[①]），需求主要来源于从生产过程自身产生的生产要素收入的循环流转。亦即，迄今未曾使用的资源的动员，经由生产和支出循环流转，扩大了收入源泉，并成为新生产过程供给增加和需求增加的基础。这是工业化过程中工业生产主导增长的理论内涵。第二，资本积累以消费压抑为代价。尤其是在大规模工业化加速过程中，高储蓄支撑高投资成为实现对发达经济追赶的主要途径，直至基本物质品大众需求得到满足。如果这种依赖物质资本驱动的工业化方式不能得到扭转，那么，消费结构升级滞后所导致的对生产的抑制效应就会出现，最终导致资本驱动的增长模式不可持续。非典型的古典增长成分，这也是传统发展所强调的——政府干预而非自由竞争，往往充当大规模工业化初期的协调机制，在中国直接政府干预的混合经济中，这种增长成分的作用及其后果尤其令人瞩目。

2. 非典型的凯恩斯主义呈现于中国的工业化。凯恩斯主义理论中通过投资需求带动产出增加，需要同时满足两个条件：一是国内较高的

---

① 参见Nurkse（1958），p. 72。

消费倾向，二是公共支出的增加，它们共同决定了较大的投资乘数①。稍微推广一下就是消费能力和资本深化能力一起决定着生产率的提高，由此我们可以理解国家（工业）竞争力研究文献中，有一些争论者坚持国内劳动生产率持续改进和生活水平提高才是主要标志，其他绩效指标如出口等还在其次②。非典型凯恩斯主义的增长成分：从需求角度理解增长绩效，Ozawa（2007）把日本大规模工业化称为“贫血经济”——过多依赖出口而非国内消费支出拉动，即通过贸易扩张弥补国内消费需求不足。对于中国来说，受过剩劳动力规模效应的影响，这种增长成分更加显著，增长的外向性和外生性色彩更加浓厚。20 世纪 90 年代中国迈入重化工业化的增长轨道之后，巨大的资本积累一方面压制了消费倾向的提高，另一方面资本效率迅速下降，并进一步引致如下经济现象的发生：低消费能力与低资本深化能力的负反馈发生，制造业国际竞争力下降；实体资金被迫分流到房地产业，促使经济泡沫的形成。

3. 边界约束和效率问题：传统结构主义对经济的扭曲。我们可以从绩效角度，给出图 7－1（内部）负反馈情景及其后果的分析：负反馈发生的背景是，外向的生产供给主导的大规模工业化结束以及国内消费主导的经济结构服务化趋势形成；发生的条件是，消费结构升级缓慢导致生产扩张边界约束出现，这也是我们前期一系列研究所强调的。（1）产业结构扭曲和资本低效率陷阱。从产业结构雁阵升级模式看，重化工业引领的大规模工业化结束之后，紧接着是以零部件和复杂装配为支撑的深加工度引领增长的发生，这个过程伴随着经济结构服务化和人力资本快速积累。换言之，伴随着中等收入阶段向高收入阶段的演替，以大众基本物质品需求满足为目标的标准化、规模化生产，转向以消费者（挑剔）品味满足为目标的高质量物品服务的生产，且日益成为发达经济的标志。偏离这个有效率的梯度演进路径，意味着资本驱动的大规模工业化难以实现知识技术密集方向上的突破，结果是：国内外市场需求的饱和导致制造业资本收益递减的负反馈发生；资金流向房地

---

① $\Delta Y = k\Delta I$ 投资乘数 $k = \Delta Y/\Delta I = 1/(1 - \Delta C/\Delta I)$。参见汉森（1963）第四章。

② 尤其是在城市化和经济结构服务化阶段，这种判断更加值得重视。

产（或股票）市场，促使经济泡沫的形成，这是大规模工业化结束后普遍呈现的现象。（2）消费结构升级滞后及其边界约束。在投资/消费策略权衡上，中国传统结构主义工业化的古典特征以及凯恩斯主义的片面运用，不仅导致了国内增长对外部市场的过度依赖，而且阻滞了国内消费能力与资本深化能力正反馈机制的形成。最终，消费结构升级滞后及对生产效率改进的约束边界出现，生产供给被局限在标准化工业品上，以质量提升为标志的内生动力无法形成，这是转型时期的主要困难，也是经济结构服务化下消费效率补偿机制建立的关键所在（袁富华、张平，2016a）。（3）人力资本积累缓慢。转型时期中国出口增速的下降及可贸易部门劳动生产率增长速度的下降，暗示着以往通过出口扩张抵消国内消费需求不足的增长方式正在受到挑战。如果把这样的生产方式强行移植到城市化过程中，就会发现以往高物质资本积累和高出口规模的基础将不复存在。而且，如果一味进行资本增量扩张，消费结构升级也将继续处于抑制状态，根本无法达成内需拉动（内生动力）的投资/消费的良性循环。实际上，我们的前期研究多次提出，中国现阶段以小学和中等教育程度为主的劳动力素质状况，已经不适于城市化良性运作的要求，低层次人力资本“壅塞”成为转型的关键瓶颈。

（二）传统结构主义增长模式的经济组织及其扭曲

传统结构主义增长模式扭曲经济的上述表现，源于大规模工业化时期经济组织的调整滞后，发展为转型时期的“制度硬化症”和“政府干预失败”（Ozawa，1996，2007）：典型如日本的情景，经济政策对可贸易私有部门（制造业）的支持促使出口增加，政府对不可贸易部门（服务业）的保护阻碍进口扩大，贸易顺差持续累积并加剧日元升值和成本上升螺旋，最终导致高效率制造业向海外转移和国内产业“空心化”；同时，受保护的服务业部门由于缺乏竞争，效率改进缓慢，这种制度组织“双重性”导致了经济泡沫破灭之后的经济长期低迷。

与日本间接干预、知识技术增量创新、抑制内向 FDI 以培育国内私营企业竞争优势的工业化路径不同，中国工业化制度组织主要围绕政府直接干预、初级要素使用和内向 FDI 建立起来。为了动员大量农村剩余劳动力，进而促成这种潜在储蓄向真实国民收入的转化，中国以投融资直接干预为支点，迅速建立起工业化阶段高增长的两种适应性组织：（1）资本动员方式及其功能性分割。国有控股企业：其作用是推进重化工业化进程和国民经济基础的建立，包括基础性工业体系的构建和交通运输等基础设施的建立，时至今日，随着城市化比重超过50%，这个历史使命基本完成。中国港澳台资和外资企业：其功能是弥补国内技术不足，动员国内出口能力，随着大规模工业化的结束，传统外资使用方式正在日益扭曲中国经济；其他经济（民营经济）：起初的发展是为了填补市场空隙，转型时期已经成长为出口和经济效率改进的主要源泉。（2）劳动力动员方式及其功能性分割。改革开放以来内部劳动力市场和外围劳动力市场的分割，是为了保证重化工业化和低成本增长模式的发展，内部劳动力市场价格由国家控制，外围劳动力市场价格由市场供求决定：一方面，直接由市场机制进行协调的外围劳动力（主要是农民工和中小企业就业者），由于缺失组织谈判环节的支持，是转型时期最需要给予政策保护的部分；另一方面，占劳动力比重不足10%的劳动者就职于行政事业和工业部门，这些人大都拥有较好的教育或家庭背景，工资福利有相对稳定的保障，职业晋升路径较为清晰。但是，从某种意义上来说，内部劳动力市场对于中国整体经济造成了扭曲，高素质的劳动力被保护在了非生产性或效率改进潜力较小的非生产部门或非市场竞争部门当中，造成人力资本错配的扭曲。

1. 中国资本的功能性分割及其扭曲。我们用表7－1中四个区域的数据进行说明。第一，总体来看，国有经济控制资本配置的格局没有发生实质性变化。从固定资产原值比重来看，2000—2011年，尽管国有控股工业企业固定资产原值比重从约73%下降到约50%，但是考虑到国有经济力量主要分布在重化工业部门且不以吸收就业为主要目的，因此它将直接决定转型时期中国经济效率改进潜力。由于资本深化而非就业吸收是国有控股企业的典型特征，因此，资本效率改进趋势更加适宜于描述其发展状况。2000—2011年，国有控股工业企业人均资本从相当于全行业的1.4倍，上升到2.4倍。然而，伴随快速资本深化的，是资本生产率的快速下降，由2000年相当于全行业的0.75倍（0.24/0.32）下降到2011年的0.63倍（0.40/0.63）。十年间，国有经济自身资本效率虽然有所改善，但是一直在显著低于其他所有制经济资本效率的状态下运营，表现出资本配置的相对无效率。第二，受国有经济资本集中的影响，作为就业吸收主渠道和效率改进源泉的国内民营经济，资本深化趋势存在但是进展缓慢。2011 年，民营经济固定资产比重虽然达到 30.1%，但是人均资本只相当于国有经济的约 1/4，比较起来，民营经济资本生产率是国有经济的 2.45 倍，且较之于其他形式的经济高出 50% 左右，这些数据都给为何要给予民营经济充分的政策支持提供了依据。第三，最近十年发生在港澳台资和外资工业企业中的一个引人注目的趋势是，相对于规模以上工业的人均资本平均水平而言，这类企业存在资本浅化趋势，这个问题之所以重要，一方面显示了国外资本进入中国的目的，依然是追求中国廉价的劳动力成本，从而固化了国内不利于内生动力建立的贸易结构；另一方面也隐含着——在中国工业化向城市化转型时期，外商投资扭曲中国经济结构的趋势日益明显，进而影响到国民经济整体。

表 7－1　　　　规模以上各类工业企业绩效比较

1. 固定资产原值比重（%）	2000 年	2003 年	2005 年	2007 年	2011 年	2. 资本生产率	2000 年	2003 年	2005 年	2007 年	2011 年
国有控股	72.9	66.0	58.3	55.4	48.1	国有控股	0.24	0.27	0.33	0.36	0.40
外资	9.5	11.8	14.9	16.1	14.0	外资	0.42	0.50	0.58	0.64	0.64
港澳台资	8.7	8.9	9.0	8.8	7.8	港澳台资	0.43	0.56	0.61	0.65	0.68
民营经济	8.9	13.3	17.8	19.7	30.1	民营经济	0.76	0.85	0.93	1.17	0.98
3. 劳动生产率（万元/人）	2000 年	2003 年	2005 年	2007 年	2011 年	4. 人均资本（万元/人）	2000 年	2003 年	2005 年	2007 年	2011 年
国有控股	4.6	8.7	14.5	22.9	40.7	国有控股	19.1	32.2	44.5	63.2	102.6
外资	9.0	12.4	13.6	16.8	25.2	外资	21.1	22.3	22.4	25.7	39.5
港澳台资	5.8	6.7	7.9	10.1	17.1	港澳台资	13.7	13.4	13.7	15.8	25.1
民营经济	3.3	5.0	7.9	12.0	24.1	民营经济	4.4	5.8	8.5	10.3	24.5

资料来源：历年《中国工业经济统计年鉴》。

2. 国外资本对中国经济的扭曲。20 世纪最初的十年里，从出口缴货值的分布来看，占固定资产原值比重 20% 左右的港澳台资和外资工业企业，提供了60%—70%的出口；民营经济自2005年以来对出口的提供显著增加，出口比重由18%提高到2014年的27%。联系上文关于非国有经济资本深化能力不足的问题，可以认为，转型时期中国的出口结构依然以初级加工为主，这种状况一方面由国内重化工业化的发展阶段性所决定，另一方面中国出口由外资左右的格局正在面临诸多挑战和问题。特别值得注意的是，国外工业企业的资本浅化，将进一步削弱中国出口产品的技术改进能力，这与经济全球化下发达国家极力追求国际市场竞争优势、以技术进步为核心的大趋势相背离。更为严重的是，随着中国城市化进程的加快，外商直接投资的分布日益从整体上扭曲中国经济——不仅仅是工业的资本浅化，表7－2数据显示，2005年以来，中国的内向FDI出现显著的"离制造业"趋势，FDI中制造业投资比重由70.4%降低到2013年的38.79%，而房地产业FDI投资比重由9%上升到24.5%。

表7－2　　外商直接投资（FDI）行业分布及其变化　　单位：%

年份	2005	2009	2013
农、林、牧、渔业	1.2	1.6	1.5
制造业	70.4	51.9	38.7
其中：1. 纺织业	3.5	1.5	1.0
2. 化学原料及化学制品制造业	4.7	4.4	3.3
3. 医药制造业	0.9	1.0	0.9
4. 通用和专用设备制造业	6.6	6.2	6.0
5. 通信设备、计算机及其他电子设备制造业	12.8	8.0	5.4
五类制造业小计	28.5	21.1	16.6
房地产业	9.0	18.7	24.5
交通运输、仓储和邮政业	3.0	2.8	3.6
信息传输、计算机服务和软件业	1.7	2.5	2.4
批发和零售业	1.7	6.0	9.8
科学技术、水利、环境和公共设施管理业	0.8	2.5	3.2

资料来源：历年《中国贸易外经统计年鉴》。

3. 劳动力市场组织及其扭曲。上述各类经济形式不仅决定了中国资本结构，而且决定了劳动力市场的分割。总体来看，以国有经济内部劳动力市场的相对高工资、高福利和稳定职业晋升路线为对比，以农民工为主体的劳动力构成外围，占就业绝大部分比例的这部分劳动力基本上受市场供求力量左右，这种分割群体的特点是相对低工资、波动的就业机会和群体内部较大的流动性。但是，内部劳动力市场和外围劳动力市场之间，几乎不存在向上的流动性。毋庸讳言，转型时期这种问题具有客观性。作为中国大规模工业化时期政府干预和经济分割的产物，外围劳动力市场的形成源于两个推动因素：一是国内劳动密集型民营部门的发展，最初是为了填补短缺经济下国有经济无法满足的市场需求缝隙，尽管这个缝隙随着消费需求的扩大不断扩大；二是国际资本力量寻求低成本而对中国廉价劳动力的雇佣。根据《中国统计年鉴》数据，时至今日，中国制造业、服务业中民营经济的工资率大约相当于平均水平的70%，问题在于这种差距发生在中国中等收入水平上，考虑到向城市化转型时期高质量增长的要求和内生机制培育的必要性，外围劳动力群体的这种经济状况，几乎不可能提升增长模式、重塑所需要的人力资本积累水平。

（三）工业化仅仅是工业化：增长门槛和负反馈

工业化作为一种经济组织形式——亦即，多种多样的工业化组织方式——与特定经济体的初始条件密切相关，是为了解决大众基本物质品需求满足的发展问题，而非解决质量和消费多样化需求满足的问题。工业化仅仅是工业化这样的断语，也是立足于转型时期经济制度组织变化和重塑的角度做出的。前文所述中国工业化的双重性和结构扭曲问题，可以归结为由于资源配置扭曲而导致的“逆生产率”（counter - productivity）现象，当然，也包括我们研究中指出的消费结构逆城市化现象[①]。至此，我们可以对图 7 - 1 的负反馈给出一些结论性说明：转型

① 关于政府干预的追赶经济在转型和步入成熟期可能发生的 counter - productivity，参见 Katz（1998）；消费结构升级的逆城市化现象，参见袁富华（2016），这种现象指的是近年来发生于中国消费结构中的低层次消费比重增加有助于人力资本积累的高层次消费比重下降的现象。

时期工业化制度组织的逆生产率和消费结构的逆城市化现象，是资本深化能力和消费能力协同演化机制受阻的表现，结果将是转型过渡时期工业化规模效率模式向静态的租金抽取模式的退化。政府干预所导致的经济组织分割，存在路径依赖。尤其是存在垄断利益的情况下，不均衡的资本资源分配很容易被低效率增长路径锁定。就中国现阶段的转型困难而言，国际垄断资本力量的进入会进一步加剧效率扭曲，精英集团和全社会利益冲突日益集中在内部劳动力市场与外围劳动力市场的分割和向上的流动缺乏上。在因为消费结构升级缓慢而导致高层次人力资本比重低下和经济内生动力无法建立的条件下，受市场竞争机制作用的外围劳动力将变为租金抽取的源泉，遏制城市化的可持续性。拉美国家长期的增长徘徊——尤其是步入城市化阶段之后，“制度硬化症”所导致的经济分割最终失去内生动力的事实，为发展中国家的增长非连续提供了佐证。

四　全有抑或全无：创新系统转型与制度组织变革

从工业化制度安排在转型时期负反馈的发生以及它仅仅作为发展阶段促进装置来看，城市化阶段的效率模式重塑，所强调的是与投融资组织形式、劳动力组织形式以及国家创新组织形式有关的制度变革。这一变革趋势及要点不可能在一篇文章中给出分析，为契合本书主旨，我们只研究工业化规模效率模式结束后，为了避免静态的租金抽取困境发生，理论和政策应该着重探索的与创新组织有关的一些问题。

就像传统发展理论强调物质资本积累以突破发展瓶颈那样，城市化接替工业化成为实现中等收入阶段向高收入阶段跨越，同样需要突破关键性临界条件的约束。这种时隐时现于发展理论中的门槛效应，实际上被“全有全无法则”所主导，认识到这一点，就容易理解中等收入陷阱存在的深层次原因。这个为生物学家所推崇的法则的含义是：一些实验对象如肌纤维、神经纤维对于刺激只能产生响应或不响应两种反应，响应的程度并不随刺激的增强或减弱而发生改变，即只有刺激发生在门槛值以上时才引起响应，并且，响应程度依赖于刺激频率而非刺激强度①。把“全有全无法则”应用于转型时期工业化经济组织的硬化症时，这样的理解是合乎情理的，即由于内部或外部经济环境的变化，原有以大众基本物质品需求满足为指向的标准化、规模化组织形式，已经失去了弹性。一般认为，在转型时期，重塑经济组织弹性至关重要，内生动力的培育和国际竞争力只是经济组织弹性和适应性的结果，这是“全有”的基本经济含义。

（一）负反馈和全无

工业化之后，中等收入水平向发达阶段高收入水平的提升不是自动的。在国际经济一体化的大环境下，任何一个国家的转型都必须面对二选一的选择：要么立足于国内自身城市化的创新潜力，削弱全球化的负面影响，参与分享经济一体化的利益，从而做到经济组织弹性适应和内生效率意义上的“全有”；要么以僵化的工业化时期的政府干预和分割体制，尽力维持初级要素驱动增长战略，但最终趋于国际竞争优势上的“全无”——国内稳定增长受到动摇并将自己置于国际资本和创新的冲击之下（拉美国家的例子足可以为“全无”的情景作注解了）。

中国转型时期组织和绩效的负反馈倾向，是资本和初级要素驱动的大规模工业化发展的结果。正如前文所指出的那样，作为工业化经济组织诸多方式的一种，中国根据自己的初始条件，在将剩余劳动力这种潜在储蓄转变为迅速扩大的资本积累和高增长的基础上，实现了贫困陷阱突破并把经济推进到中等收入阶段。但是，城市化对工业化的接替和向发达阶段的进一步演进，不是技术意义上的边际改善问题。在日益开放的条件下，原有模式的边际改善正在遭遇全球化力量的阻力：一是，中国国内成本的上升要求制造业自身具有效率持续改进的能力，不然将会面临消失和“空心化”的风险；二是，劳动力成本更低的新兴工业化国家，正在侵蚀中国在国际分工上的低端产业链条，这两方面意味着以往低成本工业化模式的终结。再者，金融主导的全球化和跨国公司的技

---

① 卡拉特（2015）用了半页的篇幅给出了“全或无法则”（all - or - none law）的解释。对这个法则的比方是：想象一下冲马桶的情景，你必须用一定强度的力（门槛值）按压马桶，但是，用更大的力按压也不能让马桶冲得更快、更有力。

术力量，对中国参与国际经济一体化提出了更高要求，经济组织的弹性和适应性（以实现竞争优势）成为关键。

在中国传统结构主义下使用力度强大的刺激政策，并没有导致可持续的效率改进这种“全有”现象的发生，相反，强度不断增加的刺激反而导致了制造业资本效率下降和资本向房地产市场的转移，原有模式下的资本再配置进一步侵削了消费结构升级的潜力，把经济一步步压向“全无”的静态租金抽取路径。

（二）城市化阶段的制度组织弹性和正反馈

从经济绩效持续改进的角度来看，在应对开放和经济全球化的竞争面前，大国一方面应该提升制造业能力以尽力维持自己的技术创新基础（以避免被国际资本分而治之），另一方面全球化也赋予了城市化新的内涵，即通过服务业发展和消费结构升级实现经济收益的内部化，并因此尽力构造国内人力资本积累基础，这是创新外溢性的必要条件。“高劳动生产率、高资本深化能力和高消费能力”效率稳定三角的达成与否，成为制度组织是否具备弹性的衡量标准。大国效率模式重塑的典型例子是日本。直到 20 世纪 90 年代经济泡沫发生后，日本才真正开始了国内经济组织面对外部冲击是否具备弹性和适应性的反思，时至今日，政治博弈和理论探索的直接指向，均是在政府协调和市场协调上寻求一种适合于城市化和国际化的平衡。从二十多年的改革效果——尤其是受保护的“内部依赖部门”［如服务业、农业等（Ozawa，2007）］放松管制、创新系统（国家—大学—企业）改革——来看，日本的成效是很明显的。

收益内部化作为衡量制度组织弹性和适应性的指标，在经济结构服务化过程中更为重要。就中国现实而言，传统结构主义隐含了这样的假设，即工业化组织重心在于物质技术基础的建立和完善，政府干预相应集中于促进生产供给和发展，这个阶段，内部化主要表现为大众基本物质需求的普遍满足。但是，这种内部化是建立在廉价劳动力市场分割基础上的短期收益，将会随着剩余劳动力供给拐点的出现而受到约束。城市化经济组织的重心，在于社会基础的建立和完善：内部化主要表现为人力资本积累和人力资本结构的升级，政府干预的重心集中于弱势群体保护、缓解不安全压力和社会福利的提高，内部化与内生动力的发生相互促进。

上文表7－1和表7－2的数据分析揭示，中国大规模工业化临近尾声的转型时期，经济效率改进的困难同时发生在外向部门和内部依赖部门。这里首先给出外向部门的正反馈机制的建立的方向。由于采取了主动的外商直接投资引进战略，中国出口的60%以上由港澳台资和外资承担，这些资本的目的是利用低成本劳动力，尤其是发达国家FDI，部分动机是以便宜生产为基础的再进口。这与发达国家利用外资以促进竞争和创新能力提升的策略完全不同。同时，传统结构主义对资本配置方式的扭曲，也极大地限制了民营企业的发展潜力。在外资不可能为中国提供创新支持（目的是低成本利用）、国有经济创新动力不足以及民营部门创新受到抑制的共同作用下，中国在转型时期面临着比任何新兴工业化国家都要严重的模式重塑困难。因此，打破这一困局唯一可行的路径，就是在资金、研发和人力资源上给予民营企业支持，如果说过剩劳动力曾经是中国工业化的潜在储蓄的话，那么，民营企业效率和活力也将成为城市化阶段有待发掘的潜在储蓄。由此，我们得出加强中国经济组织弹性以突破"制度硬化症"的第一个关键环节。

（三）创新系统组织与"政府—民营部门—教育部门"的协同

正如理论所普遍认同的那样，全球化既作为一种资本和技术力量也作为一种外部制度和规则存在。在这种逻辑下，民营部门的潜力正在于它越来越成为联系国际化和城市化的富有弹性的组织。同时，随着资本技术、资本与知识过程一体化趋势的增强，经济组织的弹性和适应性也是创新和消费多样化趋势的根本。由此，我们纳入突破制度僵化门槛的第二个关键环节：创新系统组织，核心环节是政府—民营部门—教育部门三方协作。

教育这种内部依赖部门的特殊性在于，它承担了人力资本积累和知识过程循环的关键职能，是城市化时期内部化动力的源泉。分为两个层次：（1）与人力资本梯度跃迁直接相关的高等教育（包括熟练技术教育培训）的发展，这是大规模工业化结束及相应基本物质品需求满足之后，居民需求结构发生向科教文卫体消费的升级的结果，我们前期研究中所谓消费的效率补偿效应，即是指这种趋势。因此，城市化时期存在物质资本积累与人力资本积累的再平衡，也就是说存在以知识为基础的创新内生机制对物质资本驱动的增长方式的替换。（2）以人力资本积累为依托的知识生产和分配，是一个重新发现规模报酬机会的过程。围绕生活质量（健康、环境）建立起来的高效率服务业的分工发展，既是教育部门功能升级的结果，反过来也会促进与消费高级化有关的技术创新，这是效率稳定三角的动态体现。

城市化阶段教育部门在经济内部化过程中作用的发挥[①]，同样需要增强其制度安排的组织弹性，这种弹性主要体现在其与政府和企业的协调之中。原因是：中国国家创新系统有两个短板需要补充：一是企业生产过程中自主的增量创新能力，由于原有工业化模式的要素密集路径依赖，加之外资利用中国低成本劳动力的“分而治之”的做法，极大地抑制了中国企业自主创新能力。二是面对全球化技术知识竞争，中国的基础性科学研究的创新能力也正在面临挑战，这个领域中发达国家的普遍做法是：在国内，构建大学—政府—企业协作平台；在国际上，以企业自身技术实力为依托，形成科技研发联盟。因此，只有经济组织的弹性，才可能接近“全有”。

五　结论

中国的低成本工业化扩张路径，由过剩劳动力这个初始条件所决定，并一步步被要素驱动的增长方式锁定。在中等收入水平向高收入水平的转型时期，这种以分割为特征的经济组织与服务业发展和创新要求存在冲突，大转型的基本含义就是制度弹性的塑造。有三点值得重视：第一，中国大转型发生在城市化接替工业化成为主导动力以及国际经济一体化的历史背景之下，政府干预所导致的效率扭曲和外围劳动力市场的脆弱性，需要通过城市化进行解决。初级要素使用的工业化战略的长期推行，造成了国内技术的对外过度依赖，全球化背景下跨国公司的进入，也可能进一步削弱中国自身的技术基础，即使在发达国家，这也是

---

① 即内部化经济收益，储蓄和投资向人力资本提升倾斜。

引起极大关注的议题。第二，国际工业化成败经验显示，工业化向城市化的大转型本质上是一个“全有全无”的问题，无论是国内生产消费矛盾的解决还是国际市场竞争力的提升，都需要经济组织弹性的增强，不纾解工业化组织的硬化症，面对转型时期的困难将无所适从。第三，这是我们一贯强调的，应对国内外各种问题和困难的根本立足点，还在于中国自身经济绩效的持续改进，依托城市化实现人力资本积累和增长的内部化，特别应该重视知识过程的建立。

第八章 突破经济增长减速的新要素供给理论

通过知识部门的引入，本章在结构上重新定义了生产函数，以此为基础对中国经济转型的新要素供给作用给出了分析，主要结论是：第一，为了突破结构性减速的阻碍、实现可持续增长，以知识部门为代表的新要素供给，成为能否跨越发展阶段的主导力量；第二，因应城市居民收入提高之后发生的需求升级要求，知识部门围绕科教文卫体等提升“广义人力资本”消费支出的现代服务业建立起来，知识部门的生产消费过程，也是人力资本提升和创新内生化的过程；第三，知识部门自身不仅具有内生性，而且以其外溢性促进传统工业、服务业部门的发展，有利于促进结构升级，以此打通消费和生产一体化，在不断扩大消费需求的同时推进未来中国创新增长；第四，在物质资本驱动增长动力减弱的困境下，重视消费对广义人力资本的贡献作用，促进消费、生产结构互动升级，是实现发展突破的关键。

一 引言

立足于发达经济体和追赶经济体增长经验的观察，本章对中国结构性减速时期可持续增长的新要素、新动力及其机制进行了探索，集中体现在对知识部门发生、成长及其主导作用的分析上。

知识部门的引入，是基于以下事实：发达经济体的有益经验和追赶经济体的阶段跨越均显示，长期增长过程蕴含了两个并行路径，即生产模式的两步跨越和消费模式的两步跨越，且每步跨越都是经济模式的重新塑造和效率增进方式的再调整：（1）生产模式的两步跨越：以标准化、物质资本和通用技术为核心的规模化供给的产生，这是第一步跨越，作用是摆脱贫困陷阱；第二步跨越是通过知识、技术创造型平台的建设，突破发展的“停滞”陷阱。（2）消费模式的两步跨越：第一步跨越是经由通用技术生产模式的供给，满足基本物质品和服务品的消费需求；第二步跨越是通过广义人力资本积累，带动以消费为主导的增长路径的生成。在实现第二步跨越时，生产模式与消费模式因为都强调知识过程的重要性，两者一体化的趋势越来越清晰。这个阶段，通过广义人力资本的积累，知识部门和知识过程逐渐生成，并且，独立的知识部门以其外溢性，提升通用技术水平、过滤掉低层次产业结构，促进整体经济结构的优化升级，经济内生过程由此建立。这种知识过程，直接与“新卡尔多事实”相对应，新要素，包括知识、教育、信息、创意、制度、范围等，成为报酬递增的有力支撑。

立足于知识部门这个核心概念，本章在结构上重新定义了两部门生产函数，即由通用技术部门和知识生产部门构成的生产模型。知识生产部门被称作为了有效利用广义人力资本而独立存在的部门，这个部门以其内生性、外溢性、主导性，替代通用技术部门成为城市化阶段的创新动力源。通过新函数的定义，本章重新审视了消费在中等收入陷阱突破过程中的地位，认为消费结构或消费模式中归属于广义人力资本的那部分项目，是促成知识部门主导作用的核心成分。

促使我们进行上述思考的原因是，由于受到前期大规模工业化惯性及认识滞后的影响，在经济转型的关键时期，中国经济增长路径依然囿于物质资本主导之中，在向更高级的生产、消费模式升级过程中，也因此遇到不可持续的问题。为此，需要纳入新认识，包括：（1）必须有新的知识要素供给和市场制度激励，以便突破传统生产过程的结构性减速；（2）新的消费需求满足，需要建立在知识生产与知识消费一体化的基础上，消费中的广义人力资本是破除消费投资障碍的核心；（3）长期增长过程中存在生产模式升级与消费模式升级的协同性。由之，本章认为，制度变革和知识部门是中国突破中等收入陷阱和实现可持续增长的两个核心保障。

二　增长过程的经济减速与突破

（一）增长过程的经济减速与突破的文献综述

立足于增长核算框架，中国经济增长前沿课题组（2012、2013、2014）提出并系统论证了增长过程中的“结构性减速”问题，以此为基础对中国经济增长进行了持续追踪。课题组最新的计算结果表明，中国“结构性减速”挑战依然严峻：（1）“十三五”期间劳动力要素供给将出现拐点，且随着城市化率的提升，资本要素供给的增长速度也将下降到个位数。（2）产业结构的非效率变动问题突出。随着产业结构的现代化（工业、服务业等现代部门的增加值按可比价计算约占 GDP 的 93%），劳动力从农村部门向现代部门转移的结构性配置效率下降；同时，由于第三产业劳动生产率低于第二产业，导致服务业规模扩张过程中的劳动、资本非效率配置问题突出，并引致整体劳动生产率改进速度下降。（3）全要素生产率对经济增长的贡献，从高峰期近 30% 的水平，下降到目前 17% 的水平。增长中技术进步作用的下降，一方面来自制度改革滞后的抑制，另一方面来自“干中学”效应的缩小。（4）随着“刘易斯拐点”的到来，分配要素开始向劳动者倾斜，劳动产出弹性上升到 0.5，进一步强化了减速趋势。（5）随着居民收入提高，消费结构中衣食住行等物质性消费支出比重和一般性服务消费支出比重下降，而有益于居民文化素质和生活质量提高的科教文卫体、杂项等消费比重上升很快。这种事实可以可归纳为，那些带有传统生产和服务特征的“通用技术部门”的收入消费弹性一般小于 1%，其消费支出比重不断下降；相对而言，那些有关人的素质提高的“知识部门”的生产服务消费需求弹性一般大于 1%，消费比重不断提高，这也引致了工业化物质生产经济向知识经济的转变。

有关“经济减速”的命题，很多文献从 TFP、人口红利、资源错配效率下降等角度分析。从克鲁格曼到艾肯格林再到“中等收入陷阱”的提出等，均认为 TFP 和劳动生产率是经济持续发展的核心动力；人口红利方面的文献，对比较优势结束后人口数量红利如何向人口质量红利转化进行了分析（如蔡昉，2015）；资源配置效率下降与制度变革滞后之于发展的障碍，参见刘世锦等（2015）、Brandt 等（2013）、World Bank（2012），等等。

有关经济减速的“均值回归”的国际经验比较，近年来也出现大量文献，提出了一系列有意思的命题：（1）减速点的判断，加速、减速过渡阶段的前后七年，如果增长减少 2%，则称之为减速点；（2）前沿差距与收敛时间，即后发国家与发达经济体的差距决定了经济增长回归均值的“时间”；（3）大国赶超与回归均值的互动性原则，因为大国的赶超会引起全球再平衡，因此不能用小国崛起的数据直接比较，而要有互动性原则；（4）阶段性停滞假说，经济增长达到了一定阶段，必然会引起阶段性停滞，包括“贫困陷阱”“中等收入陷阱”和发达国家长期停滞的“高收入陷阱”理论。这些实证比较由于样本点的选择不同，结论差距比较大，用在中国的分析上会出现预测结论的不确定（Eichengreen, et al.，2013；Im & Rosenblatt，2013；蔡昉，2013；Pritchett & Summers，2014）。

“卡尔多事实”包含的内生性，本质上已经将经济增长趋势隐含到“均值回归”模型中。实际上，按照增长核算框架计算也是如此。任何投入的资本和劳动力都具有边际收益递减，逐步收敛在一个均衡的轨道中，因此经济发展到任何阶段都会遇到所谓“停滞”的问题。面对这种困境，唯有技术进步被假设为内生的，即通过技术革命和创新突破当前的均衡状态，否则每个发展阶段都会遇到发展减速的威胁，不断创新才是突破陷阱的根本。无论要素核算中的“结构性减速”分析，还是国际比较的“均值回归”分析，还是 TFP 与制度分析，这些研究都是在寻求减速阶段的突破口，都指出只有创新发展才能克服“陷阱”的束缚。

然而，TFP 又是一个黑箱，如何真实构造突破增长约束的新增长事实，以及如何实现统计、理论和政策上的可能性，成为当前最为重要的研究领域。当前形成了很多的探索方向（Romer，1990；Grossman & Helpman，1991；Aghion & Howitt，1992），包括：（1）新事实的构建，如“新卡尔多事实”的提出，已经在探索所谓“新要素”，即那些能导致规模收益递增的要素——如知识、教育、信息、创意、制度、范围等，这些要素的引入能否抵消传统要素规模收益递减的问题，是突破增长减速的关键。(2）技术创新路径，大多围绕人力资本和熊彼特技术创新过程的内生增长框架探索，强调横向和纵向技术创新的作用。(3）资源错配与制度性改进，希望引进缓解资源错配的制度因素，提出了制度改进促进技术进步贡献的路径。(4）统计方面的进展，与知识生产相联系的新的统计体系也开始跟进（许宪春，2004)，2008 年世界银行推出了新一版的 GDP 核算的 SNA 体系，引入了最为重要的“法定所有产权”与“经济所有者”概念；把知识产权产品列入 GDP 中——包括研发、矿产勘探评估、计算机软件和数据库、文学和艺术品原件及其他；大量的归属于人们精神生活的享受型产品，也从消费项目列入供给项目，因此也明确了知识消费与生产的一体化过程，在经济转型的考核标准的建立上取得了突破；引入了“雇员股票期权”，将期权账号与劳动报酬体系相关联，把原来的资产收益转变成人力资本收入，突出了人的因素的重要性。当然，整个统计体系的改革是复杂的，但是，改革核心是重新定义知识生产，这一点是非常明确的。

上述理论趋势的启示是：对中国而言，现实与理论都需要在三方面进行突破性分析：(1）理论分析中应注重引入新要素供给；(2）模型体系中应注重引入知识生产部门，这个部门将驱动中国从传统的通用技术生产模式转型为创新驱动生产模式；(3）资源错配与体制改革，由于大规模工业化后期资源配置效率下降，而传统赶超体制又极大地压抑了创新活动，导致资源错配严重，顺应新增长要求，在制度安排和制度激励上重新设计，才能实现阶段性发展的突破。

（二）中国经济的规模供给效率递减与资源错配

中国经济工业化加速追赶时期面临着三个有利条件：国内外广阔的物质产品需求市场、过剩的劳动力以及比较容易获得的资本（前期是港澳台投资，后期是外资）。生产者所做的事情，就是选择利用外部大量生产技术存量，以吸收廉价劳动力——先是劳动密集型轻工业的大力发展，后是资本驱动的重化工业的强力推进，用三十多年的时间，走完了规模经济的工业化道路，直至达到国内外物质品市场需求所能容纳的技术—生产边界。

由于是以切割国际分工低端产业链的方式进行的工业化，在劳动密集工业品的生产方面，国内生产者很少遇到消费和技术的市场约束，生产者的行为主要表现为低成本的技术选择而非高成本的创新，因为外部现有的技术知识足够满足生产需要。可选择使用的技术，主要是通用性技术，这种知识大多以显性的编码知识存在，附着于机器设备、生产工艺等产业传递环节之中，且具有竞争均衡的特征。这种知识不同于发达国家内部的垄断性新增知识流，此外，由于服务业的可贸易性相对较低，大量隐性知识也不可能被后发国家获得。

生产者技术选择的行为，决定了整体生产模式规模效率递减的特性：（1）资本效率的持续递减不可避免。通用技术的标准化和竞争性特征与规模经济是相辅相成的，在后发国家中，主要表现为压低要素成本；尤其是劳动力工资获得利润空间，其后果有两个：一是为了获得较多利润，需要更多的资本投资，结果引致资本收益递减；二是由于通用技术导向竞争均衡，为了保持利润必须长期压制工资。因此，一旦遇到劳动力成本显著上升的趋势，现有技术选择下的生产模式势必崩溃。（2）外生的干中学效应下降且与资本效率递减相互叠加，进一步压缩增长空间。通用技术的标准化、规模化意味着资本驱动的生产（不论是轻工业还是重化工业）基本特征是老板兑资金、兑机器，劳动者兑自己的劳动力，劳动者只需要习得必要的操作规程即可。干中学过程实际上是半熟练劳动力的培训，因为技术含量高的知识过程，已经隐含在设备和工艺中了。规模经济可以提高干中学效应，但是规模经济衰减时，干中学也会跟着衰减，至少中国现阶段已经出现了上述苗头。结构性减速的发生，很容易打破生产者的高增长幻觉，即高增长伴着高效率，一旦认识到规模经济下高效率的外生性，并进一步认识到通用技术使用对国内知识过程的替代的长期危害，那么，就需要对转型时期的新动力给予思考。

后发国家与发达国家的差异还表现在消费模式的差异上，这种差异源于生产模式对消费的反作用，因此如何认识消费在理论中的地位，成为结构性减速阶段的重要问题。不同增长阶段消费的经济含义和经济功能不同，发达经济与不发达经济中，消费不是一个同质的数量或规模的概念，同一国家不同增长阶段的消费动机也不一样。从经济事实的比较看，发达经济阶段消费表现出知识创造的特征，不发达经济阶段消费更多表现出劳动力再生产的特征。前一种情景是本章理论模型的重点分析所在。

现阶段关于中国消费需求不足问题的讨论（如方福前，2009；徐朝阳，2014），本质上是模式选择问题，根源于大规模工业化时期“规模化供给”生产方式的生成，及相应增长理论对消费的态度。前文述及，在劳动密集型生产技术的选择和生产规模扩张过程中，存在隐含的外部知识和创新过程对国内知识过程的替代，这种替代不仅表现在生产过程中，更重要的是体现在消费过程基本不存在知识创造动力这一点上——具体表现为，由于大众消费模式基本上处于生产模式的主导之下，消费功能集中于为现有生产模式所需要的低素质、低成本劳动力再生产服务，消费者只是被动吸收物质产品生产。但是，受消费弹性和效用最大化的制约，消费者物质产品（包括传统工业品和传统服务品）的需求规模存在边界，最终反作用于现有生产模式，加剧经济减速趋势。

这种减速循环的进一步分析如下。从生产和消费关联角度看，工业化大生产主导的经济增长本身也蕴含着减速趋势。传统农业社会转型为工业社会的动力，来源于通用技术的大规模使用，目的主要是物质需求的满足；但是，如果要实现工业社会向后工业社会的持续跃迁，单纯依赖资本驱动就行不通了，因为城市化时代物质需求满足之后，消费者选择的主导作用将会凸显，主要是体现在居于消费模式高端的消费项——如科教文卫体、杂项等——需求弹性变大、比重上升，这些需求直接构成了广义人力资本，并与经济内生动力直接关联。规模化供给的经济模式对内生性动力的抑制，表现为通用技术对研发、新知识流创造等知识过程的替代，在消费从属于规模生产的状态下，消费模式中的广义人力资本价值得不到体现，被迫转化为过度储蓄——或者被再投资于效率递减的通用技术，或者投入到泡沫性资产中，或者闲置起来。

（三）中国的突破

结构性减速困境的突破点，不能在现有生产、消费结构中寻求，需要知识生产部门这种新的增长力量的培育。

三　通用技术与知识生产的两部门模型

第二部分的分析，为把握经济追赶过程的一些关键环节提供了基础。这些环节包括：（1）大规模工业化最终要受到消费需求的制约而减速，各类物质商品的数量消费存在饱和点，相应效用水平总有达到最大的时候；（2）物质商品（包括传统服务品）的消费对于知识商品消费的较高替代，只是发生在经济发展水平较低阶段，当物质商品消费效用达到最大化，其对知识、精神商品的替代性越来越小，物质商品消费成为知识、精神商品的互补品；（3）知识、精神商品的消费被看作与物质商品同等重要，必不可少；（4）消费的性质发生了变化，很大一部分消费行为本身变为人力资本积累和知识过程，生产过程与消费过程合为一体；（5）在服务经济阶段，经济增长由知识生产部门主导，而不是过去高增长时期由物质部门主导。知识生产部门与传统物质生产部门和传统服务部门并列存在，前者自身创造价值并以其外部性促进传统部门优化升级。消费结构从此一分为二：一部分消费倾向于物质和传统服务业，是为了劳动力（L）再生产，典型如衣食住行等；一部分是直接参与知识过程形成并创造出价值，典型如科教文卫体等消费。我们需要建立新的思维框架，重新思考经济进入城市化、服务化时代的时候，如何应对要素回报率下降所导致的结构性减速，以及供给结构无法满足需求结构升级的问题。为此，需要考虑知识过程接替物质资本驱动主导增长的路径选择。

（一）在结构上定义生产函数

基于发达国家增长经验和成功追赶国家工业化向城市化演替的典型化事实，可以发现，至少在重化工业化向深加工度化持续推进的结构优化升级时期，就有一个独立的知识生产部门快速发展。在这个过程中，农业、工业产出份额越来越小但是效率越来越高，知识生产部门产出份额越来越大的同时保持了高生产率和对实体经济的正向外溢性，经济整体越来越依赖知识部门的增长导向。结果是，大众消费的发达城市化阶段，消费需求主导了供给，生产与消费一体化过程成为经济活动背景，因此完全不同于大规模工业化时期供给主导消费、消费从属于生产过程的景象。为了解释这种现象，需要一种基于消费模式、生产模式变化及其相互联系的新的生产函数，我们在这里暂且称之为定义在结构上的生产函数，即除了具备传统生产函数的要素、技术特征外，新的生产函数更多是考虑到了要素变化于其中的生产结构或生产模式，并且与消费结构关系密切。对于这种在结构上定义的生产函数的特征及内涵，有如下逻辑表述，如图 8－1 所示：

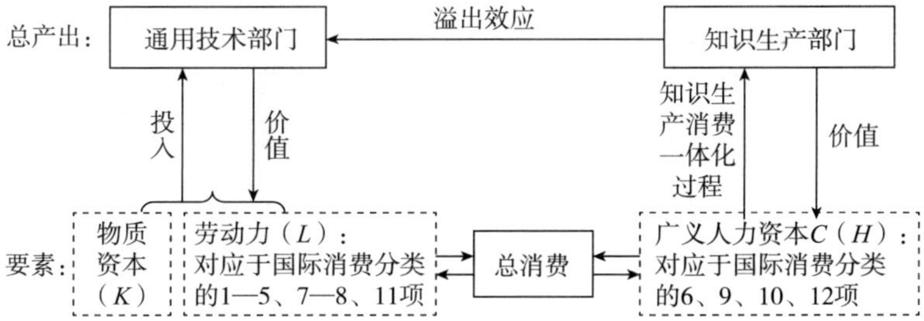

图 8－1　定义在结构上的生产函数

注：消费的国际分类：1. 食品饮料；2. 酒精、烟草、麻醉品；3. 服装、鞋类；4. 住房、水电、燃料；5. 家具及住房维护；6. 健康；7. 交通；8. 通信；9. 文化娱乐；10. 教育；11. 餐饮住宿；12. 杂项。

资料来源：UNDATA。

1. 生产部门和要素的几个定义

定义 1：通用技术部门。我们把从工业化阶段向城市化阶段过渡时期日渐缩小但是更有效率的传统物质产品生产部门和传统服务业部门，定义为“通用技术部门”，包括第一产业部门、第二产业部门以及传统服务业部门，特征是物质商品（包括传统服务品）的消费弹性越来越低，需求逐步趋向于饱和状态。

定义 2：知识生产部门。我们把从工业化阶段向城市化阶段过渡时期日渐扩大并最终主导城市化发展的科教文卫体等部门，定义为“知识生产部门”。知识生产部门有两个基本特征：第一，知识生产部门自身的创新活动，外溢到“通用技术部门”并提高其技术进步水平，完成基于中间品生产到最终产品生产的横向和纵向技术进步过程，即熊彼特技术进步过程；第二，知识生产部门直接满足知识消费需求，随着收入的提高，人们精神消费、品质体验性消费等比重不断上升，其消费收入弹性大于1，这些消费需求抽象出来体现为“知识消费”，即消费者消费的是凝聚在服务和商品中的知识质量，而不是商品本身，如消费者购买手机，消费的是手机的服务功能而非手机这个形体。基于这种认识，目前我国服务业部门12个一级分类中，属于知识部门的有地质勘察业、水利管理业，金融保险业，卫生、体育和社会福利业，教育、文化艺术及广播电影电视业，科学研究和综合技术服务业①。

定义3：知识消费与知识生产一体化。知识生产的均衡约束条件是知识生产与知识消费一体化，通过互动生产与共同分享完成，互联网是知识生产与知识消费的互动生产与匹配媒介，并不一定按现有的生产与消费分离方式来供给与消费，而且其更多地采用分享模式（互相交换）来实现。

定义4：广义人力资本 C（H）。我们依据知识生产过程重新定义劳动生产要素，根据不同消费者在消费结构中所处的位置或消费档次，把消费者抽象为极端的两类：第一类作为劳动力（L）存在，活在衣食住行的再生产世界里；第二类在完成第一类基础上进行人的素质提升的消费，即作为广义人力资本的消费 C（H）存在，活在教育、文化娱乐、体育、情趣等知识或精神的再生产世界里。显然，在现实世界中，每个消费者都是作为劳动力（L）存在和作为广义人力资本 C（H）存在的集合体，因此，我们的合理抽象进一步假设为：如果消费者消费结构中第一类占较大比重，那么他属于劳动力（L）那一类，作为通用技术部门的要素投入存在，与物质资本（K）在生产过程中相联结。相应地，如果消费者消费结构中第二类占较大比重，那么他属于广义人力资本 C（H）那一类，生活在同样能够创造价值的知识和精神

---

① 这里，我们征引许宪春（2004）对服务业分类的分析：1994年以后，根据国家技术监督局颁布的《国民经济行业分类和代码》和我国资料来源的实际情况，国家统计局对服务业生产核算的分类进行了调整。调整后的产业部门包括12个一级分类和18个二级分类。这12个一级分类是：1. 农林牧渔服务业；2. 地质勘察业、水利管理业；3. 交通运输、仓储及邮电通信业；4. 批发和零售贸易、餐饮业；5. 金融保险业；6. 房地产业；7. 社会服务业；8. 卫生、体育和社会福利业；9. 教育、文化艺术及广播电影电视业；10. 科学研究和综合技术服务业；11. 国家机关、政党机关和社会团体；12. 其他行业。目前仍采用这一分类。

世界里。

我们把消费的国际分类6—12项中的四项，即6. 健康，9. 文化娱乐，10. 教育，12. 杂项，定义为广义人力资本 C（H），余下的消费项定义为劳动力（L）或劳动力再生产，即：1. 食品饮料，2. 酒精、烟草、麻醉品，3. 服装、鞋类，4. 住房、水电、燃料，5. 家具及住房维护，7. 交通，8. 通信，11. 餐饮住宿。

2. 知识生产部门在新生产函数中的地位

知识生产部门是为了有效开发利用广义人力资本 C（H）的部门，这个部门以其内生性、外溢性、主导性替代通用技术部门成为增长的动力源泉。类似于突破传统农业社会贫困陷阱需要物质资本大推动——形成了工业化主导之下的经济增长，为了突破中等收入陷阱和结构性减速困境，城市化时代的经济增长同样需要一个龙头部门带动，鉴于城市化阶段大众消费主导增长的特征，这个龙头部门必然与大众消费模式最有活力的部门——广义人力资本 C（H）——密切相关。易于观察的是，广义人力资本 C（H）的相互作用形成知识过程，具体表现为知识生产与消费的一体化，这个过程自身蕴含了价值创造螺旋，且具有知识外溢性。

举例：从通用技术部门看，随着收入增加，该部门消费支出比重同食品支出比重一样不断下降，而真正消费比重不断提高的是广义人力资本消费比重，广义人力资本消费本质上有现代服务业的供给过程，更一般化的理解就是知识生产与消费一体化的过程。如，写作现在被定义为知识生产，我看你写的书，是消费过程，而且看你的书同时提高了我的人力资本，我也因此互动写了本书，你消费了，等等。尤其是在互联网时代，生产者与消费者更趋向于一体化，模糊了工业化时期的分割。

（二）新生产函数的性质

1. 知识部门自身的增值和扩张

基于上述定义，我们给出知识部门自身价值创造的内生机制，即广义人力资本 C（H）越多，作为抽象个体的 C（H）之间的互动联系越大，知识部门扩张的动力就越大。与物质商品（包括传统服务品）的消费性质不同，广义人力资本 $C(H)$ 消费不是“消费掉”，而是体现为知识创造，因为人力资本 $C(H)$ 消费不是排他性的物品消费，而是互动性的“人对人”的消费“增进”（共享而非排他），通过交流互换和增进各自知识。消费的本身即生产就是从这个意义上来说的。

因此，当广义人力资本 $C(H)$ 之间的这种互动存在时，由于消费过程中生产性的存在，相应的知识部门的产出已经不再是 $C(H)$ 的简单加总，而是大于 $C(H)$ 的增值。引申的含义是：虑及经济社会中存在动态的消费结构的变动，当消费模式越来越趋向于知识、精神这种较高层次时，知识部门扩张的动力就越大，其增值潜力也就越大。对于消费者的创造性动机，Korkotsides（2009）等文献认为消费者也像生产者那样，其行为的创造性源自寻求跻身于较高消费等级以获得消费利益的愿望，就像生产者在逐利本能驱使下追逐利益一样。

2. 知识部门对于通用部门的溢出效应和过滤作用

首先，假定不存在知识部门的外溢效应，那么，通用技术部门主要使用物质资本（K）和劳动力（L）生产，具有传统的 $Y=AF(K, L)$ 生产函数特征，A 为干中学效应。从消费与生产的关系看，消费者对物质产品（包括传统服务品）的消费具有饱和性，资本边际效率递减和生产规模刚性约束不可避免。这是传统资本驱动增长的特征，为了保持增长不得不持续增加物质资本（K），压缩消费数量（C），并导致结构性的增长失衡［消费数量（C）越被压低，广义人力资本 $C(H)$ 的产生越不可能，消费模式就越来越陷入低层次之中］。

知识部门的外溢效应，典型如创新动力的注入，在抵消资本效率递减的负向冲击的同时，不仅有助于提升资本质量，而且有助于增进劳动力（L）的消费和再生产能力，促使更多劳动力（L）转换为广义人力资本 $C(H)$。其结果是，一方面通用技术生产部门结构升级优化，另一方面知识部门因为新的 $C(H)$ 的加入，具有更大的增值潜力。知识部门的外溢效应，在这种意义上来说对生产模式具有“过滤效应”和优化功能，知识过程在提升通用技术结构时，过滤掉了低层次生产环节。

3. 推论

基于上述部门关系及因素动态的分析，我们可以得出以下结论：

（1）必须有新的知识要素供给和市场制度激励，才能突破传统生产过程的结构性减速，条件是，新的知识创新部门自身具有规模收益递增，并通过横向联系和纵向促进通用技术部门技术进步。

（2）新的消费需求满足，需要知识生产与知识消费一体化过程，消费中的广义人力资本是破除消费投资障碍的核心。

（3）长期增长过程中存在生产模式升级与消费模式升级的协同性。

（三）雁阵增长模式呈现在新生产函数中的情景

结合以上理论分析，我们从通用技术部门和知识生产部门的动态变化角度，拓展雁阵增长模式，核心是把雁阵增长序贯看作知识过程。

拓展1：国际分工中的雁阵模式。含义是，发达国家知识生产部门和溢出效应扩大的同时，逐步淘汰掉了效率低下的通用技术部门的生产环节，这些低效环节漂移到工业化后发国家并与劳动力（L）结合。由此，在发达和不发达国家之间，国际分工日益呈现这样的差异——发达国家通过知识生产部门的垄断，一方面强化了传统生产方式和有形商品市场竞争力，另一方面层出不穷的知识、精神产品市场也向世界各地拓展。被动适应于发达国家的垄断，后发国家只能在低层次通用技术环节上生存。

拓展2：国内产业升级的雁阵模式。工业化向城市化阶段的转型伴随着生产模式的序贯升级，在大规模工业化阶段，标准化产品生产主要倾向于使用物质资本和劳动力（L）。但是，在重化工业化向深加工度化转换的过程中，知识部门作为独立部门的特征逐渐明朗。

拓展3：以消费结构升级引领生产模式优化。包括两点，首先，与高级化的消费结构相匹配的知识部门的存在，其自身具有价值创造的生产特征，因此，它的出现是打破传统资本驱动的生产方式的重要表征；其次，消费结构升级对物质产品质量的升级也提出了要求，要求生产模式升级。直观来看，在理想的演替条件下，消费模式存在“劳动密集产品消费—耐用消费品消费—知识技术产品消费”的消费升级，生产模式应当与这种要求相一致。消费结构与生产结构对称性的直观案例，可由图8-2的产品组合点（a，b，c）表示。

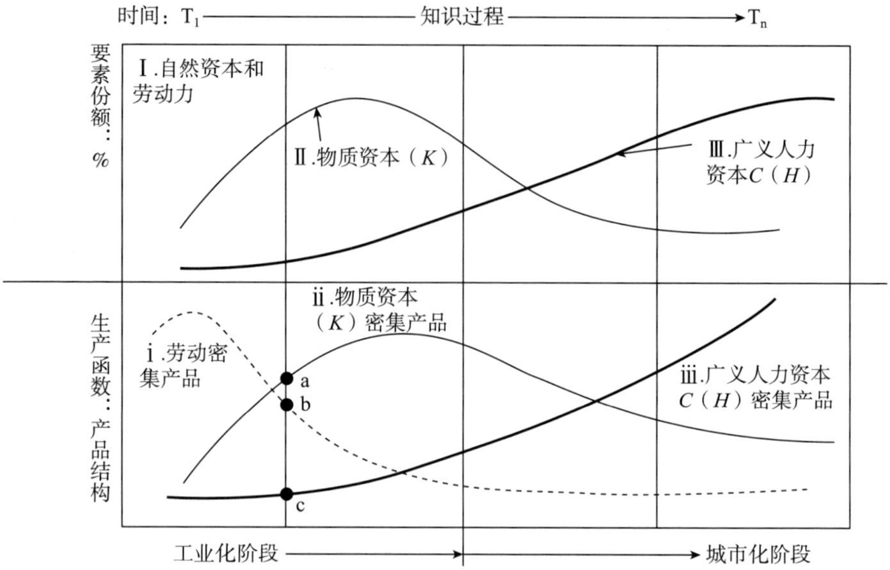

图 8－2　知识过程与雁阵增长序贯

资料来源：中国经济增长前沿课题组（2012、2013）和 Ozawa（2005）。

（四）广义人力资本和知识部门的再解释

1. 消费结构的雁阵模式

在对知识部门的动态给出进一步说明之前，我们首先对知识部门赖以生成的广义人力资本 C（H）的一些变化状况进行简要分析：（1）作为消费模式居于高端的那一部分，广义人力资本较大的份额或其相应的消费倾向①，在发达国家或发达经济阶段总是比不发达经济更加引人注目。归纳起来，如图 8－3 所示，第一种情景是知识部门最发达的美国，20 世纪 90 年代以来广义人力资本比重已经超过衣食住和家居消费比重，表征了消费模式中知识消费的典型跨越；第二种是以韩国为代表的跨越中等收入陷阱的国家，广义人力资本表现出持续的提升；第三种是以墨西哥为代表的陷入中等收入陷阱的拉美国家，可以看出，广义人力资本在消费中的比重处于长期压抑的状态（尽管弹性很大）。（2）图 8－3 直观显示了生产模式雁阵传递和消费模式雁阵传递的协同性。无论从发达

① 为方便起见，图 8－3 中，我们设平均消费倾向约等于消费结构。

经济体与追赶经济体的对比中，还是从各类经济体各自生产、消费模式的演化中，都可以深切感受到知识消费及其“过滤效应”，从可持续增长的意义上说，通过广义人力资本和知识部门的生成，整体经济效率不断得以改进。(3) 作为图 8 -3 及其经济含义的数据补充，图 8 -4 显示了广义人力资本 C (H) 的普遍≥1 的收入弹性。这种情景的经济含义是，发达国家成功地利用了这种性质并使得知识部门的作用有效发挥，中等收入陷阱中的国家却压抑了这种“资源”，就像贫困陷阱中的国家压抑自己的劳动力资源而不知道如何使用那样。(4) 明显的推论是，经济追赶国家中，当消费模式升级趋势出现——典型如，大学教育消费需求扩大但国内又不能提供足够供给时，教育的“海购”或“出国潮”将会出现。

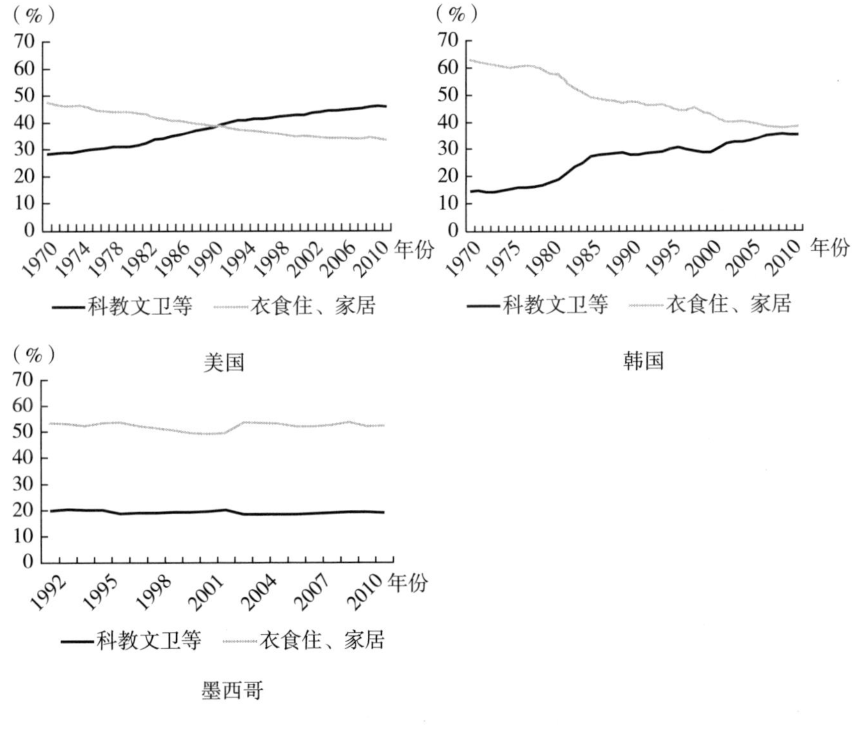

图 8 -3　总消费中广义人力资本 C (H) 的比重

资料来源：UNDATA。

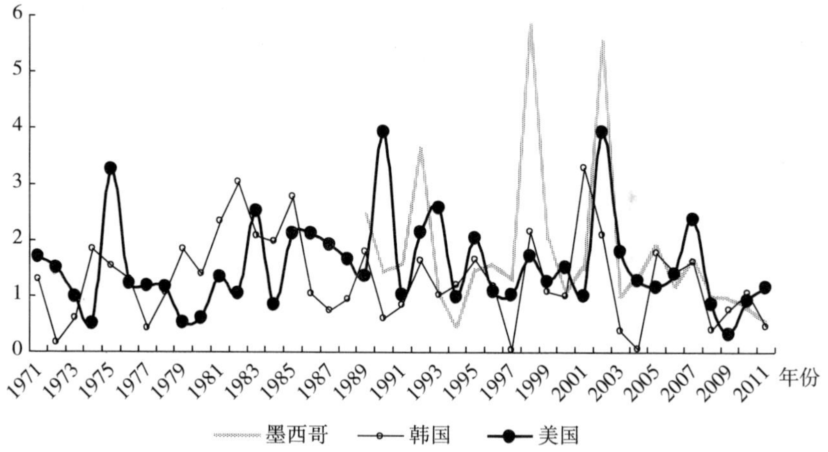

图 8-4　广义人力资本 $C(H)$ 变化的收入弹性（绝对值）

资料来源：UNDATA。

2. 知识部门外部性的模拟

A. 基本模型

类似于 Antonio 和 Robert（1996），本部分模型构建的思路是：在标准的生产函数基础上，纳入其他的生产型函数；关键环节是将知识生产划分为知识产品生产（供给者）和知识最终产品生产（消费者）。知识产品生产函数为：

$$\begin{aligned} y_m &= AH^{\alpha}K^{\beta},\ \alpha+\beta=1 \\ &= A(hL)^{\alpha}K^{\beta} \\ &= Ah^{\alpha}L^{\alpha}K^{\beta} \qquad (8-1) \end{aligned}$$

其中，y_m 为知识产品，其生产函数为规模报酬不变的。H 为知识产品生产部门的总人力资本，$H=hL$，其中，h 和 L 分别为知识产品生产部门的人均人力资本和劳动力；α 和 β 分别为人力资本和物质资本的知识产品的产出弹性系数。

知识产品通过知识产品生产转变为知识最终产品，直接满足消费者消费。如音乐家使用自己的作品举办音乐会，音乐家、乐队和音乐厅等投入举办音乐会形成音乐产品，这就是知识产品的生产；观众在音乐厅享受音乐，这就是知识产品转变为知识最终产品。知识产品具有外溢性，生产函数为：

$$Y = By_m^{\gamma} \tag{8-2}$$

其中，Y 为知识产品的最终产品，即体现为消费者的消费价值，γ 为知识产品生产外溢指数，其值将受到收入分配均等程度及知识产品的消费倾向等因素影响。由式（8－1）和式（8－2）得到：

$$Y = BA^{\gamma}h^{\alpha\gamma}L^{\alpha\gamma}K^{\beta\gamma} \tag{8-3}$$

由式（8－3）可得如下的人均知识产品生产函数：

$$\begin{aligned} Y/L &= BA'h^{\alpha\gamma}L^{\alpha\gamma-1}K^{\beta\gamma} \\ &= BA'h^{\alpha\gamma}K\,\beta\gamma L^{1-\alpha\gamma} \end{aligned} \tag{8-4}$$

为了分析上的方便，我们作出如下的假定：

$$\beta\gamma = 1 - \alpha\gamma \tag{8-5}$$

由式（8－4）和式（8－5）可得到人均资本存量表示的人均知识产品生产函数：

$$y = BA^{\gamma}h^{\alpha\gamma}k^{\beta\gamma} = A_T k^{\beta\gamma} \tag{8-6}$$

其中，$y = Y/L$，$k = K/L$，$A_T = BA^{\gamma}h^{\alpha\gamma}$。式（8－6）为人均资本存量的知识产品总的生产函数，其函数的凹凸性不仅取决于 β，而且取决于 γ。

通用技术部门的生产函数为：

$$Y_G = A_G L^{\alpha} K^{\beta} \tag{8-7}$$

其中，Y_G 为通用技术部门生产的产品，A_G 为通用技术部门生产的产品的技术水平，L 和 K 分别为投入通用技术部门劳动量和资本存量。α 和 β 分别为劳动力和物质资本的通用产品的产出弹性系数①。

由式（8－7）可得到：

$$Y_G = A_G K^{\beta}/L^{\alpha-1} \tag{8-8}$$

其中，$Y_G = Y_G/L$ 为人均通用技术部门产品，若 $\alpha + \beta = 1$，则可得到人均资本存量的人均通用技术部门的生产函数为：

$$y_G = A_G k^{\beta},\ 0 < \beta < 1 \tag{8-9}$$

式（8－9）为人均资本存量的人均通用产品的生产函数，其函数的凹凸性仅取决于 β。

---

① 为分析上的方便，我们设定的人力资本和物质资本知识产品的产出弹性系数与劳动力和物质资本的通用产品的产出弹性系数是一致的，这并不影响我们分析的结论。

B. 知识生产与通用技术生产的动态演变

由式（8－6）可知，知识产品总的生产函数可能是凹的，只要 $\beta\gamma > 1$；知识产品总的生产函数也可能是凸的，只要 $\beta\gamma < 1$；知识产品总的生产函数也可能为直线的，如 $\beta\gamma = 1$。为了分析上的方便，我们仅仅模拟分析 $\beta\gamma = 1$ 和 $\beta\gamma < 1$ 两种情形。

由式（8－6）和式（8－9）可得到如下的边际产出：

$$\partial y/\partial k = \beta A_T k^{\beta\gamma - 1},\ 0 < \beta < 1,\ \gamma > 0 \tag{8－10}$$

$$\partial y_G/\partial k = \beta A_G k^{\beta - 1},\ 0 < \beta < 1 \tag{8－11}$$

知识产品和通用产品这两部门边际产出相等时，由式（8－10）和式（8－11）可得到：

$$\partial y_G/\partial k = \beta A_G k^{\beta - 1} = \partial y/\partial k = \beta A_T k^{\beta\gamma - 1} \tag{8－12}$$

由式（8－12）可得到：

$$k^* = \left(\frac{A_G}{A_T}\right)^{\frac{I}{\beta(\gamma - 1)}} \tag{8－13}$$

结论 1：知识生产部门倒逼通用技术部门不断提供技术进步。

由式（8－13）可知，如 $k < k^*$ 时，通用技术部门的边际产出大于知识产品边际产出，通用技术部门将会维持；如 $k \geqslant k^*$ 时，通用技术部门的边际产出小于知识产品边际产出。如知识生产部门是凹的，此时通用技术部门将可能出现两种情形：一是通用技术部门退出生产，这就是前文所指的知识产品部门过滤掉低层次通用产品产业部门；二是通用技术部门通过技术创新提高通用产品部门的技术水平 A_G，从而通用技术部门在新的技术进步下进行生产，从而达到：

$$\partial y_G/\partial k > \partial y/\partial k \tag{8－14}$$

由图 8－5 可知，知识生产函数为 AK 型的生产函数，通用生产函数 y_{G1} 至通用生产函数 y_{G2} 的技术进步在不断增大。当 $k < k_1^*$ 时，通用生产将沿着通用生产函数 y_{G1} 进行生产，此时，通用产品资本边际产出大于知识产品资本的边际产出；当 $k_1^* < k < k_2^*$ 时，通用生产将沿着通用生产函数 y_{G2} 进行生产，此时，通用产品资本边际产出大于知识产品资本的边际产出；当 $k > k_2^*$ 时，通用生产将沿着通用生产函数 y_{G3} 进行生产，此时，通用产品资本边际产出大于知识产品资本的边际产出。这样就会不断循环，知识生产部门不断倒逼通用技术生产部分进行技术创新，否则，通用技术生产部门将会不断萎缩，从而退出市场。这就是知识生产部门以其外溢性提升通用技术水平、过滤掉低层次产业结构，促进整体经济结构的优化升级。

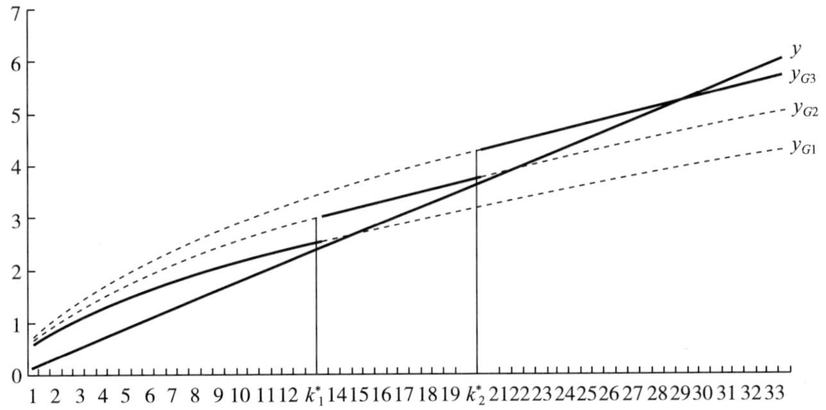

图 8-5　知识生产部门与通用技术部门产出的动态演变（Ⅰ）

注：模拟各参数取值为：$\beta\gamma=1$，$\beta=0.57$，$\gamma=1.75$；图中的横坐标为人均资本存量，纵坐标为知识生产部门和通用技术部门的人均产出量。

结论 2：知识生产部门诱导通用技术部门技术进步萎缩。

如知识生产部门生产函数是凸的，此时通用技术部门将可能出现两种情形：一是通用技术部门按原有的技术进步不断扩大规模进行生产；二是通用技术部门为了获取更多的利润采用更为低级的技术进步扩大生产规模。

由图 8-6 可知，知识生产函数为凸的生产函数，通用生产函数 y_{G1} 至通用生产函数 y_{G2} 的技术进步在不断萎缩。当 $k<k_1^*$ 时，通用生产将沿着通用生产函数 y_{G1} 进行生产，此时，通用产品资本边际产出大于知识产品资本的边际产出；当 $k_1^*<k<k_2^*$ 时，通用生产将沿着通用生产函数 y_{G2} 进行生产，此时，通用产品资本边际产出大于知识产品资本的边际产出；当 $k>k_2^*$ 时，通用生产将沿着通用生产函数 y_{G3} 进行生产，此时，通用产品资本边际产出大于知识产品资本的边际产出。由此可知，在知识生产部门生产函数是凸的情形下，为了获取更多的利润，通用技术部门的技术进步将会不断萎缩。这就出现了知识生产部门诱导通用技术部门技术进步不断萎缩。

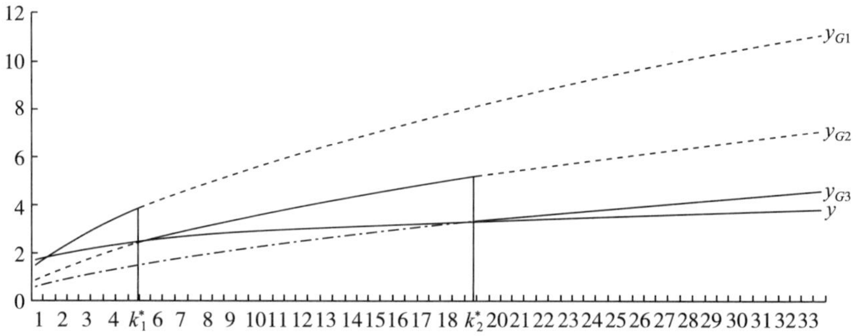

图 8－6　知识生产部门与通用技术部门产出的动态演变（Ⅱ）

注：模拟各参数取值为：$\beta\gamma = 1$，$\beta = 0.57$，$\gamma = 0.4$；图中的横坐标为人均资本存量，纵坐标为知识生产部门和通用技术部门的人均产出量。

四　资源配置制度与新要素供给障碍

我们继续把发展中国经济增长过程中关键性的制度因素纳入分析，拓展第三部分的理论分析并将其运用到更加具体的现实问题。基本认识是，中国经济追赶过程中政府干预的必要介入及退出滞后，不断强化通用技术的使用和扩散，以至于最终导致对资本驱动模式的路径依赖，由此产生消费抑制和人力资本结构升级的压力，迫使经济在转型阶段徘徊于投资扩张—效益递减的怪圈，这种无效率增长削弱了未来发展潜力。为此，需要顺应新阶段的可持续增长要求，把资源有序配置到需求弹性高的知识部门，本质上是要可持续的质量还是要不可持续的速度的问题。

经济发展的典型事实是：有计划的政府行动和规模扩张的选择性融资支持；工业化成本的有效控制——包括低利率、低汇率和低工资水平；政府支持的技能积累和有目的的学习能力培养，等等。由此可以看出，政府行为及与之相关的投资活动，在工业化阶段居于主导地位，且劳动力的使用和技能积累服从于工业化发展需要。换言之，从效率角度看，贯穿资本驱动的生产模式的主线，是政府干预下的规模经济或规模效率的追求。

物质资本边际收益递减之所以被看成一个重要问题，是因为它发生在中国经济从工业化向城市化过渡的关键时期，这个“关键”的经济意义是——原有大规模工业化框架下的激励制度和生产模式，日渐成为创新要求和转型要求的结构性、系统性障碍，如果这个障碍挪不开，将会加剧中国所面临的结构性减速趋势。

（一）资源过度向低效率部门配置，形成通用技术部门对新要素供给的挤出

可以立足于经济部门的横向和纵向关联，细化这种认识[①]。

1. 从纵向的部门或行业梯度看，现阶段，中国工业正处于重化工业化向深加工度化演替的过渡时期，相对于日本和韩国的快速转型而言，中国资本驱动的增长方式历时较长，且工业化的外部技术依赖程度较大，因此纵向结构优化的内生动力先天不足。这种问题的发生，显然与中国工业化过程中的资本配置方式和资源使用方式有关：政府对工业化的超强干预使得大量资源向低效率的国有经济部门配置，资源使用方式表现出强烈的“重视物质资本、轻视人力资本”特点。如图 8－7 所示，近十年来，规模以上国有控股工业企业固定资产比重尽管表现出下降趋势，但仍具有约 50% 的比重，相应投资（或资本支出）比重约为 40%；与其资本规模对比鲜明的是，国有控股工业企业资本效率仅为全部规模以上工业企业平均水平的一半。隐含的经济意义是，大量新增投资被持续注入低效率的国有控股部门，即使这些资本的利用效率达到全行业平均水平，也可促使工业部门整体效率提高约 1/3。进一步地，选择性融资支持的国有控股工业企业，大多集中于重化工业，因此其绩效表现基本代表了中国工业结构升级过程中存在的不佳效率状况。

---

① 经济部门纵向与横向关系及其问题的分析，请参见中国经济增长前沿课题组（2014）。

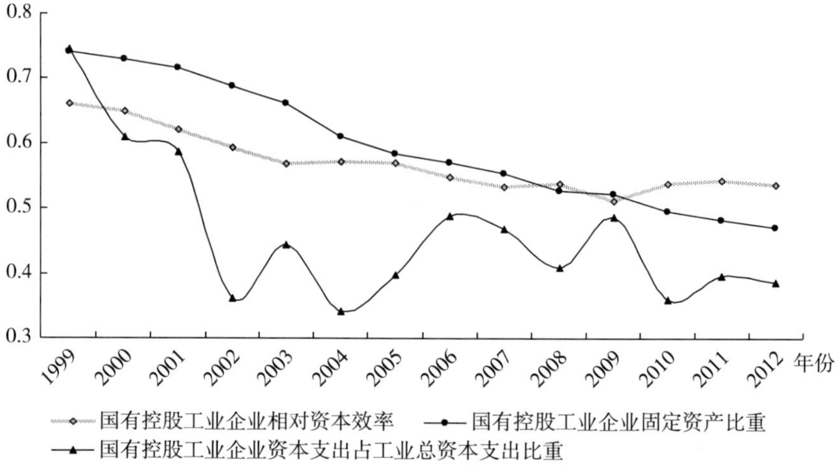

图 8－7　1999—2012 年国有控股工业企业资本及资本效率变化状况

注：国有控股工业企业相对资本效率＝（国有控股工业企业总产值/规模以上工业企业总产值）÷（国有控股工业企业固定资产原值/规模以上工业企业固定资产原值）；国有控股工业企业固定资产比重＝国有控股工业企业固定资产原值/规模以上工业企业固定资产原值；资本支出＝本年固定资产原值－上年固定资产原值。

资料来源：历年《中国工业经济统计年鉴》《中国统计年鉴》《中国经济普查年鉴 2004》。

2. 从横向的部门或行业联系看，作为工业化向城市化过渡的重要现象，现阶段中国全社会固定资产投资的一半以上涌入传统（低效率）服务业部门，尤其是基础设施和房地产投资，承担了投资的主要部分。就中国转型时期的物质资本效率来看，笔者倾向于认为，全社会总体物质资本效益的下降——不论是短期波动还是长期趋势，均与这种发生在过渡时期的投资配置方式有关。我们这种认识隐含的一个假设是，中国服务业部门的投资及规模扩张，如果仍然像大规模工业化阶段那样，只注重物质资本数量的配置，就不能为生产提供足够的效率补偿。再者，受其本身可贸易性的限制，传统服务业部门规模扩张能力有限，规模效率和“干中学”的池子较浅，因此，服务经济主导之下投资增速不可能很快；由之，现有以政府为主导的资本驱动模式，在经济趋向于服务化过程中将面临更大的发展阻碍。

（二）低层次人力资本壅塞，形成对知识过程的挤出

从投资与消费相联系的角度看，消费从属于规模扩张的生产需要，

大致包括两个阶段：第一，低消费、初等人力资本充斥的工业化初期阶段。这个阶段对物质资本积累的强调无可厚非，它不是基于理论假设而是基于经济现实，投资的目的是开发人口红利，并通过“干中学”过程培育学习能力。此时，以压低消费换取物质资本增长的可能性在于，消费结构仅仅囿于吃穿住等简单的劳动力再生产，效率改进也只能建立在投资基础上。第二，恩格尔系数降低、中等人力资本比重提高的工业化中期阶段。此时，物质资本积累建立在产品多样化和规模经济之上，增长过程对半熟练劳动力的需求增加，“干中学”效应逐渐趋于最大化，经济走出贫困化。这个阶段物质资本积累的快速增长，是基于这样的假设：投资对消费的替代，能够实现更高的追赶速度，与低消费水平相应的中等人力资本积累，也能够满足外部技术运用的需要。在这种假设下，虽然恩格尔系数大幅降低，但消费依然被压低在再生产半熟练劳动力的水平上。

到第二阶段后期，工业化规模扩张的体制模式和生产模式已经基本定型，前述资本驱动的效率递减问题将会发生，政策和增长路径也将面临再次选择，投资与消费的关系需要重新审视。这个阶段，消费不足所导致的人力资本不足问题将会凸显出来，在中国的经济现实中，人力资本不足具象为人力资本结构的扭曲——包括人力资本配置扭曲和中低层次人力资本壅塞。

首先看低层次人力资本的壅塞问题。我们的前期研究表明（袁富华、张平、陆明涛，2015），工业化过程的长期追赶中，存在人力资本结构的梯度升级，特定时期的产业结构与特定的人力资本梯度对应，三种人力资本模式分别为：（1）以日本和韩国为代表的模式，表现为高等教育比重大，第二级人力资本向第三级人力资本的梯度升级历时短，各层次人力资本质量的提高与数量的普及同步。（2）中国模式，经济增长基本处于第二级人力资本的主导之下。（3）以拉美国家为代表的模式，特征是初级人力资本的比重较大，第二级人力资本比重过低。如表 8－1，与日本、韩国比较起来，中国主要储蓄者第二级人力资本比重在工业化过程中迅速上升，2010 年达到 63.7% 的水平，而日本、韩国在接近 60% 的水平时，已经发生了向高等教育普及的飞跃。中国主要储蓄者中，第三级人力资本比重在 2010 年不到 6%，相当于日韩 20

世纪70年代的水平。换句话说，处于工业结构高加工度化升级门槛、处于工业主导增长向服务业主导增长转型门槛的中国经济，几乎完全由初级和第二级人力资本支撑，我们认为，这是中国经济转型的重要障碍。因为总体经济创新机制和知识过程的构建，不可能由不到6%的受过高等教育的劳动力完成。

表8-1　主要储蓄者接受中等和高等教育的比重　单位:%

中等教育									
年份	1970	1975	1980	1985	1990	1995	2000	2005	2010
中国	9.2	14.4	18.5	24.8	29.4	40.8	51.6	58.1	63.7
日本	34.0	38.8	43.5	47.8	51.0	54.2	54.8	49.8	46.1
韩国	18.8	25.8	34.0	43.7	54.2	60.4	61.8	61.4	57.9
高等教育									
年份	1970	1975	1980	1985	1990	1995	2000	2005	2010
中国	0.9	1.3	1.6	1.7	2.2	2.7	4.0	4.6	5.5
日本	4.9	9.0	12.6	17.5	21.6	26.3	32.4	39.7	47.2
韩国	5.2	6.7	9.1	11.2	13.7	18.5	24.9	31.1	38.3

资料来源：EDStats，BL2013_ MF_ V1.3（Barro-Lee.com）。

再者，随着中国经济服务化时代的来临，体制转型滞后也把垄断及其扭曲带到过渡时期中来，从效率改进角度看，主要表现为垄断下人力资本流动的负向激励相应：一方面，低效率的垄断生产性部门比竞争性生产部门集聚了更多的第三级人力资本，另一方面，非生产性的行政事业单位吸引了大部分高端人才。理想情境下，如果类似人力资本在竞争性领域得到有效使用，经济效率改进的前景可能更加具有确定性。

五　制度与政策的体制选择

（一）重新定位转型时期的新增长动力，重视制度改革和知识部门这两个关键环节

过去三十多年里，通过制度变革和开发，中国在有效开发人口红利的基础上突破了贫困化陷阱、实现了工业化。现阶段中国增长面临的问题是，如何突破中等收入陷阱、有效推进城市化。与以往依靠物质资本

积累和廉价劳动力的工业化模式不同，中等收入陷阱突破不仅需要考虑生产供给面的效率，而且需要考虑消费模式的升级及其与生活模式的协同，广义人力资本和知识部门的发展成为新增长动力，更深层次的制度变革即是这种历史条件变化的结果。

制度和知识部门这两个环节改进、增进的迫切性，在中国进入中等收入阶段所面临的选择中变得更加突出：第一，是要不可持续的高增长，还是要可持续的城市化？如前所述，中国工业化时期的持续高增长是建立在纵向横向部门分割、资本驱动、廉价劳动力使用的基础上，通用技术部门资本效率乃至全要素生产率持续递减，已经成为越来越突出的问题，物质资本高积累推动的工业化越来越不可持续，城市化时期的结构性减速趋势不可避免。为此，可持续的城市化成为突破中等收入陷阱的关键，其中物质资本投资通过人力资本形成渠道，形成新的增长潜力或许是重中之重。第二，是无视消费结构升级还是顺应消费结构升级？城市化时期，更高的收入水平、更大的开放程度、更紧密的生产消费网络的出现，不仅促进消费结构自身升级，而且放大消费示范效应，由此，消费中广义人力资本的收入弹性将会变大，并进一步提升知识相关消费份额。工业化后期，无视消费结构升级规律的消费抑制，是导致掉入中等收入陷阱的主因。第三，消费与人力资本的一体化，是理解城市化阶段资本作用的关键。大规模工业化阶段结束后，与城市化和服务业紧密联系的消费将成为新的动力源，这种消费是带有结构意义的消费，与广义人力资本相联系成为新的动力。

（二）重新定位政府角色，弱化干预、强化协调

政府干预及由此导致的资源配置扭曲，是中国工业化大推进的经验，但是也带来效率低下和不可持续问题。为了突破中等收入陷阱，给知识过程和知识部门成长创造环境，就需要弱化政府干预，强化政府在知识网络建设、疏通和新要素培育方面的功能。

第一，打破政府在工业化时期的选择性融资支持机制，明晰市场的资源配置作用。改革的重点在于：切实推进政府自身的改革，转变职能，尤其是在政府权力集中的国有经济领域，要彻底推行政企分开；推动国内统一市场的建设，打破人力资源流动尤其是高层次人力资本流动

的制度障碍，解决资本市场、要素流动、基础设施、信息等领域的割裂问题；打破行政干预所导致的横向、纵向经济分割，切实发挥经济网络的集聚、关联效应，增强城市化的空间配置效率，疏通知识部门和知识过程的分工深化、创新外溢渠道；建立健全专利保护体系，鼓励国内创新实践。

第二，重视我国现阶段广泛存在的人力资本错配问题，推进科教文卫体等事业单位的转型和改革，提高服务业质量。过去三十余年，由于对工业部门增长的强调，导致对服务业发展的忽视，把服务业置于工业化的辅助部门发展，进而导致服务业发展只注重规模，不注重质量和效率，制造业与服务业劳动生产率差距持续拉大。就现实来看，中国现代服务业的很多部门，一部分存在于管制较大的科教文卫体等事业单位；一部分存在于电信、金融、铁路、航运以及水电气等公共服务部门。这些部门以其垄断力吸引了很大一部分高层次人力资本，但是又不能提供较高的生产效率。为此，需要把事业单位改革与放松管制相结合，盘活人力资本存量，提升服务业的效率及其外部性，培育核心竞争力。

（三）推进财税金融改革，增进通用技术部门绩效

首先，推进国内工业和服务业领域企业的兼并重组，清理“僵尸企业”。高速增长时期依赖要素驱动成长起来的企业，在经济减速时期由于技术进步滞后面临窘境，其中一部分企业可能已经失去效率增进潜力，或者不能适应创新要求。对这部分企业进行清理以便释放出资源，用于改善国内产业环境。其次，重组地方债务，把资本资源向社会基础设施投资倾斜。顺应城市化发展的要求，适当加大更有益于人力资本增进的教育、文化、医疗保健等社会基础设施的投资，培育可持续增长潜力。为此，中央政府应该按照项目期限、收益率、项目的经济外部性和功能性特点，发行低利率的长期特别国债，对地方社会基础设施资产进行购买，同时推进地方政府的行政和资源配置方式改革。最后，推进金融改革，进行资源配置方式的根本转型。随着中国经济增长阶段向城市化和服务、消费主导增长的转型，大规模工业化时期那种银行信贷主导的资本配置方式，将逐步转向资本市场主导的配置方式，以推动创新能力发展。

第九章　工业化和城市化进程中的财税体制问题分析*

立足于工业化向城市化演进过程中的财税体制变迁，本章分析工业税制对于工业化、土地出让金对于城市化的激励作用，揭示工业税收与土地财政互动背后工业化和城市化的不相容性。通过实证分析地方政府土地经营导致的工业税收替代效应，发现土地城市化和人口城市化都显著抑制工业税收增长。在国际比较的基础上本章归纳了财政体制转变的三个逻辑：福利支出增长导致的城市化成本刚性上升；工业税基逐步削弱的确定性与服务业税收增长的不确定性；土地财政造成的财政幻觉。基于典型化事实和理论分析，对城市化新阶段的财税体制转型方向给出了建议。

一　中国工业化税收与城市化公共服务支出关系的经验事实

从工业化及长期增长的演进趋势，本章将现行中国税制的特征概括

---

* 撰写人：付敏杰、张平、袁富华，中国经济增长前沿课题组。参加本研究讨论的人员有张连城、王宏淼、张自然、黄志刚、吴延兵、赵志君、仲继银、张磊、张晓晶、常欣、田新民、汪红驹、汤铎铎、李成、王佳、张鹏、张小溪。本研究曾在“第十一届中国经济增长与周期国际高峰论坛（2017）”进行主题汇报，作者在此感谢与会专家的点评。本研究受国家社会科学基金重大招标课题“现代国家治理体系下我国税制体系重构研究”（14ZDB132）和“加快需求结构转换背景下提高消费对经济增长贡献研究”（15ZDC011）资助。由于篇幅所限，省略了大量的表格数据，欢迎感兴趣的读者与作者联系交流。

为“工业税制”，将工业税制在工业化进程中的动态表现称为“工业化税收”或者“工业税收”。现代国家的税收体系差别不大，不同的税制特征主要通过不同税收体系下居主导地位的税收来体现。工业税制的主要特征是以工业税制为代表的产业税制和以企业为主要纳税人的财政收入结构。分税制改革以来中国税制的典型特征是工业税制，工业税制不仅仅针对工业征收，但工业部门的税收制度最典型。中国工业税制以（工业）企业为主要纳税人，以产品增值额为主要税基。1994 年分税制改革确立了以工业增值税为主体的流转税制，在生产环节征收，中央地方按照 75∶25 分享，地方支出缺口通过中央转移支付和其他方式弥补。针对服务业、建筑业征收的产业税收——营业税，在 2015 年服务业“营改增”开始后也将转变为服务业增值税，税基变为服务业增值额。正是基于此，服务业“营改增”常被认为是工业增值税的“扩围”，工业税制实现了非农产业全覆盖。服务业增值税税制是制造业税制的简单复制，服务业设计的两档增值税税率为 11% 和 5%，低于制造业增值税的 17% 和 13%。从税制设计的初衷看，国家把主要税种放在工业上，有利于从财政收入面激励地方政府，促使地方将更多的精力用于招商引资和促进工业增长，使中国步入工业化的“快车道”。

从定量角度看税制结构，2016 年全国税收收入总额 130360. 73 亿元中，增值税、消费税、营业税三大产业税和按增值税固定比例征收的城市维护建设税之和为 66464. 79 亿元，占全部税收收入的比重约为 51%。工业增值税是典型工业税，消费税是以工业增值税为基础的特种行为税。将服务业营业税全部纳入，并不仅仅因为其符合针对产业征收和以企业为主要纳税人，更现实的因素是服务业营业税将在本轮税制改革中全部转变为服务业增值税。增值税、消费税和营业税这三个广义增值税构成了现行税制的主体，城市维护建设税用途指向城市和城市建设，但实际上是增值税和消费税的附加税，也属于工业税制范畴。我国税制主要对法人单位征收，90% 以上来自企业，来自自然人的不到 10%，个人所得税基本是由个人所在单位代扣代缴而非个人直接缴纳

（高培勇，2015）[①]。

2011 年城市化率超过 50% 后，工业比重持续下降，服务业比重不断上升。城市化持续推进带来不断上升的公共服务需求。公共服务需求持续上升与工业化税收持续放缓之间产生的财政缺口，短期内可以依靠土地收入和土地金融等具有经营性质的非税、非一般公共性收入形式来弥补，但长期内不可持续。挑战来自三个方面：一是工业税收比重不断下降与城市化公共服务需求不断上升之间的矛盾；二是城市化率持续提高与土地财政、土地金融难以持续增长之间的矛盾；三是城市分化导致的区域财政收入的不均衡与全国范围内公共服务均等化目标之间不对称的矛盾，导致区域财政风险和全国统筹安排的矛盾加剧。

（一）工业化税收与城市化公共服务支出匹配的经验事实

财政收入结构上，中国 1994 年确立的激励工业化的工业税制，随着工业占 GDP 比重从上升到下降的系统性变化而发生不可逆转的下降趋势。随着经济服务化进程的加快，税收体制越来越明显表现出四个动态特征：（1）若不考虑作为附加税的城市维护建设税，以工业化为基础的三大产业主体税收（增值税、营业税和消费税）占税收的比重，从 1994 年的 68% 下降到 2016 年的 48%；（2）中央财政收入占全部财政收入的比重，1995 年以来随着基于工业税收份额的萎缩而逐步下降，2011 年之后开始系统性低于 50%；（3）地方财政收入中以土地价值为税基的收入不断提高，2016 年地方税收中来自产业的增值税和营业税只占 45%，而土地相关税收已经提高到 26% 且在快速增长；（4）企业所得税和个人所得税占税收的比重上升较快，2015 年占到了 29%。

财政支出结构上：（1）财政支出从重点支持生产建设转向重点支持公共服务和民生，2007 年财政支出口径的调整本身就表明了这一点，此前的财政支出体制主要支持生产建设；（2）公共福利支出与城市化

---

① 如果考察税收之外的政府收入，企业中心主义的特征就更明确。一般公共预算收入的非税收入、政府性基金预算、国有资本经营预算，都具有间接税性质从而面向企业征收。社保费具有一定的直接税性质，但是企业缴纳的比例也远远超过了个人缴纳比例。例如社会保险基金预算收入中最大的养老保险收入基本征收比例为企业缴纳职工工资的 20%，个人缴纳 8%。

率高度相关，且随城市化率的提高而显著上升。2007 年统一口径后的公共服务支出变化趋势，更加明显地呈现出了这一特点。

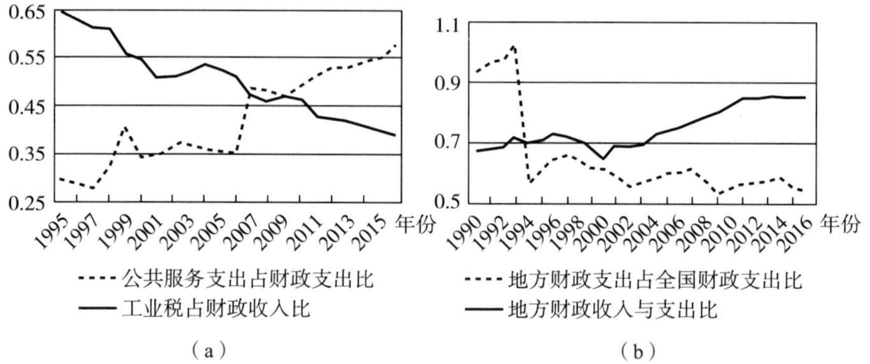

图 9－1 中国财税体制面临的结构性矛盾

注：单位为 1，工业税收为增值税、营业税、消费税和城市维护建设税之和。

将一般公共预算的收支两方面进行匹配不难发现［图 9－1（a）］：（1）全部税收中来自工业税收的比重越来越低，与城市化率的持续上升呈反方向变化；（2）公共服务的支出占比越来越高，它与城市化率成同方向变化。

（二）城市化中的财政支出与土地收入的经验化事实

1994 年的分税制改革扭转了中央地方财政分配格局。分税制改革后，中央财政收入占比达到 55%，但地方支出依然高达 69.7%，这种不对称导致地方财政收入覆盖支出的比例从 1993 年的超过 100%，直接下降到 1994 年的 57%。此后随着财政集权不断推进，支出下移也越来越严重。2010 年以来地方财政支出占全国财政支出的比例超过 80%，2016 年达到 85% 的水平，同时地方本级财政收入覆盖支出的比例下降到 54.3% 的最低点［图 9－1（b）］，地方政府收支平衡基本依赖中央财政转移支付。受制于工业税收占比的下降，中央财政难以有更大财力进行转移支付，依靠债务平衡成为地方财政的常态。对日渐吃紧的地方财政来说，一般性财政预算支出只能满足“人吃马喂”，大规模城市基础设施建设、补贴工业用地、招商引资减税等发展性支出，只能另觅财源。

为了促进税收增长和弥补收支缺口，地方政府在招商引资上展开激烈竞争。竞争的重要手段是建立开发区，以低价土地换取工业项目。就是以放弃土地要素收入为代价，获取更多的工业税收增长、就业增长和GDP增长。与工业化并行的城市化，则在住房市场化改革中正式启动，标志性政策是1997年住房信贷、1999年公房改革、1998年《土地管理法》修改以及2002年土地市场化出让制度的确立。大量进城人口和原本被抑制的住房需求产生了土地刚需。2002—2003年所得税分享改革中的财权上移和支出下移，加上中央对民生支出的重视、资金配套机制和项目制的大量实施，地方可自由裁量的发展财力一再被压缩①。面对城市化的巨大需求和《预算法》对地方举债的限制，土地出让收入成为弥补公共财力不足的唯一来源。

土地收入包括三个部分：（1）土地和房地产相关的“五大税”，包括契税、土地增值税、房产税、耕地占用税、城镇土地使用税。这部分收入2016年占本级财政收入的17.2%，目前仍然快速增长。（2）国有土地使用权出让收入。2015年开始，土地出让收支由持续盈余转为连续赤字，土地出让收入已经难以弥补抵补同期的土地购入补偿、平整等支出。（3）以土地抵押贷款为核心的土地金融。

2002年国务院各部委出台多份文件要求各类经营性用地必须招拍挂，追求土地出让价格最大化的模式确立。2002年的土地出让价格达每公顷195万元（当年价格，以下同），比2000年上涨了50%；2004—2006年维持在每公顷350万元；2007年随着中国经济增速达到14.7%，土地价格也达到创纪录的每公顷520万元。国际金融危机以后经济增速不断下滑，但土地价格连年快速增长。2009年投资刺激时已经达到每亩778万元。高房价等城市化相关高成本对产业竞争力具有挤

---

① 1979年和1980年中央财政分别出现了170.67亿元和127.5亿元的赤字，1981—1989年中央连续九年向地方借款，其中1981年借款总额为68.41亿元，占当年中央财政支出625.65亿元的10.9%。1991年全国财政工作会议时，中央财政再次要求各省做贡献（李萍，2010）。1994年和2002年两次大的中央收入集中改变了中央地方分配格局。1994年中央占财政收入的比重直接从1993年的22%跳升到56%，地方比重则从78%下降到44%。2002年和2003年中央将所得税增量纳入分享（2002年中央地方各占50%，2003年中央60%地方40%），财政收入集中的力度再次加大。

出特征，特别是中国的低成本工业（中国经济增长前沿课题组，2011），还导致工业化税收增长放缓。地方政府对土地溢价最高的住宅用地供应比例的上升，意味着这个时期的土地价值是以出让收入带来的现金流最大化为基准，是一个典型的“土地财政”形态。

中国经济进入新常态以来，不同于以往需求正向冲击导致的“量价双涨”，土地市场表现出供给负向冲击导致的“量缩价涨”，这与2012年以前的土地财政完全不同。土地出让面积在2013年达到37.48万公顷的峰值，出让收入达到4.12万亿的历史最高点后急剧转变。在土地出让总收入维持在3万亿—4万亿元的格局下，2016年土地出让面积减少了45%，伴随的是土地出让价格的快速上涨，从2013年的每公顷1167.16万元增加到2016年的每公顷1810万元。与2013年以前不同的是，这个时期的土地市场开始表现为单纯的价格增长。2013—2016年国有住宅用地供应面积依次为13.81万、10.21万、8.26万和7.29万公顷，占建设用地比重从2013年的25.6%下降到2016年的14.1%。控制和减少土地供给，是新时期地方政府推高土地价格的主要方式。

尽管土地出让面积和收入在2013年后没有增长，但土地抵押贷款的增长却非常显著，抵押面积一直显著提升。例如全国84个重点城市的土地抵押面积从2009年的21.7万公顷增加到2015年的49.08万公顷，提高了1.26倍；抵押贷款规模从2.59万亿元增加到11.33万亿元，提高了3.37倍。最快的增长出现在2013年以后（见表9－1）。

表9－1　　土地出让与土地抵押

年份	土地出让			重点城市土地抵押			
	收入	面积	价格	面积	贷款总额	平均价格	边际价格
2009	1.42	22.08	643.12	21.70	2.59	1191.52	1519.41
2010	2.94	29.37	1001.02	25.82	3.53	1367.16	2461.50
2011	3.35	33.51	999.70	30.08	4.80	1595.74	3031.03
2012	2.85	33.24	857.4	34.87	5.95	1706.34	2372.88
2013	4.12	37.48	1167.16	40.39	7.76	1921.27	3320.83
2014	4.26	27.73	1536.24	45.10	9.51	2108.65	3793.86

续表

年份	土地出让			重点城市土地抵押			
	收入	面积	价格	面积	贷款总额	平均价格	边际价格
2015	3.25	22.49	1445.09	49.08	11.33	2308.48	4599.48
2016	3.75	20.82	1801.15				

注：（1）土地出让收入和抵押贷款总额单位为万亿元，出让面积和抵押面积单位为万公顷，出让价格和抵押价格为万元/公顷；（2）土地出让数据来自各年度国土资源年鉴，2016年数据来自《2016中国国土资源公报》，土地抵押数据来自各年度国土资源公报①；（3）抵押平均价格等于贷款总额除以抵押面积，边际价格等于新增抵押贷款额除以新增抵押面积。

从土地出让到土地抵押的转变，是城市化发展的必然。随着城市化率的提高，城市化增长速度逐步放缓，土地需求放缓，而弥补城市化产生的公共服务需求就越来越多地依靠土地融资。在土地抵押面积和抵押贷款暴涨的背后，推动价格上涨的好处和风险都得到了明确体现：（1）在押土地平均价格和边际价格都快速增长，新增土地抵押价格增长更快。2015年土地出让价格比2012年增长了65%，抵押土地的边际价格上涨了94%。（2）在押土地平均价格和边际价格都远远高于出让价格。考虑到60%—70%的抵押率，在押土地的价格比表9－1的数据还要高43%—67%。也就是说，用于抵押的土地都是重点城市中价格最高的住宅用地和商服用地。

土地出让收入直接充实了地方财政实力，而土地金融则更多表现为土地风险和债务风险。实际上围绕土地进行的金融活动包括很多，不仅仅包括信贷指标，还有土地信托、融资平台、发债等。土地财政和土地金融都必然受到城市化阶段和城市分化的约束。

（三）城市分化与公共福利支出均等化匹配

从国际城市化一般规律看，城市化率从30%—50%进入到加速发

① 土地出让收入数据主要有财政部和国土部两个口径：国土部口径是出让合同金额，而财政部口径是交易实际入库金额。由于从土地拍卖到资金缴纳有时间间隔，二者在年度数据上一般不相等。从数据内容看，国土数据与出让面积对应，可以计算土地价格，所以表9－1采用国土数据。财政数据从年度决算看较为准确，但不包括出让面积信息，也不能和国土部门的当年土地出让面积对应。

展期。中国“遍地开花”的城市化，农村工业化和人口就地转移的县域城市化路径，导致中小城市的发展速度快于大城市，这也是城镇化一词的由来①。由于小城市批量出现，城市数量的增长远远超过单个城市规模的增长而成为中国城市化的主导力量。2011 年城市化率突破 50%，城市化向着一、二线城市集中化发展，出现城市分化。

随着城市化率的不断提高，城市分化加快。按城市化率 S 形曲线进行测算（陈昌兵，2017），2019 年中国城市化率超过 60%，城市化增长率从城市化率 30%—50% 的 3.6%、50%—60% 的 2%，进一步放缓为 60%—70% 的 1.6%。新阶段中国城市化的主要驱动力量，已经不再是以“乡城迁移”为特征的农民进城，而是以“城城迁移”为特征的城市人口再配置。较强迁徙意愿、高人力资本和高生产率的农村劳动力已基本完成以市场导向的城市化，剩余农村人口的迁移意愿、人力资本水平和生产率偏弱，进一步转移较为困难。随着城市圈形成和产业升级，高人力资本和高生产率的城市人口将发生以效率为导向的空间再配置，这是新阶段中国城市化的主导力量。无论从国际经验还是东亚特色看，居住在百万人口以上城市人口总量的增长空间，都远远超过了城市化率的提高空间（王小鲁，2010）②。

在城市人口总量难以大幅增长的前提下，单个城市的人口规模增长必然以其他城市的人口流出为代价，这会导致城市分化。从长期看，人口集中导致的人口密度提高和人口在城市间的迁移过程永远不会停止，城市体系内部的人口空间再配置对于总体城市化率没有贡献，仅仅具有效率含义。城市化新阶段不会大批量生产新城市，而是在已有城市的基础上展开，包括 2015 年 291 个地级（以上）市、361 个县级市等已经实质性具备了城市基础的地区。北上广深等大城市周边承担了城市功能拓展的小城镇发展速度，将会远远超过很多地级市。已有城市的分化和

---

① 普查数据显示，1982—2010 年城镇人口从 20630.92 万人增加到 67000.55 万人，其中镇人口从 6105.61 万人增加到 26624.55 万人，城市人口从 14525.31 万人增加到 40376.00 万人。

② 20 世纪中叶以来，世界城市人口一直向大城市集中。以美国为例，1950 年以来 5 万—25 万人的都会区人口比重保持在 10% 左右；25 万（含）—100 万人的都会区人口比重从 15% 小幅上升至 20%；而 100 万及以上人口的都会区人口比重则从 26% 激增至 56%。

大城市化将成为经济新阶段的主流（张自然等，2016）[①]。城市分化发生在以下四个方面：

第一是人口流动的趋势性分化导致大城市化。城市化新时期的人口流动的突出变化，是在城市化速度趋于平稳甚至变缓的情况下，人口持续大量流入一、二线热点城市。流入百万人口大城市的人口持续快速增长，并逐步超过中小城市。世界银行 WDI 数据显示，2002 年约有 1/3 城镇新增人口进入了百万人口以上大城市，2/3 进入中小城市和镇［图 9－2（a)］。但进入大城市人口的比重不断上升，2014 年进入大城市的人口数量正式超过中小城市和镇。

第二是住房市场分化。在城市经济中，住房是居民效用和居民财富的重要来源，也是城市化市场预期的集中反映。在“三去一降一补”和“分城调控、因城施策”的背景下，以北上广深为代表的热点城市住房供不应求导致房价快速上涨，与三、四线城市住房供给持续过剩之间形成分化。在 2014—2016 年的房价上涨中，70 个大中城市二手房和新房价格同比涨幅的标准差都呈现出明显的放大［图 9－2（b)］。虽然后期住房调控加码导致住房价格涨幅标准差重新缩小，但房价基数显示百城房价离差到 2016 年 11 月依然在持续扩大[②]。

第三是土地市场分化。2012 年之前的土地价格呈现的是全国性上涨趋势（Deng，et al.，2012；Glaeser，et al.，2017)，2013 年以后一、二线城市土地价格不断暴涨，总价和单价地王频现。从土地用途看，分化主要发生在住宅用地和商住用地，工业地价相对扁平化，差别不大[③]。从一、二、三线城市的差别看，2008—2013 年住宅地价的变异系数一直在 0.88 以内，各类城市之间的差别比较稳定，2014 年差异系数

---

① 行政力量的整合上也显示出类似趋势。《中国统计年鉴 2016》显示，2011—2015 年地级市从 284 个增加到 291 个，县级市则从 369 个减少到 361 个，县更是从 1456 个减少到 1397 个。

② 与新房价格相比，二手房市场被认为较少受到政府定价政策干预。Fang 等（2015）用抵押贷款数据估计的房价走势中已经显示出一定程度的住房市场分化，但他们的数据最多延长到 2013 年，大部分终止于 2012 年。

③ 在国土部监测的 105 个城市中，2014 年商服用地最高组均值为 36097 元/平方米，最低组均值仅为 2213 元/平方米；住宅用地最高组均值为 37789 元/平方米，最低组均值仅为 1409 元/平方米（徐思超，2017）。

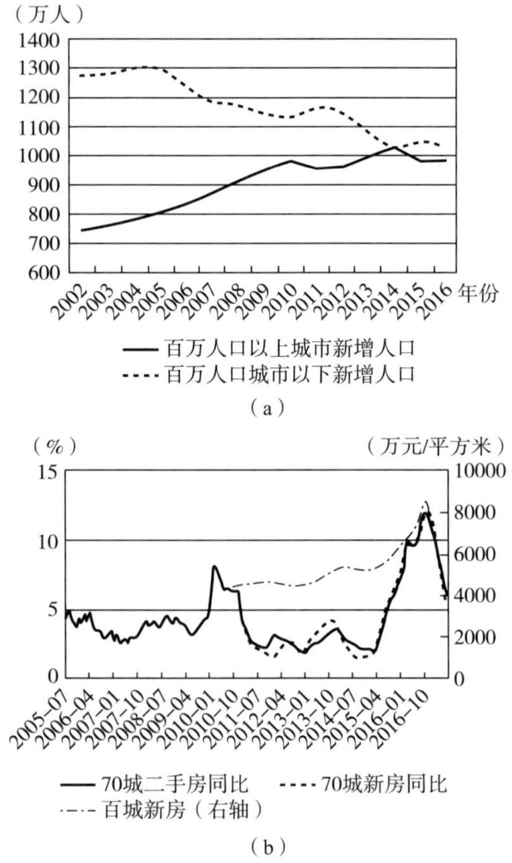

图9-2　新增城市人口流向和房地产市场分化状况

注：人口数据依据世界银行 World Development Indicators 计算得出；房地产采用月度数据标准差，数据都来自 Wind，70 个大中城市新房和二手房采用同比数据，百城新房价采用基数。

开始超过 1，2016 年在不断加码的市场调控下略微缩小到 0.94。

第四是区域分化。区域分化是人口、住房和土地分化的综合结果，省级层面的城市化路径差别越来越大。（1）以北京和上海为代表的直辖市城市化率已经接近 90%，城市化已经基本完成，呈现出高水平稳定特征；（2）以东北三省为代表的人口流出地区，在计划经济时期依靠国有制已经具备了较好的城市基础但后续乏力，城市化率可能会终止于 70% 以下，呈现出中等水平稳定；（3）北上广三大经济区中心城市周边省份的城市化正在快速推进，但模式和速度受到了中心城市规模控制政策的影响；（4）中部、西北和西南地区的省份城市化率正处在50%附近的加速区间，目前是全国城市化推进最快的地区。

城市分化和区域分化的同时，全国范围内公共服务支出均等化的步伐快速推进。我们根据各省公共服务支出的均等化计算得出以下几个结论：(1) 不论按变异系数还是按泰尔指数测算，全国的公共服务支出均等化程度都明显提高。变异系数从2007年的0.6960下降到2015年的0.4649；同期泰尔指数从0.1602下降到2015年的0.0353，下降都十分明显，意味着中国省级公共服务支出均等化取得了重要进展。(2) 东、中、西部组内差异也明显缩小，中部最低，西部差距缩小最快。（3）东、中、西部组间收入差异也在持续缩小。公共服务支出的均等化来源于人均财政支出的区域均等化，主要是得益于中央财政转移支付，与地区财力基本不相关。落后地区的财政支出改善完全依赖于中央转移支付，这既是区域协调和平衡发展的关键，也是未来中央地方事权重新调整的重要依据。

表9-2　　地区之间公共服务支出的差异

年份	变异系数	泰尔指数—东部	泰尔指数—中部	泰尔指数—西部	泰尔指数—跨区域	泰尔指数—全国
2007	0.6960	0.1967	0.0183	0.0985	0.0298	0.1602
2008	0.6376	0.1779	0.0119	0.0676	0.0216	0.1250
2009	0.5781	0.1319	0.0147	0.0368	0.0063	0.0727
2010	0.5151	0.1173	0.0085	0.0368	0.0077	0.0664
2011	0.4896	0.0897	0.0063	0.0233	0.0064	0.0489
2012	0.4555	0.0733	0.0062	0.0210	0.0067	0.0430
2013	0.4471	0.0664	0.0056	0.0191	0.0054	0.0381
2014	0.4621	0.0595	0.0058	0.0174	0.0064	0.0365
2015	0.4649	0.0601	0.0058	0.0190	0.0050	0.0353

注：(1) 数据由陆江源博士测算，原始数据来自Wind。

(2) 全部采用人均变量，公共服务支出包括教育、科学技术、医疗卫生与计划生育、文化体育和传媒、城乡社区事务、住房保障支出、社会保障和就业。

二 基于省级面板的财政收入对财政支出的匹配性计量

在工业化和城市化双轮驱动、工业税收和城市土地财政双侧激励发展模式下，政府有税收和土地租金两种收入形式，因地方政府集中于土地经营而会出现“地租替代税收”（黄少安等，2012），从而导致城市化与工业化不协调发展的格局。本部分实证研究以土地经营为核心的城市化进程对工业化和工业税制的影响。典型事实中同时出现了财政（一般公共预算）的收与支，一个自然而然的被解释变量是工业税制的支出覆盖率，即工业税收占一般公共支出的比重这样一个支出面指标①。但由于中国的省级以下政府缺乏财权自主，一方面是1994—2014年预算法要求“各级预算应当做到收支平衡”，另一方面中央转移支付在地方支出中的重要性不断上升。2016年中央转移支付已经占到地方一般公共预支出的40%②，打破了地方一般公共收支之间以市场主体为基础的对应性，所以采用工业税收占全部地方收入的比重这样一个收入面指标就成为首选。我们同时采用了两种方式。

省级面板数据基本来自Wind金融咨询终端，包括全国31个省（市、自治区），时间为2000—2016年③。采用2000年以后的数据，主要是因为土地有偿使用基本发生在2000年以后，此前与经济周期密切相关的是土地（建设占用耕地）数量而不是土地价格（杨帅、温铁军，2010）。税收的估计上存在不同口径：（1）窄口径的工业税制TAX1是“产业两税”（增值税和营业税）与增值税的附加税——城市维护建设

---

① 从理论上讲，支出面应当考虑扣减和城市化基本无关但与总人口数相关的具有典型公共品性质的国防支出，但国防基本是中央政府的事权和支出责任，地方政府占比很低，数据也不全，故省略。

② 按照《2016年地方一般公共预算收入决算表》和《2016年地方一般公共预算支出决算表》，2016年地方一般公共收入决算为87239.35亿元，地方一般公共预算支出为160351.36亿元，其中来自中央税收返还和转移支付59400.70亿元，占地方一般收入的68.09%和一般支出的37.04%。

③ 限于篇幅，我们删除了本部分的简单模型推导、控制变量的统计特征和估计参数，有兴趣的读者可以向作者索要。

税这三个税种之和①。三个税种在 2000 年后虽然有几次小规模减税，并且服务业“营改增”会调整增值税和营业税的比重，但三税之和作为一个统计口径基本稳定，结构性调整也不会影响作为总和的整个工业税制。产业两税和城市维护建设税组成的 TAX1 代表了中国典型的工业（产业）税制，本部分分别用 RTAX1 和 ETAX1 表示 TAX1 占地方一般公共收入和一般公共支出的比重。（2）宽口径工业税制 TAX2 是地方全部税收收入减去地方财政收入中的“土地五税”（契税、耕地占用税、房产税、城镇土地使用税和土地增值税）。土地五税与工业产业关系较小，从全部税收中减去土地五税得到工业税收的宽口径，主要是考虑到除了上述八个税种外，其余税种也都在各自范围内具有工业税制特点，例如 2016 年所得税中个人所得税为 10088.98 亿元，企业所得税为 28851.36 亿元，企业所得税占比超过了 74%，明显以企业为主。本部分分别用 RTAX2 和 ETAX2 表示 TAX2 占地方一般公共收入和一般公共支出的比重。这样被解释变量就包括收入面窄口径工业税制 RTAX1、支出面窄口径工业税制 ETAX1、收入面宽口径工业税制 RTAX2 和支出面宽口径工业税制 ETAX2。相对于收入面的工业税制来说，支出面的工业税制由于涉及中央对地方的政府间转移支付，而体现了中央和地方的财权和事权划分因素。

为了考察以土地价格为基础的土地出让收入与税收收入之间的替代关系，我们估计如下方程：

$$RTAX_i = \alpha LANDPRICE_t + \mu X_t + \varepsilon_t \tag{9-1}$$

$$ETAX_i = \beta\eta LANDPRICE_t + \mu X_t + \varepsilon_t \tag{9-2}$$

在数据处理上，工业税制四个指标 RTAX1、RTAX2、ETAX1、ETAX2 采用百分数，土地价格 LANDPRICE 采用对数实际值。表 9 - 3

① 作为增值税的附加税，消费税应当算作工业税收之一。但在现行的分税制格局下，消费税属于中央税，无法分解到地方层面，故不予考虑。城市维护建设税以纳税人实际缴纳的增值税和消费税税额之和为计税依据，税率为城市 7%，县镇 5%，其余 1%。一个完整的产业税制统计还应该包括作为产业税制附加费的“教育附加费”和“地方教育附加费”这两个列入政府性基金预算的行政事业性收费。因为教育费附加以缴纳人实际缴纳的产品税、增值税、营业税的税额为计征依据，按 3% 的征收率。部分省份还征收地方教育附加费，税基与教育费附加相同，征收率在 1%—2%。本章在税制部分只考虑了一般公共预算收支，没有考虑行政事业性收费。

显示 RTAX1 的 Hausman 检验支持土地价格的固定效应模型，但不支持城市化的随机效应模型；RTAX2 的 Hausman 检验则支持土地价格的随机效应模型和城市化的固定效应模型。实证结论是：

表 9－3　　土地价格上升和城市化率上升对工业税制的影响

估计方法	FE	RE－GLS	FE	RE－GLS	FE	RE－GLS	FE	RE－GLS
	被解释变量 RTAX1				被解释变量 RTAX2			
LANDPRICE	−0.874** (0.281)	−1.171*** (0.270)			−4.990*** (−21.08)	−4.881*** (−20.95)		
URBANRATE			−0.136*** (0.0385)	−0.141*** (0.0318)			−0.533*** (−22.60)	−0.470*** (−20.25)
常数项	显著	显著	显著	显著	显著	显著	显著	显著
Hausman chi2 (1)	11.71*** [0.000]		0.07 [0.797]		5.29* [0.022]		239.73*** [0.000]	
观测值	495	495	496	496	495	495	496	496
	被解释变量 ETAX1				被解释变量 ETAX2			
LANDPRICE	−1.436*** (−6.19)	−1.097*** (−4.41)			−3.462*** (−10.10)	−2.957*** (−7.95)		
URBANRATE			−0.0617* (−2.19)	0.0267 (0.95)			−0.266*** (−7.45)	−0.156*** (−4.15)
常数项	显著	显著	显著	显著	显著	显著	显著	显著
Hausman chi2 (1)	74.62*** [0.000]		63.93*** [0.000]		84.57*** [0.000]		−87.20*** [0.000]	
观测值	495	495	498	498	495	495	498	498

注：(1) 圆括号内是标准差，方括号内是 P 值水平，***、** 和 * 分别表示在 0.1%、1% 和 5% 的水平上显著；(2) 土地价格采用 CPI 指数平减（2000 年价格为基期），城市化率采用百分数。

(1) 无论以窄口径工业税制（增值税＋营业税＋城市维护建设税）占全部地方税收收入的比重 RTAX1，还是以宽口径工业税制（全部税收收入减去土地增值税、耕地占用税、城镇土地使用税、契税、房产税土地五税）占全部地方税收收入的比重 RTAX2 来衡量，城市化率的提高或者土地价格的上升都具有显著降低工业税制比重的功能。具体来看，土地价格每上升一倍，RTAX1 占全部地方税收收入的比重下降 0.874 个百分点，RTAX2 占全部地方税收收入的比重下降 4.99 个百分点。导致宽口径税制更快下降的原因是多方面的，可能是作为中间税收的企业所得税和企业所得增长空间受限，也可能是作为被扣减部分的土地五税出现快速增长。若用城市化率做解释变量，则城市化率每上升 1 个百分点，会导致 RTAX1 和 RTAX2 分别下降 0.136 个百分点和 0.533 个百分点。2000—2016 年中国常住人口城市化率从 36.22% 提高到 57.35%，提高了 21.13 个百分点，合计使得 RTAX1 和 RTAX2 下降了约 3 个百分点和 11 个百分点。若城市化率提高到 65%，则 RTAX1 和 RTAX2 分别还有 1 个百分点和 4 个百分点的下降空间。

（2）若以工业税制占地方财政支出（一般公共支出）的比重来衡量，则参数敏感度有所不同。表 9 - 3 显示了工业税制支出面指标 ETAX1 和 ETAX2 的基本情况，Hausman 检验支持窄口径和宽口径模型都选择固定效应面板。在固定效应模型中，土地价格上涨和城市化率上升都有抑制工业税制的效果：土地价格每上涨一倍，ETAX1 会下降 1.436 个百分点，ETAX2 会下降 3.462 个百分点，ETAX2 的下降速度更快。按照 2000—2016 年土地价格涨幅 14 倍计算，土地价格上升使得 ETAX1 和 ETAX2 分别下降了 5 个百分点和 12 个百分点左右。若采用城市化率做解释变量，则城市化率每提高 1 个百分点，ETAX1 会下降 0.0617 个百分点，支出面宽口径工业税制 ETAX2 会下降 0.267 个百分点，2000—2016 年城市化率提高了 21.13 个百分点，合计使得 ETAX1 和 ETAX2 下降了约 1.26 个百分点和 5.67 个百分点。按照 65% 的城市化率空间计算，则 ETAX1 和 ETAX2 分别还有 0.5 个百分点和 2 个百分点的下降空间。

（3）由于前文分析涵盖了经济发展和政府收支，我们还考虑了一系列控制变量的影响，包括用以衡量经济发展水平对税制结构影响的人均国内生产总值（人均实际值对数，原单位是元），用以控制金融支持的人均贷款和人均存款（人均实际值对数，原单位是元），衡量产业结构的非农就业比重（百分数），衡量基本公共服务覆盖度的城市公交车运营数（对数值，原单位是辆），衡量基础设施水平的公路里程（对数值，原单位是公里）。以上所有人均量均采用常住人口数，价格变量经过2000年为基数的CPI调整。还控制了城市人口规模（对数值，原单位是万人）、城市户籍人口规模（对数值，原单位是万人）、衡量本地人口增速的每十万人口平均幼儿园在校生数（对数值）、衡量外来人口比重的非户籍人口占常住人口比重（百分数）等。为节省篇幅，我们列出一些主要结论：

第一，总体来看，在固定效应FE估计中比较显著的变量是产业结构。产业结构的重要性不言而喻，因为中国的税制不但集中于企业，而且具有显著的产业歧视性。在农业税取消后，针对农业的产业税收彻底消失。服务业“营改增”之后，针对服务业的两档税率11%和5%，不但是已有工业增值税税制的扩围，而且低税率意味着服务业增值税只是工业税制（17%和13%）的缩减版本。这样就基本形成了农业、工业、服务业“零、高、低”产业税负特征。非农产业比重的提高，无疑会直接提高工业税制比重，工业比重的长期下降则对于工业税制不利。因此非农产业比重对于工业税制的影响包括总量和结构两种相互平衡的因素，即非农产业总量有利于工业税收提高，但服务业比重提高不利于工业税收增长。

第二，城市化和工业税制的不相容性。两个人口指标，即城市人口规模和城市户籍人口规模，都与工业税制比重高度负相关。这意味着城市人口的增长促进的并不是工业税收，而是工业税制的“对立面”的增长，例如我们在宽口径工业税制中所强调的土地类税收。这也从一个侧面说明了城市化和工业税制的不相容特征，即现行工业税制的税基集中于企业，但并非集中于人口。同样显著负相关的另外两个人口指标是每十万人口平均幼儿园在校生数和非户籍人口占常住人口比重。这就意味着，城市化进程中的所有人口指标，即常住人口、户籍人口、外来人口和新生儿的增长，都是在降低而不是提高工业税收占比。按照这样的发展趋势，如果持续推进人口城市化，也就是提高各省城市人口规模总量，带来的也只是工业税收比重的进一步下降。这也从一个侧面说明了城市化新阶段的财政风险所在：不断增长的城市人口，同时起到了减少工业税收和增加一般公共服务需求的作用。考虑到土地价格也替代工业税收，这意味着不论是以土地价格上涨为代表的土地城市化，还是以城市人口增长为代表的人口城市化，都不利于现有工业税制下的税收增长。

第三，人均 GDP 的增长与工业税收增长显著负相关，进一步说明了现行工业税制与经济发展不协调。这一点在控制了单调增加的非农就业比重后依然显著。其余控制变量的影响就不再那么显而易见，例如贷款和存款与工业税制占比相关性截然相反，人均存款的正相关性比人均贷款的负相关性更显著。公共交通水平的提高，能够显著提高工业税制占比，但公路里程的增加并不会增加工业税制占比。

第四，如果考虑内生性问题，从中国的财税制度基础和已有分析来看，作为典型的单一制国家，财政制度制定基本属于中央政府权力范围，独立于地方政府的决策之外，并成为地方政府决策的基本环境。由于构成土地出让收入的总体是商业和服务业，税制很少会进入地方政府土地出让环节的考虑范围，地方政府更多关注的是税收总量而不是税制结构因素。

三　增长阶段转换下的财政模式演化的逻辑

中国财政模式及其变化的上述事实，呈现于从工业化阶段向城市化阶段的演替过程中。基于国际比较和历史经验，我们对这类现象发生的机制及其蕴含的问题进行逻辑分析进而得到三个有解释力的命题：（1）支出层次上，城市化时期财政支出增加的刚性，表现为城市化的成本压力；（2）收入层次上，工业化阶段建立起来的可贸易的、真实的税收基础，在城市化时期日益受到削弱；（3）在支出刚性与收入约束挤压下，土地财政这种短期融资方式将随城市化趋于成熟而逐渐失去合理性。简言之，中国财政收支模式变化的方向，是去掉短期的财政幻觉，转为促进效率和增长可持续的结构性实质。

（一）社会公共服务支出持续增长特性

从 19 世纪 70 年代到 20 世纪 70 年代近 100 年的时间里，发达国家公共支出占 GDP 的比重从不到 10% 上升到 50% 左右，“斯堪的纳维亚式”国家的公共支出比重普遍超过了 GDP 的 50%。财政支出比重的长期上升，源于人们对政府经济职能的看法的改变，尤其是受个人政治哲学的影响（坦齐、舒克内希特，2005）。

马斯格雷夫的“三阶段论”（Musgrave & Musgrave，1988）认为政府支出的重点会随着经济发展的阶段而转变，即初级阶段的公共投资比重集中于基础设施领域，到中级阶段的公共支出集中于教育安全卫生等公共消费，再到成熟阶段用于解决收入分配公平问题的公共转移性支出增长。罗斯托认为工业化成熟直至大众高消费形成这个较长时期中，发达经济社会在促进生产供给主导向消费需求主导转型的同时也促进了人们心理的变化，个体越来越意识到自己生活于一个成熟社会之中，成熟社会的新特点理应是消费和广义上的福利提供。所以成熟社会的中心现象不是经济，而是社会如何进行选择和平衡（Rostow，1960）[①]。成熟社会人们对福利要求的普遍性源于工业化及其带来的紧张，社会支出的目的是尽力消除工业化的危害和就业与生活中的风险。以税收为基础的社会救助，可以上溯到工业化早期的欧洲大陆（Lindert，2004）。在格申克隆的发端于低水平初始条件的“特殊制度”下，社会态度的变化将更加突出：工业化作为压倒一切的任务与企业家精神缺失的矛盾，迫使政府承担起以重化工业和大企业为中心的建设责任，以此为基础构造经济持续增长的诱致机制（格申克隆，2009；Hirschman，1978）。

改革开放以来中国的快速工业化体现了这一特征。作为快速工业化的核心推动力，中国财政收支结构表现为生产建设财政。从效率循环角度考虑，这种财政模式包含了积极成分：政府动员农业税收和储蓄投入于直接的工业活动以及基础设施建设，国有工业投资和基础设施建设诱致更多的工业活动，在这个互动过程中以工业税收为基础的财政模式得以扩展。如果呈现出持续的工业化高增长，无疑可以在连年的超收中证明生产建设财政和工业税制的适应性。但问题也显而易见：建设型财政以压低消费为基础，并由此导致双重结构压力：第一，过度投资所导致的当期资本效率下降（例如超过资本积累黄金律），以及由此引发的工业税收税基扩张速度的放缓；第二，消费持续压低，本质上是把未来增长潜力向当期的抵押和折现，这是一种削弱未来财政能力的负反馈。

---

① 暗含的假设是，工业化的充分发展，提供了高效率及其持续改进的平台；财政再平衡和福利选择机制的建设，起码是与效率改进协调的。

以工业化成熟为契机，增加福利的社会态度不断增强。从增长阶段转型的长期视角回溯，政府财政对经济的（直接）干预，基本上囿于功利主义的经济计算范畴。换句话说，政府对财政收支规模的重视，远远大于对结构条件变化的重视。只有当基于成熟工业社会的现代城市经济逐步到来时，这种忽视的后果才会显现出来。最典型的例子就是中国伴随着城市化出现的愈演愈烈的土地财政现象。作为特殊的经济制度的一种延伸，土地财政的特殊性直接与中国成熟工业化的两个惯性有关：一是尽管认识到发展中国家财政政策结构调整作用的重要性，但是短期需求管理思维仍居主导地位；二是原有政府收支和效率相互促进的良性循环遇到结构约束，城市化成本的高企需要土地财政进行补偿性平衡。城市化快速扩张的结束，土地财政的短期行为必将逐渐演变为风险累积，延迟的风险也会进一步削弱城市化阶段的经济稳定性。

（二）财政支出与收入变化的三个命题

本部分对财政和结构变化的关注可以按照 Merton（2008）的方案分析：（1）依据总体的财政效果的短期经济计算，仅仅把注意力集中于财政功能的积极方面；（2）不论是罗斯托强调的分解方法，还是 Merton 强调的构成总体的单位或层面分析方法，都只有针对结构及其变化才能得出有效分析；（3）把功能失调与功能积极效果并列起来，Merton 认为它们是构成转型的两种相互反馈的力量，由此提供了功能替代选择的可能性，以此确立“后果集合的最终平衡”。作为增长转换过程的一个主导环节，针对结构条件的变化，财政模式运行及其与增长的相互作用的影响体现在下述三个命题中：

1. 城市化与财政支出增长的刚性

对第二次世界大战后至 1980 年前后发达国家财政支出占 GDP 份额飙升，以及 20 世纪 80 年代以后迅速趋于稳定的现象，坦齐和舒克内希特（2005）认为发达国家的公共支出太多，缺乏绩效补偿的支持而难以持续；Lindert（2004）立足于发达国家社会转移支付的历史经验以及人口老龄化趋势，认为发达国家未来社会支出占 GDP 份额不会出现显著下降。围绕收入增长、老龄化、政治过程，以及国际示范效应，Lindert 对支付刚性的解释包括：（1）19 世纪 80 年代以来发达国家社会支出的大幅增加，可由政治过程、老龄化和收入增长解释；第二次世界大战后欧洲福利国家的发展，则更多依赖中层和底层民众态度的一致。(2）就欧洲福利国家的增长效率来看，基于税收的高预算开支的负面影响很小，甚至是促进增长的。(3）福利国家的政治决策过程具有纠错功能，能够避免过度社会支出及其危害。(4）部分源于示范效应，发展中国家随着人口老龄化和收入增长将会呈现与发达国家相同的模式。

以此为参照，我们进一步解读现代城市化过程中支出刚性的更加广泛的因素。对于高福利国家社会转移性支出问题，高社会支出/高生产率相互调适的不寻常现象背后的关键机制是欧洲福利国家采取了偏重于收入和消费税收、偏轻于资本税收的特殊策略，由此支出刚性并未带来明显经济增长抑制（Lindert，2004）。

处于社会支出赶超的发展中国家也不得不面对刚性问题。除了社会转移性支出增加这一事实之外，坦齐和舒克内希特（2005）关注的“总预算支出 - 社会转移支付”差额中所包含的其他事项，对于理解发展中国家的转型和城市化具有重要意义。发展中国家其他财政支出通常比社会转移性支出更多，这在很大程度上符合马斯格雷夫的“三阶段论”。除了转移性支出外，转型和城市化过程中快速上升的财政压力还表现在以下方面：

第一，也是最为重要的，即基础设施维护成本支出的压力。工业化向城市化转型过程中，快速增长的基础设施存量，必然面临集中折旧和维护的支出压力，这是发展中国家的最大困难（Hirschman，1978）。工业化的基础设施投资成本能够通过规模化生产扩张得到补偿和回收，由此实现良好的效率—成本循环。城市化时期一旦效率改进速度放缓，维护和折旧成本压力就会转向财政部门。城市基础设施的集中大规模建设，本质上应视为对未来财政能力的挑战和风险延迟。

第二，财政供养人数增加带来的压力，包括政府工资性支出和行政事业经费等。高福利国家普遍具有相对较高的政府就业比重，这种政府就业高比重通常又与经济高度服务化趋势一致。随着大规模工业化的结束和城市经济的成熟，中国财政供养人数的增加有其合理性。问题在于：(1）中国表现出了极大的特殊性：一是中国经济向城市化的快速转型是处在中等收入阶段，二是以较低效率支撑起比重较高的财政供养人群；（2）受到制度特殊性，尤其是行政垄断的影响，中、高等教育程度财政供养人员比重较大，导致高人力资本流向非生产性领域，从而形成人力资本错配（中国经济增长前沿课题组，2015）。这与低福利的日本的工业化和城市化显著不同，日本鼓励大学毕业生在职业生涯初期即在私营企业发展。

第三，科技进步要求与环境改善的压力。研发支持有两种模式——企业部门为主或政府部门为主。这两种模式在城市经济时期基本定型，中国大规模工业化依靠的是干中学和技术模仿，无论应用技术原始创新还是基础性创新都存在短板（张平、刘霞辉，2007）。在工业增长减速期，企业研发所需的规模投入更难以承担。工业化时期遗留下来的环境短板，无疑在相当程度上加重了城市化过程中的支出负担。

2. 工业税基削弱的确定性与服务业税收增长的不确定性

导致财政支出刚性的主要压力，即社会转移性支出、基础设施及其维护、研发和环境治理以及财政供养人员的增长等带来的结果，只有放到财政收入的结构条件下才能被辨析出来。财政支出刚性的实质，是政策工具的选择的合理性问题，它的运用以不伤及效率为前提。做到这点不容易，因为福利支出一直是影响经济行为动机的重要因素（Mirrlees，2006）。对于尚处于中等发展水平的中国而言，转型特殊性是社会选择再平衡方案与效率促进方案之间的协调。基于中国非平衡工业税制和以土地财政来激励城市化的基本逻辑，城市化新阶段的经济服务化削弱了原有工业税制的税基和财政收入增长空间，而服务业调整方向和持续扩张模式的不确定性，又给税收补偿带来不确定性。

财政收入扩张和效率补偿有三种基本方式。（1）第一种方式是当期的生产性投资和生产扩张，引致的工业税收基础扩大及相应财政收入增长，进一步促使生产过程扩张。中国工业化进程的快速推进，得益于“当期生产性投资—基础设施财政支出—生产扩张—财政收入增长—加大生产性投资”的良性循环。工业化扩张伴随的劳动力从农业向非农产业的再配置，促进了生产效率的提高，足以覆盖工业税收而有余。（2）第二种方式是跨期的社会性投资和（科教文卫体等）广义人力资本的积累。这是后工业化时期为了提升劳动力教育程度和劳动力再生产质量，所采取的积极的社会选择和再平衡。如果广义人力资本得到有效利用，税收的经济发展成本有可能得到跨期平滑和补偿。（3）第三种方式是效率补偿效果较弱的公共部门效率的提高。但瓦格纳认为政府效率很难改进，达到一定限度后会演变为对生产性部门的租金抽取。

三种效率补偿方式混合将产生不同的财政功能和经济效率的调适模式。偏重于当期补偿的第一种方式是工业化的特征。经济过程中可贸易成分的普遍化，或相应的资本化，构造起来一个真实的税收基础。这种税基逐步被劳动密集型产业发展和重化工业所巩固。当经济进入服务业主导时期，知识技术密集型制造业的发展仍然是效率和财政的重要支撑。城市化阶段社会选择内在地偏重于第二、第三种补偿方式。工业化向现代城市化的这种演变对税基的显著冲击，就是可贸易性与真实的效率和税基被削弱，公共部门税收只能采取收入税基和消费税基的方式。鉴于其效率补偿能力较弱，高福利国家和发达国家最终不得不在两方面加强：一是致力于研发以巩固制造业的高效率，二是增加服务业的可贸易性，以此避免真实税基削弱趋势下的负面作用。

对于后发工业化而言，城市化的发展导致工业化税收基础的丧失，加剧财政与效率平衡的紧张和矛盾。也就是说，工业化向城市化转型过程中将发生两个循环的转换，即从依赖规模效率的财政循环转向依赖收入和消费增长的财政循环，后者主要以高收入、高消费和可持续为支撑。在城市化过程中，如果不存在高收入、高消费和高效率这一发达经济因素和基础，在工业税收被城市化削弱的情景下，会发生什么样的结果呢？

3. 土地财政带来的财政幻觉

在财政支出刚性和工业税收基础弱化的挤压下，地方政府选择了土地财政。这种短期经济计算与发达国家财政可持续的高收入、高消费和高效率存在本质不同，属于偏离了真实税收基础的财政幻觉。

中国现阶段的转型遇到了两种压力的叠加，即快速的经济结构服务化和快速的城市化规模扩张。这两个趋势动摇了原有工业税收模式的稳定基础，地方政府不得不寻求新的补偿性财源。依靠土地涨价获得的收入，如果经由财政支出获得真实收益的补偿，那么卖地—财政这个循环不会伤及经济效率。但就新阶段的地方政府经营土地模式的异化特征来看，跨期的效率补偿远远赶不上对未来增长潜力的透支。第一，作为一种越来越明确的价格增长现象，土地财政只会推高城市化成本，不断削弱工业竞争力和工业税制的基础，本章的实证部分着重分析了这一点。第二，房地产的泡沫化在挤出消费和储蓄的同时，也削弱了跨期的财政可持续性，并导致经济风险累积问题。土地财政的最大风险，不仅仅体现在跨期中对工业税收基础的挤出，更在于这种短期的财政替代形式，挤出了未来城市化可持续的财政平衡支持选择，阻碍了以高收入、高消费、高效率为平台的财政模式的建立，迫使财政进入租金抽取的风险路径。

（三）城市化新阶段的中央与地方关系重新界定

随着城市化步入成熟期而出现的交通基础设施等硬件的根本性改善和信息技术的快速发展，劳动力大范围快速流动的城市间、企业间再配置格局已经成型，城市间、区域间“通勤”人数越来越多。中国进入城市经济时代，依托数字经济和互联网信息技术，城市和城市圈的要素个体化配置和消费功能大大增强。城市间劳动力再配置将是中国经济效率不断提高的来源，这带来以城市和城市圈为基础的城市公共财政模式（Glaeser，2013），也是城市化新阶段出现城市分化判断的依据。新时代中央地方关系的建构，必须适应要素再配置模式的结构性变化。

中央对地方转移支付的普遍存在，主要是基于公共服务均等化的制度性安排，即通过政府间财力的再分配来弥补初次财力分配差距（Boadway & Shah，2009）。分税制改革后，虽然中央对地方转移支付不断增长，却难以弥合地区性公共服务差距。2016 年对地方转移支付总额达到中央本级支出的 67.30%，中央本级财政支出只占到本级收入的 31.04% 和全国财政支出的 15.07%。除了继续上收财力或者压缩专项转移支付、税收返还的比例外，已经很难再对基本公共服务均等化发力。

依靠“中央给钱，地方办事”的公共服务地方化供给模式，不可能根本扭转地区公共服务差距。在现有的中央和地方关系矛盾中，不是中央掌握了太多资金，而是地方承担了太多责任，尤其是以转移支付的形式承担大量的中央委托事权和共有事权，造成了实际意义上的事权下移和公共服务碎片化。真正解决公共服务均等化的模式，不仅仅是中央对地方加大转移资金，更要依靠中央政府直接提供公共服务。这不仅是基本公共服务均等化的要求，更是适应现代信息技术下城市经济时代劳动力等生产要素大范围快速流动的要求。财政支出的重点，应该是以公共服务的全国化供给来更正地方化供给的不足，防止公共服务碎片化。提高养老等社保领域的统筹级别，强化中央政府在医疗卫生、司法、环保、统计等领域的事权，是以制度改革来推动和维护全国统一市场的重点。

除了均等化和全国化，中央还需要在发展规划和宏观稳定上发挥更多职能，这是中央政府行使国家管理职能的重要内容。从中央地方关系角度看，中央制定国家发展规划的“谋”，并不仅是为了确认中央应当承担的项目，更是为了抑制地方投资的体制性冲动和预算软约束以及由此产生的地方保护主义、机会主义等体制顽疾。通过“谋全局，谋万世”，使局部利益符合全局利益，地方利益符合国家利益，当前利益符合长远利益。

宏观稳定天生就是中央政府的职责。但中央专项转移支付及其地方配套机制，已经实际上把这个职能下放到了地方政府，形成了中央地方共同调控的格局，这一点从2009年的“4万亿投资计划”中央只支出1.18万亿上可以看出来。从比较财政制度和国际经验看，如果宏观调控职能所依赖的国家中长期预算平衡机制还没有建立，那么宏观调控基本都会演变成顺周期调控（付敏杰，2014）。

在地方预留的经济发展、地方服务等事权内，则要充分发挥地方政府贴近居民的信息优势。支出地方化要求最大限度地减少干预，中央考核地方的重点从过程干预转向绩效评估。这不但有利于充分发挥地方公共服务的多样化供给特征，最大限度地满足人口用脚投票机制下的不同偏好居民的福利改进（Oates，2008），还有利于城市、社会和文化的多元化，促进社会长期稳定和国家长治久安。

四　面向城市经济的财政体制改革框架和政策选择

城市化增长速度放缓和城市分化的加剧，加之工业税制的缺陷，将促使地方财政风险显现。城市化新阶段的稳定发展，必须对税制做出新的顶层设计，以适应深度城市化和工业转型升级的需要。未来财政体制选择至关重要。

1. 探索向自然人征税。从财政制度的演进看，城市化的重要特征就是“要素化”的个人纳税与公共服务享受相匹配，这才能保证人民群众对美好生活追求中的公共服务诉求与个体税收贡献基本匹配，是面向城市化新阶段的最优财税制度改革或根本性变革。在工业化和城市化快速发展的阶段，工业税收和扩张城市获得的土地财政基本可以兼顾发展和提供公共服务。随着工业份额到达峰值开始下降、城市化进入到稳定阶段，土地财政和产业税收产生的现金流，已不足以支撑日益增长的公共服务需要，且会割裂个人所享受的公共福利与纳税成本之间的关系，造成居民的“财政幻觉”，甚至形成对公共福利的过度需求，违背福利增长的“量力而行”原则。设计个人纳税与公共服务匹配，是重要的财政体制改革方向。当前征税体系主要针对企业法人，纳税服务也主要针对企业，没有向个人征收的法律体系和征收的人员配置。应该逐步从法律层面修订，逐步从向企业法人征税过渡到个人征税体制。

2. 向消费环节征税，减少间接税税收过于集中在生产环节造成的财政激励扭曲，是面向城市化新阶段的次优但在规模上更重要财税制度改革。城市是消费的中心，城市化率不断提高和城市经济的到来使得消费驱动成为可能（Glaeser，et al.，2001）。这就要通过调整税基，让消费者分担部分企业的消费税。在不改变间接税税制格局的前提下，适当降低生产环节征税、增加部分消费环节征税，可以使增值税更透明、更稳定（高菲，2015）。征税环节的改变，可以降低企业税负，并缓解由于税收集中在生产环节而造成的地方政府行为模式扭曲（付敏杰、张平，2015）。

3. 牢牢守住30%的工业份额底线。保证公共部门的稳健运行，这意味着公共收入的增长和结构必须与经济发展的长期趋势一致。从发展目标看，2050年工业强国的目标还有三十多年才能实现；从财政收入结构看，工业税制的主体地位不能坍塌。近年来，服务业比重的快速上升是建立在工业比重下降基础上的，虽然表面上对应着中国经济结构的轻型化似乎有利于产业结构调整，但投资率的持续下降对应的资本深化停滞必须得到充分重视，不能因为追求名义上的“土地价值最大化”而将整个社会的资金都吸引到土地上来。

4. 建立全国统一土地市场，严控土地泡沫。中国城市化的基本矛盾，是土地公有制的两种实现形式，即国家所有制和集体所有制之间的矛盾，土地财政、城中村、违章建筑等现象皆由此而来。土地市场被制度化地分割成国家所有和集体所有两个部分，大部分农村住宅和宅基地只能在本村范围内交易，呈现出碎片化特征。由于不允许城市居民购买农村住宅，单向开放使农村住宅价值因不能满足城市居民需求而相应地产生了制度性损失。土地可以按照追求资源最高价格和收入最大化的方式供应，也可以按照一般生产要素的方式供应。地方政府经营土地的杠杆化，过度追求土地单位面积收益的最大化，通过减少土地供应来提高土地价格和实现土地抵押收入最大化，已经严重背离了土地作为一种基本生产要素所应具有的地位，演变为高风险、高成本的垄断经济行为，是整个经济结构失衡之源。

5. 防范分配结构的租金化和财富陷阱的形成。从政府收入结构看，以土地出让收入为代表的地租收入快速增长，使得政府和居民收入分配结构都呈现出明显的租金化倾向，既损害治理能力，也妨碍创新发展。随着土地经营导致的土地财政和土地价格上涨，税收在政府收入中的比重连年下降。在政府收入法制化程度最高的“一般公共预算”中，税收比重已经从 1995 年的 98.25% 下降到 2015 年的 82.04%；地方财政收入的税收比重从 1994 年的 94.88% 下降到 2015 年的 75.49%。居民收入分配也有类似特征，美国 20 世纪 80 年代以后收入分配差距拉大，是因为以医生、律师、金融家、公司高管 CEO 等高人力资本行业在最富有的 10% 群体中占据了很大比重。高人力资本行业代表知识要素参与分配的结果，体现以“知识租金型”的收入分配结构特征，收入分配差距的拉大很大程度上是因为创新导致新技术发现，尤其是科技革命、互联网和现代金融（Piketty & Saez，2003；Kaplan & Rauh，2010；Aghion，et al.，2016）。目前中国的收入分配差距与美国相近（Piketty，et al.，2017），但房地产等资源性行业在各种富豪排行榜上始终占据 1/4，中产阶层持有的财产有 60% 是房产。与美国的“知识租金型”分配结构相比，我国的收入分配具有以地租为代表的“资源租金型”结构特征，分配结构并不体现创新和技术进步。当前重塑中等收入者的关键，是要让引领创新发展和具有更高生产率和财富创造力的知识要素以市场化的方式参与收入分配，让知识工人取代炒房者成为社会的中流砥柱。

第十章　稳中求进与风险控制：储蓄耗散趋势下的体制完善

立足于中国结构服务化过程中结构条件变化的分析，本章认为：（1）如果说工业化视增长为一切，那么城市化更加注重稳定和结构变动的效率补偿效应。（2）伴随着经济减速而来的储蓄下降是一种内在趋势，为了避免无效率的储蓄耗散，需要财政、金融制度的深度变革。（3）消费的结构升级，本质上可以视为一种效率的储蓄转化路径，它是城市化时期效率补偿效应的动力。

一　引言

稳中求进作为中国经济转型和城市化时期治国理政的根本方法论，有着理论和历史的内在逻辑。历史发展方面，中国现阶段正在经历后工业化时期经济增长路径的转型和效率模式重塑；理论机制上，高储蓄、高投资和增长的规模效率螺旋，随着结构条件的变化，逐渐失去其存在的基础。简言之，如果说工业化视增长为一切，那么城市化更加注重稳定和结构变动的效率补偿效应。

从储蓄、投资与消费再平衡的角度来看，中国城市化过程中的风险源头，在于结构性减速过程中储蓄耗散和家庭资产多样化的必然性与原有财政金融制度的不相容性。一方面，结构服务化导致的经济减速，使得实体经济投资越来越难以吸收高水平储蓄，促使过剩储蓄进入房地产和其他资产投资渠道，从而加剧资产泡沫和隐性通货膨胀风险。另一方面，为了抑制资产泡沫化这种无效率储蓄耗散现象，需要建设公共储蓄对私人储蓄的替代机制，并构建公共财政和金融市场的良性互动框架。这意味着财政和金融体制的深刻变革，对于中国而言，无疑是一项严峻挑战。

作为一种认识转变，我们需要强调的是，作为城市化区别于工业化的一个重要特征，发达城市化阶段居民消费结构升级，即居民对科教文卫体相关项目的消费，越来越具有跨期投资的经济意义，因此，这种认识意义上的消费，已经不再是传统工业化理论——把消费看作储蓄和投资的抵消项目——那样的简单理解。消费的结构升级，本质上可以视为一种效率的储蓄转化路径，它不是为了物质资本积累和单纯的产出，而是为了高质量生活和跨期的人力资本积累，结构服务化和消费主导的城市化也因此具有了效率补偿效应。

二　转型理论：增长、调整与稳定

在中国经济新常态和大转型的语境下，稳中求进有其特别的理论和实践含义。本质上，这个理念是对改革、增长与稳定这种传统表述的提炼与概括，隐含了发展阶段性要求和更高层次发展取向的期望：不仅包括如何反思增长和供给主导的历史经验，而且包含新的发展阶段上社会再平衡问题，其中，针对结构条件变化的制度再设计和调整能力，成为突破瓶颈的关键。鉴于转型理论的复杂性，本章主要围绕投资和储蓄这两个传统增长因素，对增长、调整和稳定的逻辑给出前瞻性分析，理论上，这些因素涉及稳中求进方法论的一些本质内容。

（一）后工业化和城市化时期经济稳定问题的经验事实

我们首先以经验事实的一个征引为出发点，对于不稳定的影响和负面作用，提供一些直观印象。在《独立以来拉丁美洲的经济发展》中，布尔默-托马斯（2000）用了两章的篇幅，从理论和政策层面，对内向型工业化结束之后拉美国家稳定计划实施的紧迫性及其后果进行了深刻分析，并给出如下评论：债务危机是20世纪70年代末期和80年代初期袭击拉美国家一系列外部冲击的顶点。贸易条件恶化、世界市场利率上升、发达国家经济衰退、资本流入减少，这些事件使得东亚国家所受冲击更大，但是拉美国家面临的调整过程更艰难并导致严重经济衰退：应对债务危机所进行的内部和外部调整，最终导致 13 个国家的制造业相对重要性下降。稳定计划和调整加剧了国内通货膨胀，“滞胀”——衰退与通胀的混合体——成为许多国家经济实绩的准确描述，货币贬值、金融自由化、信贷管制等正统调整政策的实施，是以公共开支减少为代价，这些措施的后果反过来又破坏了稳定计划。

当然，这是情景比较特殊的拉美国家的经历。但是，从长期发展和增长阶段性转换的经验来看，大规模工业化结束，特别是紧接着的现代城市化过程的开启，调整和稳定要求一般也随之而来。在这一调整的关键环节上，即使那些已经实现了向发达水平飞跃的国家，也不敢说自己做得比较完善。以日本为例，一些积极的改革倡议者认为，20 世纪 80 年代中后期日本大规模工业化彻底终结之后，一种与之前本质上不同的压力相应产生，稳定与发展问题摆在人们面前。主要问题是，政府干预和部门分割的制度路径依赖，加剧了减速时期国民经济中贸易部门和非贸易部门的矛盾，一方面，由于受到保护，建筑和服务业部门价格居高不下；另一方面，面对竞争压力和高成本，贸易部门不得不持续谋求效率改进以维持生存，最终导致国内制造业的空心化和经济泡沫化，并演变为所谓“日本病”（袁富华、张平，2017）。一些研究从模式转换这个更加综合的角度，针对日本城市化时代的发展和稳定策略的取向——特别是深化制度改革——进行分析（如 Lechevalier，2014），但时至今日仍然处于争论和探索之中。

尽管工业化的最终结局不同，但是拉美国家和日本的案例表明，经济稳定越来越成为后工业化时期的普遍要求。从这一点出发，我们可以给出一个增长、稳定和深化制度改革之关系的整体性考察，基本认识是依据结构条件的不同，在工业化阶段和城市化阶段上，发展和稳定的要求各有侧重，这与我们侧重于“长期”角度理解增长的方法是一致的。

（二）增长作为工业化首要目标的历史特定性

增长作为工业化过程的侧重点，基本假设是生产供给弹性足以抵御不稳定风险。按照加尔布雷斯（1971、2012）的表述方式，工业化过程可以视为传统稀缺社会向丰裕社会的发展过程，这个阶段的经济增长，主要围绕物质财富——食品、衣着、住行等的满足与饱和展开。工业化规模经济及其赖以建立的制度条件，把计划性、生产供给弹性和前瞻性赋予经济系统和经济组织，并使其具有一种内在的可预期和稳定性。换句话说，由于假设增长的可持续性能够吸收暂时性的波动冲击，如何保持增长成为制度设计的重中之重。

初始条件和技术路径的国别差异，尽管可能导致显著不同的工业化模式（如，基于廉价劳动力使用的中国模式和基于国内技术基础培育和自主创新的日本模式），但是在运用规模经济效率创造储蓄和积累这一点上是一致的。以中国为例，改革开放四十年的增长和发展，基本遵循了传统结构主义路径（袁富华、张平，2017b），这个时期中的制度设计和结构框架建设，是根据物质品短缺的具体实际，以产出最大化和和满足消费需求为目的进行的。典型特征可以归纳为，通过规模经济实现资本积累，借之实现贫困陷阱的突破。经济组织围绕产出供给增加展开，组织弹性表现为对需求总量提高和需求结构升级的调整适应，在生产结构优化升级的同时，满足消费需求。当然，以生产供给为主导的这种工业化，在其目的性上，企业之间和产业之间投入/产出关联关系的生产，比终端消费品的提供更加受到重视。在从传统农业向工业化演替的经济进程中，这一点无可厚非。亦即，这个经济阶段的主要问题，集中于生产供给体系诱致机制的建设和瓶颈的克服（Hirschman，1978），国家的经济干预——无论是政府对经济活动的直接介入还是政策工具运用，都是为了尽可能消除投资需求的市场不确定性和投资引致的较大经济波动，其成效体现为工业化过程中长期增长的达成。

（三）城市化过程中经济稳定为什么如此重要

从增长阶段转换的视角来看，以生产供给和物质品满足为重心的工业化，向以生活质量进一步提高为重心的城市化的演进，其要点在于结构条件的变化和经济组织的调整与适应。在经济结构服务优化和消费成为主导力量的条件下，经济效率和增长可持续不仅仅是产出规模扩张，这个问题甚至不是主要的了，关键在于内生效率的提升机制的建设。但是，鉴于一些新的变化，风险和可控性逐渐成为焦点，经济体系出现对于稳定的迫切要求。

结构条件变化方面。工业化阶段持续高增长动力的耗竭，源于 Hirschman 所谓“投资诱致投资”机制的削弱，这是经济进入城市化和结构服务化之后，经济不确定性的重要来源之一。新的变化导致不稳定性和风险加剧的主要原因在于“诱致机制失灵”（袁富华等，2018），对此，我们给出的进一步解释是：第一，城市化过程中服务业对制造业的替代，以及制造业内部升级，将导致原有部门之间的部分（甚至大部分）前后向联系环节消失。这种情景经常发生在重化工业化向知识技术密集制造业的转型时期，原有粗放的投入产出生产方式要求被集约生产方式替代，此时，如果经济体系创新能力和组织弹性不足，原有诱致机制的消失将导致增长速度的显著下滑，这种态势不仅会导致收入增长下降，而且将诱发原有投融资政策体系的全面调整，自然地导致市场风险的增加。第二，进一步，结构服务化下诱致机制的失灵，主要表现为可贸易的制造业被可贸易程度较低甚至不可贸易的服务部门替代，经济进入一个效率改进成本昂贵的时代。按照经济历史的土地决定、资本决定和知识决定的演进逻辑（加尔布雷斯，2012），脱胎于工业化的城市化将更加重视与消费结构升级和现代服务业发展有关的人力资本的积累，较之于物质资本的供给/需求，知识和人力资本的积累具有更加显著的跨期性特征，经济系统的可预期性因此弱化。第三，结构条件的上述变化，最终可以归结到如下事实上，即投资和消费作用的再评价。由于它正好发生在后工业化和城市化进程中，自然紧紧与经济社会的再平衡交织在一起，也使得政策效果的不确定性增加。

效率改进方面。一些研究者对 20 世纪 80 年代末期以来日本经济低迷的原因进行考察后认为，政府干预——尤其是投资替代消费政策的支持以及垄断部门的保护，不仅会导致部门间效率失衡，而且会导致追赶经济退化为“反生产率”（counter - productive）（Bailey, et al., 2007），并得出发展政策仅仅适用于发展状态的结论。类似地，对于向城市化转型的中国而言，工业化政策仅仅适用于工业化的逻辑同样成立，调整滞后所导致的失衡，不仅表现为房地产市场对实体经济的挤压及其对整体效率改进潜力的损害，而且表现为服务业发展向科教文卫体等主导升级的缓慢。短期风险和长期增长不确定性的交织，是转型时期的普遍特征，政策措施内在遵循以稳定谋发展的选择逻辑。制度及其调整能力成为关键。

三 结构条件：储蓄与投资：财政、金融制度的不相容性

工业化向城市化转型以及结构服务化主导经济的形成，这个过程中的风险交织实际上是把有效投资的问题凸显出来，这个问题的另一种表述是（包括居民、企业和政府在内的）储蓄的有效利用，以及投资与消费的再平衡。再平衡不仅涉及短期的数量的权衡，更加重要的是结构调整，其中，储蓄的变动态势将越来越成为触发风险的主要力量，也因此加剧转型时期原有工业化财政、金融结构与城市化的不相容性。本部分，我们围绕储蓄揭示风险机制。

就像上文已经说明的那样，典型如中国、日本和韩国的大规模工业化，其显著特征是高积累水平和社会储蓄水平。限于分析目的，我们这里主要关注家庭储蓄水平及其变化，以及这种动态所引致的一系列问题。这些问题与后工业化时期城市化过程的发展有关，在两个前期研究中（付敏杰等，2017；袁富华等，2018），我们已经就相关因素给出了一些数据说明，这里就主要观点给出进一步的归纳和提炼，集中分析城市化过程中结构条件的变化与原有工业化的金融、财政机制不相容的问题。基本认识是：以生产供给为核心的工业化时期的金融和财政模式，将因为不可避免的储蓄下降受到根本冲击。伴随结构条件变化的储蓄下降，将依据不同的制度设计形成效率各异的耗散和分化路径，成为经济不稳定的潜在根源。

（一）储蓄下降的事实

1. 城市化与储蓄下降。以家庭净储蓄率这个重要的经济因素为例，20 世纪 80 年代以来，主要发达国家均出现显著的下降趋势，为方便起见，图 10－1 只列示了美国、意大利、澳大利亚、日本和韩国的动态。实际上，很多文献对这种变动——尤其是 90 年代以来发达国家家庭净储蓄率向一位数低水平快速收敛的原因给出了分析，包括可以想见的增长速度低下、人口老龄化、宏观波动冲击、福利制度完善等各种各样的

因素。我们的观点立足于发展阶段转型，把视角集中于工业化向城市化转型的结构条件变化的影响。为此，有两个典型经验值得关注，即日本和韩国长期均经历过的——“增长倒 U 形”引致“储蓄率倒 U 形”。直观的数据比较如下：（1）第一次石油危机结束了日本超高速经济增长，同时，伴随着超高速增长的家庭净储蓄率也达到 23% 的峰值；其后，日本经济进入中低速增长的调整时期，家庭净储蓄率持续下降，1974—1989 年下降约 10%。90 年代经济泡沫之后，日本进入低速增长时期，导致储蓄率快速下降，目前只有 2%—3% 的水平。（2）韩国的情况类似，但是在 21 世纪之初经济转入中低速增长时，家庭净储蓄发生了急剧下降（如图 10－1 所示，韩国储蓄率的倒 U 形变动更加显著）。

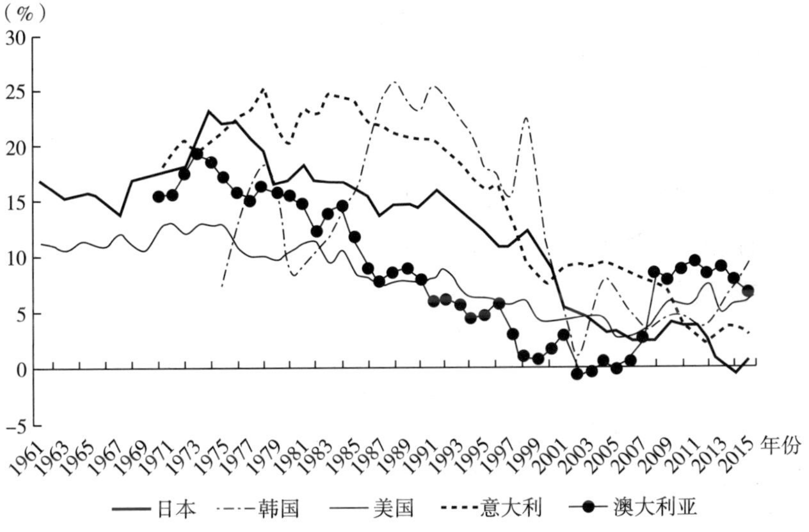

图 10－1　1961—2015 年主要发达国家家庭净储蓄率变化趋势

资料来源：OECD。

2. 储蓄悖论和储蓄耗散。联系到后工业化时期结构条件的变化，这种储蓄下降趋势，应该被理解为沿着不同的路径耗散了，或者说多余储蓄被转化成其他形式。在解释这种路径之前，我们首先对储蓄悖论给出说明。需要强调的是，大规模工业化时期那种特定结构条件下构建的资本积累和增长循环，是一种“增长—收入提高—储蓄提高—投资促进”的良性循环，也为社会储蓄意愿和储蓄积累提供了基础，日本工业化时期鼓励储蓄的政策以及中国的经验很好地说明了这个意愿的存在。但是受到市场、消费和城市化发展的反向作用，工业化规模经济不可能永远持续，受制于增长速度和收入提高速度的下降，储蓄快速积累的基础消失。更为重要的是，面对结构服务化的结构条件，强烈的储蓄意愿也不能为储蓄的保有提供信念支持，城市化高成本成为储蓄耗散的本质原因。

3. 机制。这个本质原因一方面是诱致机制削弱，结构服务业对制造业的替代首先从物质品的投入产出关联上弱化了投资动力，导致高储蓄转换为高投资的动力消失。上述关于日本和韩国城市化快速发展时期增长和居民净储蓄的两个倒 U 形趋势，提供了很好的佐证，即低速增长不足以吸收很高的储蓄率。另一方面，如果储蓄不能经由物品和服务的生产性投资转化为真实效率，那么将很可能经由资产市场转化为泡沫，日本 20 世纪 90 年代的事实足以为鉴。

（二）储蓄耗散的无效率路径和风险

诱致机制的削弱，给伴随城市化和结构服务化而来的资产时代带来更大的不确定性，这种不确定性和潜在风险，又因为资产多样化要求和投资路径的可能分化而加剧。对于像中国这样的发展中国家而言，在工业化向城市化转型过程中，通常会面临与之相关的短期和长期不稳定性冲击的交织，即隐性通货膨胀和效率抑制。甚至像日本那样已经进入发达城市化的经济，受工业化制度惯性的影响，经济系统内在不稳定的问题依然没有很好地排除。

1. 城市化和房地产业的问题。作为引致家庭储蓄耗散和储蓄替代资产多样化因素之一，房地产投资尽管是发达城市化经济的重要内容，但这种投资对实体经济的替换，往往引发泡沫问题，后工业化时期尤其值得关注。这个命题在国际经验中有许多案例，中国现阶段房地产市场的泡沫化趋势，应当理解为后工业化时期经济体系和制度转型滞后的综合结果或必然。之所以做出这样的断言，原因在于服务业替代工业化的这个较长阶段，实体经济投资和总体经济增速的下降，不能吸收已经累积起来的过高储蓄率，基建和房地产作为城市化快速推进时期的载体，正好成为高储蓄率疏解的新渠道。房地产泡沫的发生，应联系结构条件变化进行分析，属于系统性调整的范畴。

与储蓄相关的国际经验显示，后工业化时期房地产泡沫的一次性冲击，将导致家庭储蓄率的持续下降：后续时期中，即使抑制了显著的泡沫膨胀，房价高位的态势也无法短期消除，加之收入增长度速度下降，可能加剧居民净储蓄的过快耗散。

2. 储蓄耗散的无效率路径和隐性通货膨胀。由此我们得出转型时期隐性通货膨胀风险的预期。这种不稳定因素来源于城市化快速发展过程，是对原有经济体系偏好的继承。因此，鉴于城市化高成本的内在特征，结构服务化过程原则上不是彻底消除这种潜在风险，而应该立足于避免隐性通货膨胀的显性化，对于中国的城市化发展而言，这个问题尤其值得关注。流行的研究囿于通货膨胀的教科书定义，把注意力集中于物质品和一般服务的价格变化上，这其实是工业化阶段的认识方式：工业化的规模经济导致长期的制造品价格下降，如此趋势没有什么可以大惊小怪的。相反，随着城市化这种新的发展阶段的到来，资产时代开启，问题的焦点在于资产价格的膨胀根本上成为隐性通货膨胀的风险源。典型如中国现阶段的房地产市场，逐渐成为耗竭储蓄的一个漏斗，关键还在于，这种对储蓄的吸收，不仅是与实体经济发展的恶性竞争，而且是对未来增长潜力的削弱，储蓄耗散的无效率路径由此形成。

3. 中国的特殊性。随着中国高增长时代的结束和城市化进程的深化，经济减速势必把储蓄的两难问题摆在人们面前。首先，20 世纪 90 年代以来，中国家庭净储蓄率大多数年份维持在 30% 以上的高水平，2008 年以来更是接近 40%，但是 2012 年以来发生的持续减速和新常态，将使得中低增长速度不足以吸收这么高的储蓄水平，储蓄率降低是一种必然。根据我们的分析（袁富华、张平，2018），中国居民储蓄率的下降通道正在开启，一旦增长速度跌落到 6% 以下，很可能出现储蓄率快速耗散的态势。其次，问题关键在于如何防止房地产之类的资产膨胀，过度吸收居民储蓄，或者说，如何防止储蓄向无效率路径的转换，这是中国转型时期面临的最特殊的问题。

中国现阶段房地产价格的膨胀，从两个方面产生了对长期效率改进路径的扭曲。一是家庭储蓄的购房支出，挤压了当期消费支出和未来教育支出，不仅直接影响了消费结构升级，而且影响了服务业结构升级和改善的潜力。二是房地产业的过度发展，削弱了制造业创新的动机和动力。对于转型时期的中国而言，失去制造业技术进步的支持，也就失去了突破中等收入陷阱的推力。

（三）社会保障和家庭储蓄路径的转换

尽管存在市场风险，但是作为高成本城市化下保值和增资的重要资产，家庭储蓄向房地产投资的转换是一种普遍现象。另一条路径是社会保障对家庭储蓄的部分替代，从经验上来看，发达国家高水平的城市化和社会保障制度的建设，通常被认为是促进家庭净储蓄率向低水平收敛的重要原因，居民家庭储蓄率的这种下降趋势，也正好与20世纪80年代以来发达国家普遍出现的低水平增长和福利制度建设完善同步。

1. 发达国家的社会保障体系建设和公共储蓄。市场风险使得发达资本主义国家较早认识到社会支出计划的重要性，包括健康、养老、教育等在内的社会保障体系建设，在第二次世界大战后至20世纪80年代初期臻于完善，80年代之后大多数欧洲福利国家和低预算发达国家社会转移支付占GDP比重上升缓慢甚至下降。在90年代，欧洲福利国家养老金支出占GDP比重普遍在10%—15%（Lindert，2004）。根据OECD数据，2016年，养老金收益占家庭金融资产的比重在一些国家如英国、美国、澳大利亚分别为45%、30%、57%。按照Lindert的观点以及福利国家建设的流行看法，公共储蓄对私人储蓄的替代，是城市化阶段对抗未来不确定性的重要手段，发展中国家这方面的追赶，虽然部分来源于国际示范效应，但是风险防范意识依然是主要方面。

之所以这样说，是因为后工业化时期结构性条件的变化，以及因此而导致的社会再平衡和发展模式重塑，通常是追赶国家面临的问题。典型例子是拉美国家的城市化，由于缺乏必要的内生动力机制，致使家庭直接暴露于宏观不稳定的风险之下，包括私人储蓄在内的家庭资产不断被城市化高成本消除。

2. 财政收支结构与结构服务化的矛盾及其风险。家庭储蓄耗散过程中私人储蓄向公共储蓄的转化，实际上是财政收支压力的增大和市场风险向财政的传递，加剧了财政收支结构与结构服务化的矛盾，同时对经济发展质量提出更高的要求。风险发生机制如下：（1）包括养老金在内的很大一部分公共支出，不仅具有长期的支出刚性，而且具有比较典型的代际和跨期特征，年青一代的就业人员和生产率，能否为退休一代提供支持成为争论焦点。就发达国家普遍的倾向而言，争论的背景是人口老龄化与经济效率改进之间的矛盾，即随着老龄化社会的到来，年青一代的收入和公共储蓄能否支撑起滚动的公共支出。（2）具体地，结构服务化能否提供持续的经济效率改进动力，是保证财政支出安全的重要环节。城市化阶段服务业和消费主导所隐含的效率改进风险，正如前文所言，源于规模化、可贸易程度相对较低的服务业对制造业的替代，如果服务业的发展仍然囿于传统产业，这个问题就更加突出了。一方面，随着制造业比重的下降，部分税收基础受到削弱；另一方面，经济增长速度的放缓，导致收入提高速度的放缓，这些矛盾都要求服务业发展必须具有效率的补偿作用。

（四）资产多样化与金融市场问题

根据发达国家的经验，城市化时期预防居民储蓄无效率耗散的另外一个重要渠道，是金融市场结构的完善及其稳定。在一些资料佐证提供之前，我们预先就金融资产结构给出一个说明：第一个事实是，20 世纪 90 年代中期以来，绝大多数发达国家的家庭金融资产中，现金储蓄所占比重在 30% 以下；第二个事实是，根据养老金收益占家庭金融资产的比重，大致把发达国家分为两类——以英国和澳大利亚为代表的养老金收益占比较大的一类，以美国为代表的证券和基金投资占比较大的一类。这两类发达国家隐含的一个基本现象是，发达城市化阶段的居民家庭资产组合，主要以公共储蓄和证券、基金及生命保险的形式存在。前文已经就私人储蓄向公共储蓄的转化进行了分析，这里集中于金融市场的结构。

1. 健全的金融市场的作用。作为私人储蓄的重要转化渠道，因为涉及家庭资产的较大份额，金融市场的重要性不言而喻。金融市场结构的完善，主要是为了满足家庭和消费者的投资需求，把多余储蓄转换为资产，需要有效的投资渠道；保持金融市场的稳定，主要满足资产增值保值的要求，公平的竞争环境是为了保证消费者和家庭的投资效率。表 10－1 提供了美国、法国和意大利家庭金融资产结构，可以看出，这些国家中家庭投资于有价证券、共同基金股份和寿险净权益的比重很大，占比普遍在 60% 左右。表中同时列示了日本和韩国的有关情况。与老牌发达国家比较起来，短期内经历了大规模工业化和现代城市化的两国，受到原有制度路径依赖的影响，其金融市场发展的滞后在家庭资产结构中表露无遗。

2. 进一步的说明。上述国际比较给予我们的一个重要提示是，对于经济追赶国家来说，后工业化时期的金融制度完善需要给予充分的关注。按照流行的观点，如果说现代城市化的主要标志是资产时代的到来，那么，为了预防泡沫化风险，金融制度的完善至关重要。最为根本的因果关系有两点：一是在私人储蓄日益向公共储蓄转化的趋势下，金融制度的完善有利于稳定公共支出，公共财政的建立以完善的金融结构和金融制度为前提。二是完善的金融制度也是投资效率提高的保障，在私人储蓄下降的趋势下，如何用好宝贵的储蓄也是个大问题。

表 10－1 证券、共同基金股份和寿险净权益占家庭金融资产比重 单位:%

年份	法国	意大利	日本	韩国	美国
1995	53.4	51.1	36.3	—	54.5
2000	62.1	68.6	31.7	—	57.2
2005	62.7	67.7	37.0	—	56.1
2010	62.6	59.3	32.1	47.1	51.1
2015	59.5	59.5	34.6	46.0	53.9

资料来源：OECD。

四 稳中求进：风险防范和效率增进

回到中国制度改革迫切性的现实上来。与大多数分析的角度不同，本章围绕结构性减速过程中家庭储蓄耗散的未来趋势和必然性进行论证。城市化的资产特征，决定了它与以物质产品生产为中心的工业化阶段的不同，因此，如果说工业化是一个视增长为一切的阶段，那么城市化更加注重（与短期风险和长期风险相联系的）稳定和结构变动的效率补偿效应，我们认为，这是稳中求进的根本所在。对于储蓄、投资和消费这三者的互动关系。有以下几点值得思考：

1. 疏通家庭储蓄转换的渠道。制度完善的一个重要方面——财政收支结构的调整和金融市场的完善，在城市化时期有着更为迫切的要求，两个层面的关系在城市化过程中通过资产多样化被更加紧密地联系起来。随着中国经济进入减速通道，在高储蓄率不可避免地向低水平收敛的趋势下，在公共均等化和基本保障建设的基础上，不断提高居民的福利水平，不仅有利于提高居民生活质量，而且有利于防止储蓄的无效率损耗。与此相适应，多层次、多功能金融结构的完善和稳定金融市场的建设，既有利于个人多样化资产投资渠道的畅通，也有利于社会保障资金的保值增值，城市化过程中公共财政与金融市场的良性互动由此建立。

2. 效率补偿。传统经济理论把消费看作储蓄和投资的抵消项目，这是工业化阶段形成的思维模式，因为积累和增长是工业化的核心。发达城市化的高生活质量，逐渐促使这种传统思维模式转变。比较显著的是，在发达经济阶段，居民消费结构中科教文卫体的项目，越来越具有投资的含义，因此这是一种有助于未来整体经济效率提高的储蓄转化途径。这种有效率的储蓄转化，是城市化区别于工业化的一个重要特征。就发达国家的普遍经验而言，它们对高消费的强调经过了两个阶段：一是物质和服务的一般性商品的消费，目的是资本积累和增长；二是科教文卫体的消费，目的是高质量生活和跨期的人力资本积累。这后一种，已经属于跨期的效率补偿的范畴，它的重要意义在于可持续发展和对抗未来的不确定。中国现阶段的供给侧结构性改革，是在原有工业化“增长—消费”循环不可持续的背景下提出的，生产供给主导向服务业和消费主导的转型的关键环节，在于消费结构升级所蕴含的效率补偿效应。

3. 创新和内生增长的重要性。投资和高质量发展，使由于储蓄耗散带来的效率问题变得重要起来。限于篇幅，我们这里给出如下提示。

家庭储蓄率耗散所带来的压力有三个：一是未来低储蓄水平下，企业间接融资来源受到限制。二是如果依赖直接融资，这将为企业提高竞争力提出更高要求。三是为了避免市场融资风险，企业留存收益必须提高，这也为技术进步提出了高要求。创新和内生增长的重要性，由于这些压力变得更加现实和紧迫，而这些又对包括财政、金融和产业组织等在内的系统性制度变革提出了要求。

参考文献

白重恩、张琼：《中国经济减速的生产率解释》，财新 · 比较，2014 年 9 月 19 日。

蔡昉：《人口转变如何影响“十二五”时期的经济发展?》，《比较》2011 年第 2 期。

蔡昉：《理解中国经济发展的过去、现在和将来——基于一个贯通的增长理论框架》，《经济研究》2013 年第 11 期。

蔡昉：《靠切实的改革延续人口红利》，《经济日报》2015 年 6 月 4 日第 11 版。

陈昌兵：《城市化与投资率和消费率间的关系研究》，《经济学动态》2010 年第 9 期。

［美］戴安娜 · 法雷尔主编：《提高生产率——全球经济增长的原动力》，朱静翻译，商务印书馆 2010 年版。

方福前：《中国居民消费需求不足原因研究——基于中国城乡分省数据》，《中国社会科学》2009 年第 2 期。

付敏杰：《市场化改革进程中的财政政策周期特征转变》，《财贸经济》2014 年第 10 期。

付敏杰、张平：《新常态下促进消费扩大和升级的税收政策》，《税务研究》2015 年第 3 期。

付敏杰、张平、袁富华：《工业化和城市化过程中的财税体制演进：事实、逻辑和政策选择》，《经济研究》2017 年第 12 期。

高菲：《流转税对中国地方政府行为的影响——基于生产环节征税的视角》，博士学位论文，中央财经大学，2015 年。

高培勇：《论完善税收制度的新阶段》，《经济研究》2015 年第 2 期。
桂萍：《论撤点并校政策与农村儿童辍学率的回升》，《法制博览》2013 年第 6 期。
郭庆旺、贾俊雪：《中国潜在产出与产出缺口的估算》，《经济研究》2004 年第 5 期。
龚雯、许志峰、王珂：《七问供给侧结构性改革——权威人士谈当前经济怎么看怎么干》，《人民日报》2016 年 1 月 4 日。
黄少安、陈斌开、刘姿彤：《“租税替代”、财政收入与政府的房地产政策》，《经济研究》2012 年第 8 期。
金刚、沈坤荣：《结构性减速真的存在吗：一个文献评述》，《经济资料译丛》2017 年第 2 期。
江时学：《拉美发展模式研究》，经济管理出版社 1996 年版。
楠玉、袁富华、张平：《论当前我国全要素生产率的提升路径》，《上海经济研究》2017 年第 3 期。
李稻葵、刘霖林、王红领：《GDP 中劳动份额演变的 U 型规律》，《经济研究》2009 年第 1 期。
李萍：《财政体制简明图解》，中国财经出版社 2010 年版。
吕鑫祥：《终身教育思想与职业技术教育》，《教育发展研究》2003 年第 8 期。
林毅夫、郭国栋、李莉等：《中国经济的长期增长与展望》，北京大学中国经济研究中心讨论稿，2003 年。
林毅夫、任若恩：《东亚经济增长模式相关争论的再探讨》，《经济研究》2007 年第 8 期。
刘世锦、刘培林、何建武：《把提高生产率作为新常态发展主动力》，《人民日报》2015 年 3 月 31 日第 7 版。
刘世锦、张军扩、侯永志等：《陷阱还是高墙：中国经济面临的真实挑战与战略选择》，财新・比较，2011 年 6 月 17 日。
史俊男：《经济增长阶段与要素弹性参数逆转》，硕士学位论文，中国社会科学院研究生院，2014 年。
［英］维克托・布尔默－托马斯：《独立以来拉丁美洲的经济发展》，张帆等译，中国经济出版社 2000 年版。

［美］维托·坦齐、［德］卢德格尔·舒克内希特：《20 世纪的公共支出》，胡家勇译，商务印书馆 2005 年版。

王小鲁：《中国城市化路径与城市规模的经济学分析》，《经济研究》2010 年第 10 期。

王小鲁、樊纲：《中国经济增长的可持续性：跨世纪的回顾与展望》，经济科学出版社 2000 年版。

萧琛译：《美国总统经济报告：2001 年》，中国财政经济出版社 2003 年版。

许宪春：《中国服务业核算及其存在的问题研究》，《经济研究》2004 年第 3 期。

徐朝阳：《供给抑制政策下的中国经济》，《经济研究》2014 年第 7 期。

徐思超：《中国城市土地市场分化研究》，博士学位论文，中国农业大学，2017 年。

袁富华：《长期增长过程的结构性加速与结构性减速：一种解释》，《经济研究》2012 年第 3 期。

袁富华：《中国经济“结构双重性”问题分析》，《经济与管理评论》2014 年第 2 期。

袁富华：《供给主导转向消费需求主导：长期增长过程的调整与效率模式取向》，《学术研究》2016 年第 10 期。

袁富华、张平、陆明涛：《长期增长过程中的人力资本结构：兼论中国人力资本梯度升级问题》，《经济学动态》2015 年第 5 期。

袁富华、张平（2016a）：《中国经济二次转型的理论分析》，《中国特色社会主义研究》2016 年第 2 期。

袁富华、张平（2016b）：《中等收入阶段的增长停滞与增长跨越：兼论中国结构调整方向》，《中共中央党校学报》2016 年第 5 期。

袁富华、张平（2017a）：《雁阵理论的再评价与拓展：转型时期中国结构问题的诠释》，《经济学动态》2017 年第 2 期。

袁富华、张平（2017b）：《中国经济大转型：传统结构主义终结与经济结构服务化的组织取向》，《中共中央党校学报》2017 年第 2 期。

袁富华、张平、李兆辰：《增长非连续的原因与创新路径的转换》，《中共中央党校学报》2018 年第 1 期。

［美］约翰·肯尼斯·加尔布雷斯：《新工业国》，嵇飞译，上海人民出版社 2012 年版。

［美］亚历山大·格申克隆：《经济落后的历史透视》，张凤林译，商务印书馆 2009 年版。

杨帅、温铁军：《经济波动、财税体制变迁与土地资源的资本化——对中国改革开放以来“三次圈地”相关问题的实证分析》，《管理世界》2010 年第 4 期。

郑海涛、任若恩、柏满迎：《中国与日本分行业 TFP 水平的国际比较：1995—2006》，《统计研究》2009 年第 7 期。

［美］詹姆斯·卡拉特：《生物心理学》，苏彦捷译，人民邮电出版社 2015 年版。

张平（2017a）：《中国经济迈向中高端发展的效率提升与供给侧改革》，《现代经济探讨》2017 年第 1 期。

张平（2017b）：《货币供给机制变化与经济稳定化政策的选择》，《经济学动态》2017 年第 7 期。

张平主编（2017c）：《中国上市公司发展报告（2017）》，社会科学文献出版社 2017 年版。

张平、刘霞辉：《经济增长前沿》，社会科学文献出版社 2007 年版。

张平、刘霞辉、王宏淼：《中国经济增长前沿Ⅱ》，中国社会科学出版社 2011 年版。

张自然、张平、刘霞辉：《中国城市化模式、演进机制和可持续发展研究》，中国社会科学出版社 2016 年版。

中国经济增长与宏观稳定课题组：《干中学、低成本竞争机制和增长路径转变》，《经济研究》2006 年第 4 期。

中国经济增长前沿课题组：《劳动力供给效应与中国经济增长路径转换》，《经济研究》2007 年第 10 期。

中国经济增长前沿课题组：《中国经济长期增长路径、效率与潜在增长水平》，《经济研究》2012 年第 11 期。

中国经济增长前沿课题组：《中国经济转型的结构性特征、风险与效率提升路径》，《经济研究》2013 年第 10 期。

中国经济增长前沿课题组：《中国经济效率减速冲击、存量改革和政策激励》，《经济研究》2014 年第 10 期。

中国经济增长前沿课题组：《突破经济减速的新要素供给理论、政策与体制选择》，《经济研究》2015 年第 11 期。

中国经济增长前沿课题组：《增长跨越：经济结构服务化、知识过程和效率重塑》，《经济研究》2016 年第 11 期。

Aghion, P. and P. Howitt (1992), "A Model of Growth Through Creative Destruction", Econometrica, 60 (2).

Aghion, P., U. Akcigit, A. Bergeaud, Richard Blundell, and David Hemous (2015), "Innovation and Top Income Inequality," Working Paper 21247, National Bureau of Economic Research.

Alba, Joseph D.; Papell, David H. (2007), "Purchasing Power Parity and Country Characteristics: Evidence From Panel Data Tests", Journal of Development Economics, 83, (1).

Bailey, et al. (2007), Crisis or Recovery in Japan: State and Industrial Economy, Cheltenham: Edward Elgar.

Barro, R. J. and J. W. Lee (1993), International Comparisons of Educational Attainment, Journal of Monetary Economics.

Barro, R. J. and J. W. Lee (2010), A New Data Set of Educational Attainment in the World, 1950 – 2010, NBER Working Paper 15902.

Bass H H. Nurse's Development Theory: Influences and Perceptions//Kattel R, Kregel J A and Reinert E S. Ragnar Nurkse (1907 – 2007): Classical Development Economics and its Relevance for Today. London and New York: Anthem Press, 2009: ch9.

Ben S. Bernanke, et al. (1999), "The Financial Accelerator in A Quantitative Business Cycle Framework", In "Handbook of Macroeconomic", Volume I, Chapter 21, 1999, Elseviser.

Bloom, David E.; Canning, David; Sevilla, Jaypee (2001), "Economic Growth and the Demographic Transition", NBER Working Papers, Cambridge, MA: The National Bureau of Economic Research, No. w8685.

Bjork, G. C. (1999), The Way It Worked and Why It Won't, London: Praeger.

Boadway, Robin and Anwar Shah (2009), Fiscal Federalism: Principles and Practices of Multiorder Governance, Cambridge University Press.

Brandt, L., Tombe, T. and X. Zhu (2013), "Factor Market Distortions Across Time, Space and Sectors In China", Review of Economic Dynamics, 16 (1).

Charles Hulten, Leonard Nakamura (2017), "Accounting for Growth in the Age of the Internet: The Importance of Output - saving Technical Change", Working Paper 213315. http://www.nber.org/papers/w213315.

Chen, Edward K. Y. (1997), "The Total Factor Productivity Debate: Determinants of Economic Growth in East Asia", Asian - Pacific Economic Literature, 11, (1).

Chow, Gregory C. (1993), "Capital Formation and Economic Growth in China", The Quarterly Journal of Economics, 108, (3).

Chow, Gregory C.; Li, Kui - Wai (2002), "China's Economic Growth: 1952 - 2010", Economic Development and Cultural Change, 51, (1).

Ciccone, A. and R. E. Hall (1996), "Productivity and the Density of Economic Activity", The American Economic Review, 86 (1).

C. Kay (1989), Latin American Theories of Development and Underdevelopment, Routledge.

Coelli, Timothy J.; Rao, D. S. Prasada; O' Donnell, Christopher J.; Battese, George E. (2005), An Introduction to Efficiency and Productivity Analysis. New York, NY: Springer Science - i - Business Media, Inc.

Cooper, William W.; Seiford, Lawrence M.; Tone, Kaoru (2007), Data Envelopment Analysis: A Comprehensive Text with Models, Applications, References and DEA - solver Software. New York, NY: Springer.

Cypher, J. M. & J. L. James (2009), The Process of Economic Development, Routledge.

Datta - Chaudhuri M. (1990), "Market Failure and Government Failure",

The Journal of Economic Perspectives, 4 (3).

Deng, Yongheng, Joseph Gyourko, Jing Wu (2012), "Land and House Price Measurement in China," Property Markets and Financial Stability, Heath A., Packer F. and Windsor C. eds., Bank of International Settlement and Reserve Bank of Australia.

Dirks, D., J. Huchet and T. Ribault (1999), Japanese Management in the Low Growth Era: Between External Shocks and Internal Evolution, Springer.

ECLA. (1951), Economic Survey of Latin America 1949, New York: United Nations Department of Economic Affairs.

Eichengreen, Barry; Park, Donghyun; Shin, Kwanho (2013), "Growth Slowdowns Redux: New Evidence On the Middle - Income Trap", NBER Working Papers, Cambridge, MA: The National Bureau of Economic Research, No. w18673.

Fang, Hanming, Quanlin Gu, Wei Xiong, and Li - An Zhou (2015), "Demystifying the Chinese Housing Boom." Chap. 2 in NBER Macroeconomics Annual 2015, Vol. 30, edited by Martin Eichenbaum and Jonathan Parker. University of Chicago Press.

Fredriksen, B. (1991), An introduction to the analysis of student enrollment and flows statistics. Population and Human Resources Department. Education and Employment Division background paper series; no. 91/39. Washington, D. C.: The World Bank.

Furtado C. Underdevelopment and Dependence (1974), The Fundamental Connection, Centre of Latin American Studies, University of Cambridge.

Galbraith, J. K. (1971), The Affluent Society, Houghton Mifflin Company.

Characteristics. Journal of Economic Perspectives, 31 (1).

Glaeser, E., Kolko, J. and Saiz, A. (2001), Consumer city, Journal of Economic Geography, 1.

Glaeser, Edward L. (2013), Urban Public Finance, Handbook of Public

Economics Volume 5.

Glaeser, Edward, Wei Huang, Yueran Ma, and Andrei Shleifer (2017), A Real Estate Boom with Chinese.

Grossman, G. M. and E. Helpman (1991), "Quality Ladders and Product Cycles", The Quarterly Journal of Economics, 106 (2).

Gustavo Adler, Romain Duval, et al. (2017), "Gone with the Headwinds, Global Productivity", IMF Staff Discussion Note SDN/17/04, April 2017.

Hicks, J. R. (1965), Capital and Growth, Oxford: Oxford University Press.

Hirschman, A. O. (1978), The Strategy of Economic Development, W. W. Norton & Company.

Hoff K. Beyond Rosenstain – Rodan (2000), "The Modern Theory of Coordination Problems in Development", Proceedings of the Annual World Bank Conference on Development Economics.

Hofman, A. (2000), The Economic Development of Latin America in the Twentieth Century, Edward Elgar.

Im, F. G. and D. Rosenblatt (2013), "Middle – Income Traps: A Conceptual and Empirical Survey", World Bank Policy Research Working Paper, No. 6594.

Kaplan, Steven N. and Joshua Rauh (2010), "Wall Street and Main Street: What Contributes to the Rise in the Highest Incomes?," Review of Financial Studies, 23 (3).

Karabarbounis, Loukas; Neiman, Brent (2014), "The Global Decline of the Labor Share", The Quarterly Journal of Economics, 129, (1).

Katz R. Japan (1998), the System that Sourced: The Rise and Fall of the Japanese Economic Miracle, London: M. E. Sharpe.

Korkotsides, A. S. (2009), "Consumer Capitalism", Routledge Frontiers of Political Economy.

Kriesler P. Harcourt, Hicks and Lowe: Incompatible Bedfellows? // Sardoni C and Kriesler P. Themes in Political Economy: Essays in Honour of

Geoff Harcourt. London: Routledge, 1999.

Krueger, Alan (1999), "Measuring Labor's Share", NBER Working Papers, Cambridge, MA: The National Bureau of Economic Research, No. w7006.

Krugman, Paul (1994), "The Myth of Asia's Miracle", Foreign Affairs, 73, (6).

Lechevalier, S. (2014), The Great Transformation of Japanese Capitalism, London and New York: Routledge, 2014.

Li, Kui – Wai; Liu, Tung (2011), "Economic and Productivity Growth Decomposition: An Application to Post – Reform China", Economic Modelling, 28, (1 –2).

Lindert, P. H. (2004), Growing Public, Vol. 1, Cambridge University Press.

Hausmann, Ricardo; Pritchett, Lant; Rodrik, Dani (2005), "Growth Accelerations", Journal of Economic Growth, 10, (4).

Herrendorf, Berthold; Rogerson, Richard; Valentinyi, ákos (2014), "Chapter 6 – Growth and Structural Transformation", in Aghion, Philippe; Durlauf, Steven N. (eds.), Handbook of Economic Growth, Vol. 2B, Amsterdam, The Netherlands: Elsevier, B. V.

Herrick, B. and Kindleberger, C. P. (1983), Economic Development, New York: McGraw – Hill.

Hirschman, A. O. (1978), The Strategy of Economic Development, W. W. Norton & Company.

Maddison, Angus (1991), Dynamic Forces in Capitalist Development: A Long – Run Comparative View. Oxford University Press Oxford.

Maddison, A. (1989), The World Economy in the 20th Century, OECD Publishing.

Maddison, A. (2006), The World Economy (Volume1, Volume2), OECD Publishing.

Mankiw, N. Gregory; Romer, David; Weil, David N. (1992), "A Contribution to the Empirics of Economic Growth", The Quarterly Journal of

Economics, 107, (2).

Merton, R. K. (1968), Social Theory and Social Structure, The free Press.

Mirrlees, James A. (2009), Welfare, incentives and taxation, Oxford University Press.

Musgrave, R. A. and Musgrave, P. B. (1988), Public Finance in Theory and Practice, New York: McGraw – Hill Book Company.

Mitchell, B. R. (1998), International Historical Statistics (4thed): 1750 – 1993, New York: Stockton Press.

Mitchell, B. R. (2007), International Historical Statistics (6thed): 1750 – 2005, New York, N. Y.: Palgrave Macmillan.

Nehru, Vikram; Dhareshwar, Ashok (1993), "A New Database On Physical Capital Stock: Sources, Methodology and Results", Revista de análisis económico, 8, (1).

Nurkse, R. (1958), Problems of Capital Formation in Underdevelopment Countries, Oxford: Basil Blackwell.

Oates, W. E. (2008), "On the Theory and Practice of Fiscal Decentralization", in A. J. Auerbach and D. N. Shaviro [eds.] Institutional Foundations of Public Finance: Economic and Legal Perspectives, Harvard University Press.

Òscar Jordà, Moritz Schularick, Alan M. Taylor (2016), "Macrofinancial History and the Newbusiness Cycle Facts", Working Paper 22743. http://www.nber.org/papers/w22743.

Ozawa, T. (1996), "The New Economic Nationalism and the 'Japanese Disease': The Conundrum of Managed Economic Growth", Journal of Economic Issues, 30 (10).

Ozawa, T. (2005), Institutions, Industrial Upgrading, and Economic Performance in Japan: The "Flying – Geese" Paradigm of Catch – up Growth, Northampton, Massachusetts: Edward Elgar Publishing: ch1, ch4.

Ozawa, T. (2007), "Institutionally Driven Growth and Stagnation – and

Struggle for Reform", Crisis or Recovery in Japan. Edward Elga, ch6.

Ozawa T. Institutionally Driven Growth and Stagnation – and Struggle for Reform// Bailey D., Coffey D. and Tomlinson P. Crisis or Recovery in Japan. Cheltenham: Edward Elgar, 2007: ch6.

Phillips, Joseph D. (1960), "Labor's Share and Wage Parity", The Review of Economics and Statistics, 42, (2).

Parnini, S. N. (2011), "The Role of Government in Economic Development: A Comparative Study between Bangladesh and South Korea", Journal of Public Administration and Governance, 1 (1).

Patrick, H. T. and Rosovsky H. (1976), Asia's New Giant: How the Japanese Economy Works, Washington, D. C.: The Brookings Institution, 10 (2).

Piketty, T. and E. Saez (2003), "Income Inequality in the United States, 1913 – 1998," Quarterly Journal of Economics, February 2003, 118 (1).

Piketty, Thomas, Li Yang, and Gabriel Zucman (2017), Capital Accumulation, Private Property and Rising Inequality in China, 1978 – 2015, NBER Working Paper No. 23368.

Pritchett, L. and L. H. Summers (2014), "Asiaphoria Meets Regression to the Mean", NBER Working Paper, No. 20573.

Ranis, G. (1981), Challenges and Opportunities Posed by Asia's Superexporters: Implications for Manufactured Exports from Latin America, The Quarterly Review of Economics and business, 21 (Summer).

Robert J. Gordon (2016), The Rise and Fall of American Growth, Princeton, NJ: Princeton University Press.

Romer, P. M. (1990), "Endogenous Technological Change", Journal of Political Economy, 98 (5).

Rostow, W. W. (1960), The Stages of Economic Growth, Cambridge University Press.

Rosenstein – Rodan, P. (1961), Notes on the Theory of the Big Push, edited by Ellis H. and Wallich H., in Development for Latin America,

New York：St Martins.

Setterfield，M.（1997），“History versus Equilibrium and the Theory of Economic Growth”，Cambridge Journal of Economics，3（21）.

Solow，Robert M.（1958），“A Skeptical Note On the Constancy of Relative Shares”，The American economic review，48，（4）.

Terutomo Ozawa（2005），Institutions，Industrial Upgrading，and Economic Performance in Japan，Edward Elgar.

Williamson，Jeffrey G.（1997），“Growth，Distribution and Demography：Some Lessons From History”，NBER Working Papers，The National Bureau of Economic Research，No. w6244.

World Bank，（2014），“World Development Indicators（WDI）”，http：//data. worldbank. org/data – catalog.

World Bank（1993），The East Asian Miracle，Oxford University Press.

World Bank（2012），“China：Structural Reforms fora Modern，Harmonious，and Creative High Income Society”，Supporting Report1 to China 2030.

Wu，Harry Xiaoying（2011），“Accounting for China's Growth in 1952 – 2008：China's Growth Performance Debate Revisited with a Newly Constructed Data Set”，RIETI Discussion Paper Series，Tokyo，Japan：The Research Institute of Economy，Trade and Industry，No. 11 – E – 003.

Young，Andrew Thomas；Zuleta，Hernando（2008），“Re – Measuring Labor's Share”，Serie Documentos De Trabajo，Cundinamarca，Colombia：Universidad Del Rosario.